障がい児と家族に自由を

イスラエルの支援施設シャルヴァの夢

カルマン・サミュエルズ〔著〕
徳留 絹枝〔訳〕

ミルトス

本書を以下の者たちに捧げる

最愛の妻で人生のパートナーであるマルキ

愛する私たちの子供たち

ネハマ

ヨシ

ヨハナンとミハリ

アヴィとデビ

シムハとヨヘヴェド

シュロモとオリット

サラ

そして愛らしい私たちの孫たち

君たちは神から私に与えられた大切な贈り物で

ヨシへの愛と思いやりの限りない源である

障がい児と家族に自由を――イスラエルの支援施設シャルヴァの夢／目次

はじめに　6
第1章　子供時代　9
第2章　エルサレムへの道　19
第3章　新しい世界　35
第4章　仲　人　41
第5章　沈黙と暗闇の中で　49
第6章　ニューヨーク　59
第7章　彼自身の尺度で　69
第8章　約　束　79
第9章　救急医、神秘、そして食事　87
第10章　H医師からの手紙　98

第11章　帰国　110
第12章　世界との繋がり　121
第13章　約束を果たす時　130
第14章　やっと落ち着いた生活　133
第15章　同時進行する二つの生活　141
第16章　恩返しの方法を探して　148
第17章　法律の迷路に入り込んで　156
第18章　ゴリアテ躓《つまず》く　167
第19章　ダイヤモンドは永遠に　176
第20章　心の平安　185
第21章　正義、法律、そしてそれを隔てるもの　188
第22章　開かれた扉　198
第23章　不屈の精神　206
第24章　息抜きプログラム　214
第25章　シャルヴァを閉めたい　219

第26章　ヨシと共に成長　227
第27章　ワクスマン一家　231
第28章　「カルマン、これは明白よ！」　238
第29章　ナフションの家　247
第30章　お母さんと一緒　256
第31章　二足のわらじ　267
第32章　ボルボ　270
第33章　ヨシの成長　277
第34章　フォレスト・ガンプ　285
第35章　ネットワーク拡大を目指してさらに前進　292
第36章　専門家と共に　305
第37章　打率一〇割　309
第38章　爆弾と爆弾発言　315
第39章　経費の支払い　323
第40章　高くついた無料の土地　331

第41章　再び訴訟の迷路に　336
第42章　前進　343
第43章　エルサレムよ、われらの足はあなたの門のうちに立っている　347
第44章　ボローニャ　353
第45章　予期しなかった安全確保　359
第46章　歯科と口腔衛生　362
第47章　羊と預言者　370
第48章　開園に向けて　377
第49章　シャルヴァ・バンド　386
第50章　インクルージョンと逆インクルージョン　399
第51章　夢見るヨセフ　405
謝辞　414　邦訳版・著者特別インタビュー　417
用語解説　424　訳者あとがき　428
巻末写真　433

はじめに

私自身そして私の家族にとってプライベートなことを明かす本を書くことは、私の意図するところではなかった。私の息子ヨシが有名になるにつれ、良き友人たちは、ヨシの物語を共有し、それが語りかける問題への人々の意識を高めることを、私に強く勧めた。しかし最終的に私を説得したのは、私の愛する父ノーマン・サミュエルズだった。口数の少なかった父は癌で死が近づいた時、私の手を握って懇願した。「この本を書くと約束してほしい」。私は約束し、何年もかかったが今その約束が果たされた。

ここに書いたことの多くは、その時々に起きた出来事、そして当時の私の感情や観察を記録した私の個人的日記に基づいている。

いくつかの個人名については、プライバシーを保護するために変更した。

障がい児と家族に自由を——イスラエルの支援施設シャルヴァの夢

凡例

●主にユダヤ教やイスラエルに関する用語ついては、本文の初出箇所に
※を付し、巻末の用語解説で説明した。

●その他、解説が必要とされる用語については、訳者注として本文中に
［　］で説明を加えた。

第1章　子供時代

私がこよなく愛し、私たちの世代に大きな影響を与えた六〇年代が終わった時、当時流行った歌のとおり、私がそれに気づかないうちに時代は変わっていた。それに逆らうこともできずに流されるまま、心身共に自分のルーツから遠く離れた地にあった私の目の前で、それまで夢にも思わなかったことが現実になろうとしていた。

それは一九五一年、私がカナダのバンクーバーという異色な都市に生まれた時に始まった。ブリティッシュ・コロンビア州最大の都市、カナダ第三の大都会で、当時はまだ魅惑的でユニークな風情を残していた。山々と太平洋に魔法のように挟まれ、街角のいたるところに緑あふれる公園や遊園地があり、のどかさに包まれていた。三人の子供の末っ子に生まれた私は、中流家庭のあらゆる恩恵に浴しながら育った。

父は、二〇世紀初頭に大伯父メンデル・シュメルニツキーを頼ってウクライナから移住した両親を持つ、第二世代のカナダ人だった。メンデル伯父はキエフ東部で雑貨屋を営んでいたが、一八九〇年にイギリスに旅行した際、ロンドンの駅に「カナダに無料の土地あり！　住みに来てください！」と数カ国語で書かれた大きな看板を見た。カナダが平原の土地を無料で提供していることを知り、彼は考えた。「入植する新しい農夫たちには、今私がウクライナの農民たち相手に営んでいるような雑貨屋が必要になるだろう。違いは、カナダにはポグロム※がないことだ」

　多くの東欧系ユダヤ人がそうだったように、彼はカナダ平原東端のウィニペグにたどり着き、店を開いた後、家族を一人ずつカナダに呼び寄せた。その中の一人が彼の一八歳の甥で、私の祖父となるヨセフだった。シュメルニツキー家はカナダで成功し、一九三〇年には名字を英語風のサミュエルズに改めた。祖父ヨセフはファニーと結婚してエドモントンという都市に落ち着いた後、女性衣料品店チェーンの経営に成功し、私の父をアルバータ大学の法学部で学ばせることができた。

　一九四三年、カナダ軍に徴兵された父は大学の学友たちと共に欧州戦線に送られ、一九四五年の終戦まで空挺部隊の隊長を務めた。彼は戦地に赴く前に、私の母フランシス（愛称フランキー）と結婚した。第二次大戦が終わって父が除隊した時、彼らはエドモントンから、もっと気候が温暖な西部のバンクーバーに引っ越した。兄ジェフが一九四六年に生まれ、四八年には姉のマリリンが続き、そして三年後に私カルマンが生まれた。当時よく読まれたユダヤ人の名前に関する本によると、カルマンの英語版はケニーかケリーで、私はケリー・アルフレッド・サミュエルズと呼ばれることになった。しかし物心がつく六歳になった頃、マッド誌にあの有名なアルフレッド・E・ニューマンの漫画が頻繁に出てくるのを見た私は、ミドルネームを変えてほしいと訴えた。このような子供の要求などめったに呑まない父が、私のミドルネームを法的にアランと変えたところをみると、よっぽど私が強情に主張したに違いない。

当時の私たちはその地のユダヤ人家族としてはごく一般的で、それなりに伝統は守っていたが、宗教的に熱心ではなかった。祖父母はイディッシュ（中欧や東欧のユダヤ人が使っていた言語）を話し、両親は私たち子供に知られたくない話をする時は、英語風イディッシュを使った。家庭では牛乳と肉を分けるコーシェル※を守り、過越祭《ペサハ》※では特別なコーシェル料理を食べたが、外食する時はコーシェルでないレストランで食べた。実際、コーシェル・レストランは存在しなかったのだ。私が初めてマクドナルドのチーズバーガー「コーシェルでは禁止されている」を食べたのは一六歳の時で、金曜夜のバスケットボール試合の後だった。文字どおり喉に突っかかり吐きそうになったが、何とか呑み込んだものだ。安息日《シャバット》※は守っていなかったが、金曜日の夜はいつも家族全員が集い、父がワインで伝統的なユダヤの祈りを捧げ、祖母が焼いたユダヤの伝統的なハラーというパンで祝福した。

たまに大きな正統派シナゴーグ※の礼拝に参加することもあり、礼拝者の中にはラビ※とその助手を含む六人ほどの熱心な信者がいた。シナゴーグに行って家に帰った後は、私の好きなように過ごすことができた。ユダヤ新年※を祝う日は、五キロほど離れたシナゴーグまで車に乗って出かけたが、父は、安息日や新年に運転してはならないというユダヤ教の戒律を敬い、少し離れたところに車を停めていた。私は外で遊ぶか父の隣に座って、理解できないヘブライ語の祈りに耳を傾けた。もちろんシナゴーグ通いへの私の忍耐が切れる時もあった。ワールドシリーズでドジャーズ戦がある時は、その一部を観ることが許された。

私は地元のユダヤ人小学校に通ったが、二年生の終わりまでには担任の教師が私にお手上げとなり、「ケリーは質問をし過ぎます」と母に宣告した。母が私を地元の公立小学校に転校させた時、私は飛び上がって喜んだものだ。質問ばかりするにもかかわらず、新しいウェルマン先生は私を好きになってくれ、母にそう伝えた。彼はある時私を呼んで、なぜ私が英語で「神」と書く際に「O」の代わりにハイフンをいれて「G-d」と書くのか尋ねた。私は、十戒※の三番目に「神の名をみだりに唱えてはならない」とあり、その名前を書いた紙がごみ箱に捨てられたりしないよう、フルネームを書かないのだと説明した。彼は感心したようで、学年末の両親に宛てた手紙で、もう私をクラスで教えられなくなるのは寂しいが、私の将来が楽しみだと書いてくれた。

私は勉強もスポーツも好きで、どちらも得意だった。いたずらっ子ではあったが良い生徒で、三年生の時と六年生の時、なぜ校長室に呼ばれたのか今日に至るまで理解ができない。彼はラクダの背中を叩く鞭《むち》だと言って、編み上げのベルトを取り出すと、私に手のひらを出すよう命じた。最初の時、私は恐れを見せず反抗的な態度で手を差し出したが、右の手のひらへの一打ちでそれを後悔した。痛みは強烈で、腫れ上がった手のひらから腕を駆け巡り、傷ついた私の心まで届くほどだった。反抗的な態度は消え、私は大声で泣きだした。「もう一方の手を出しなさい」と彼に言われ、私は愚かにもそれに従った。その手も鞭で打たれた後、さらに両方の手のひらを二度ずつ打たれた。激痛が走り、私の誇りはそれ以上に傷ついた。これほどの罰を受けた理由は、女子生徒用の縄跳びロープを屋根に放り投げたということだけだった。

しかし二度目に私が鞭打たれた時は、完全に私が悪かった。六年生の図書館のクラスで、『リトル・アーチー』の漫画を読んでいるのが見つかり、校長室に行くよう命じられたのだ。何が待っているかを知っていた私は、落ち着いた口調で答えた。「バーソン先生。あなたは、誰かに幼稚園児の頭脳しかないと言われたことがありますか？」。その結果、鞭打ちの回数はさらに増えたが、少なくとも私は抵抗を示し、クラスメイトたちから喝采《かっさい》を浴びたのだった。一番心配したのは、母が私の腫れ上がった手のひらを見て何をするかということだった。有り難いことに、「あなたはもう罰せられたのだから、私が新たに罰を与えることはありませんよ」と言うだけだった。

公立学校にはユダヤ教の授業がなかったので、私は一五歳になるまで週三日の放課後、シャアレ・ツェデクという正統派シナゴーグのヘブライ語とユダヤ教のクラスに通った。先生は、誰もが尊敬するラビ・バーナード・ゴールデンバーグの助手として最近ニューヨークのブルックリンから赴任したばかりの若いラビだった。彼の名前はラビ・マーヴィン・ハイヤーといった。

安息日の祈りのために一年を通じてシャアレ・ツェデク・シナゴーグに通う家族は少なかったが、ユダヤ新年は別だった。その三日間はあふれるような参加者があり、階下のホールも使用して礼拝が行なわれた。そしてそこで、着任したばかりの若い助手のラビが、ブルックリン訛《なま》りで初めて聖書の講釈を述べた。私は今でもそれを聞いた人々の反応を覚えている。「あの若者は凄い。なんと洗練された話し方なんだ」

八月に迫ってきた私のバル・ミツバ※のために、私は二つの大きな犠牲を払った。私は熱心な野球選手だったが、母は、怪我をするかもしれないという理由で野球を禁じた。私がどんなに頼んでも、前年に参加した米国ユタ州での西部少年野球（WBBA）大会に、カナダチームのキャッチャーとして出場することを許さなかった。さらには、ロサンゼルスで開かれるウォルト・ディズニー・アメリカンフットボール大会に攻守ハーフバックで出ることも禁じた。

その代わり、私は何カ月にもわたってトーラー※を読み、それを朗唱する練習を繰り返した。しかしどんなに練習しても、なかなか正しく朗唱することができなかった。先生は、それぞれの言葉の上に矢印と番号を付け、声をどこでどの位上げ下げするかを示し、助けてくれた。簡単ではなかったが、私はやっと朗唱することができるようになった。

バル・ミツバが近づいてくると、私は、土曜日の朝もバスに乗り、ラビ・ハイヤー夫人が担当する子供向けの礼拝に通うようになった。バル・ミツバの直前、私の家族が親しくしていたラビ・ゴールデンバーグが全米ユダヤ教育機関の代表となり、バンクーバーからニューヨークに引っ越してしまった。その何年も前、五歳だった私は、母も答えられない問題が気になって仕方がなかった。「もし神が世界を創造したなら、神を創造したのは誰なの？」。母は、ラビ・ゴールデンバーグに電話して私と話をさせた。彼は「誰も神を創造したわけではないんだよ、ケリー。それが人間と神の違いなんだ。私たちは創造されたが、神はこれまでもこれからもいつもそこにいるんだよ」と教えてくれた。彼の明確な答えに私は安心したものだ。

自分が、ラビ・ハイヤーが初めて司《つかさど》るバル・ミツバの男子になるのだと聞き、最初私はがっかりした。彼はあまりにも若く見え、そして実際若かった。しかし結果的に、ラビ・ハイヤーは私の素晴らしい教師になり友人となった。彼には類い稀な先見の明があり、後にロサンゼルスで世界的な人権団体サイモン・ウィーゼンタール・センターを設立し、アカデミー賞に輝く二本のドキュメンタリー作品を制作することになる。彼のキャリアの最初の一歩を手伝ったことは、いつも私の自慢だった。

八年生になった私は、バンクーバーで最大の公立高校に転校し、二〇〇〇人近い生徒の一人になった。そして私は新しいその学校が気に入った。身長が一五五センチだった私は、三〇六人の同級生の中で三番目に小さい生徒だったが、それでも八年生の生徒会長に立候補し当選した。私が他の誰よりも多くの八年生を知っていたことが理由だったかもしれない。二つの小学校で出会ったり、地域で知り合ったユダヤ人の子供たち、少年野球で一緒に育った子供たちなどをよく知っていた。生徒会長として、私はスケート・パーティやコンサートなどのイベントを開く特権を与えられた。私が三〇〇ドルで呼んで学校の体育館で演奏してもらったグループは、その後国際的にも有名なバンド「ゲス・フー」に育った。

一五歳の時、母の賢いアドバイスのおかげで私は初めての仕事を見つけた。友人と私は、二ドルで芝刈りをする仕事に嫌気がさし、時給二ドル二五セント位のもっとましな夏休みの仕事を探すことにした。バンクーバーの繁華街の靴屋で面接を受けたが、時給一ドルと聞いて断ってしまった。私は母に訴えた。「こんな仕事ならいらないよ。最低賃金は一ドル一〇セントなのに、彼らはそれより安くしか払いたくないんだよ。これじゃ奴隷労働だ」

彼女の返事はこうだった。「あなたが靴の販売の何を知っているというの」。私は、何も知らないと認めるしかなかった。「それならいったいどうして、その靴屋さんが何も知らないあなたに何かを払わなければならないの?」そう言うと彼女は「その仕事をしなさい。あなたをトレーニングしてくれるから。その後に時給を上げてくれるかもしれないし、もし上げてくれなくても、あなたはそこで得たスキルと体験で他の仕事を探せるでしょう」と勧めた。私は気が進まなかった。「僕の友達の中には時給二ドル二五セントで働いているやつもいるのに、なんで僕が時給一ドルで働けるっていうの?」と言って反対した。しかし誰が母を預言者にしたのか知らないが、彼女には確かに将来が見えていた。「あなたの友達が時給二ドル二五セントで雇われる可能性はとても低いわ。そして彼らが低い時給じゃ嫌だと言うなら、夏休みの仕事にありつけるのはあなただけということになるかもね」。彼女は正しかった。私は一生懸命働いた。売り方を学び、靴を染め、高級靴を磨き、一日八ドルで週四〇ドルの収入の他にチップも加わり、ひと夏の稼ぎは四〇〇ドルを超えた。最初の頃、友人たちは私をなんて愚かだと笑ったが、九月が来て私が手にしたお金を見た時には誰も笑わなかった。

私はシェパード靴店で働き続け、翌年の夏、ウッドワードという全国チェーンのデパートに応募した。靴売り場のマネージャーは、偶然にも私のクラスメイトのケルヴィンの父親だった。ケルヴィンは耳が聞こえなかったが、彼ほど雄弁にそして密かに教師たちの悪口を言える生徒はいなかった。私たちが友人だと知ると、彼の父親はその場で仕事をくれ、そして時給は二ドル二五セントだった。高校時代を通して私は金曜日の夜と土曜日に働き、いつも自分の現金を所持していた。高い時給をいつも探していた友人たちは、仕事にありつけないままだった。

小さい頃からスポーツは私の生活の一部だった。私たちの少年野球リーグWBBAは、西海岸ではとてもポピュラーだった。小柄ながら果敢なキャッチャーだった私は一一歳にして、米国ユタ州ソルトレーク市郊外のバウンティフルで開催されるWBBAの地域大会に出場するチームの一員に選ばれた。私たちはそれほど立派な野球場は見たことがなかったし、六〇メートルのホームランフェンスを越えて打てる大柄な選手も見たことがなかった。これは、選手の年齢証明が必要とされる前時代の話だった。一人のピッチャーはロサンゼルス・ドジャーズからスカウトされていたという。私たちは体の大きさでは負けていたが、ヒットを打つことができた私はそれだけで嬉しかった。

野球の他に私はアメリカンフットボールもやり、いろいろなポジションを務めた。兄のジェフと彼の友人と外でよく遊んでいたのが役立った。「大きなサム」「小さなサム」と呼ばれた私たちは、このゲームを知り尽くしていた。思い出深いのは、あるシーズンの始まりに私がボールを掴んだ時のことである。チームのクォーターバックが私の左側に付いた。私たちは一気にスクリメージラインまで走り、そこで止まった彼は、私がクロスフィールドスローを抜けて左ラインに入るのを見た。私は一人のタックルを振り切り、タッチダウンまで走り切った。母がサイドラインにいて応援していた。私はプレースキッカーでもあったので、さらに得点を稼ぎキックオフに備えた。それはエンドゾーンに届く驚くべきショットだったが、私の足がボールに触れた瞬間太ももに激痛が走り、私は地面に突っ伏した。鼠径《そけい》部筋肉の肉離れを起こし、私のフットボール人生は終わりを告げた。

私はサッカーもやり、ゴルフはシングルハンディで、高校時代を通じてテニスチームの一員でもあった。そして高校三年生の時は、テニスとバスケットボールチームの主将を務めた。一六歳までは小さかったのだが、高校二年生になる前の夏休みに一五センチも一気に伸び、九月に学校が始まった時、誰も私に気づかないほどだった。三年生の時は、さまざまな青少年グループで活動し、生徒会の副会長を務めた。卒業時は成績に基づくいくつかの奨学金を与えられた他に、バスケットボール、学業、社会活動が総合的に認められ、州政府からも奨学金を授与された。

第2章　エルサレムへの道

一九六九年九月、私はブリティッシュ・コロンビア大学で哲学と数学を学び始めたが、それは何と強烈な体験だったことか。ヒッピー時代の真っ只中で、大学はベトナム戦争の徴兵から逃れてきた米国の若者の溜まり場だった。反戦家アビー・ホフマンと彼の仲間が頻繁にやって来て、マリファナはどこでも手に入り、およそ権威などというものは存在しなかった。

当時の反権力の風潮の中、私は、バークレーから導入されたユニークなコースを受講した。「人文科学Ⅰ」と呼ばれたこのコースは「自由と権力」をテーマとし、学生に多くの文献を読ませ、レポートを書かせ、議論させた。読ませられたのは旧新約聖書に始まり、プラトン、チョーサー、ホッブス、ルソー、Ｊ・Ｓ・ミル、ドストエフスキーに至る歴史的文献だった。それは担当のボブ・ローワン哲学教授の「自分自身の文化のルーツを知らなければ、他の文明を評価する基準も持てない」という強烈なメッセージと相まって、刺激的な内容だった。当時、インドに旅してその地の文化を体験し、ヒンズー教導師の教えを乞うのが流行だったが、ローワン教授は、その体験を評価する手段となる自身のルーツへの真の知識なしには、それは無意味だと主張していた。その頃よくそのような変人を見かけたこともあり、パキスタンからのクラスメイトと一緒に、教授の言っていることは全く正しいという結論に達した。もし自分が何者なのかを理解したいなら、大学時代は真剣に自分たちの文化、つまり西洋文明のルーツを学び、深く理解すべきなのだ。私たちはそれに取りかかることにした。

私の勉学は順調に進んだが、冬のバケーションで出かけたハワイで酷《ひど》い目に遭った。ホノルル北部の素晴らしい海岸で、私はその美しさに目を奪われた。三メートルもあろうかという波が次から次に押し寄せては大きな音を立てて砕ける海岸に、何百人ものサーファーが向かっていった。海岸の片方は切り立った火山の岩が波のずっと先まで突き出していた。その絶景に興奮した私は、水に入ると波が砕けるところまで泳いでいった。

このような波を見たことがなかった私は、近くの遊泳者に波の向こう側に行くにはどうするのかと尋ね、「波の下に飛び込んだらあっち側にすぐ出られるよ」と教えられた。それは思ったより簡単だった。私はリラックスして、上がったり下がったりする海面に浮いていた。時間が過ぎて帰る時だと思った私は、海岸が見えなくなっていることに気づき、恐怖に包まれた。知らない間にたった独りで遠い外海まで流されていたのだ。必死で何か見える物を探すと、遠くにかすかな海岸の形が見て取れた。それが私の唯一の希望だった。

パニックに陥りそうになる自分と必死に戦いながら、突き出している危険な火山岩を避けるため、海岸線と平行に少し泳いだ。疲労困憊《こんぱい》してきた私は、今しかないと思い浜辺のほうに向かった。泳いでいくと波が大きく上昇したので、私はそれにサーフボードのように乗ろうとした。巨大な波に大きく持ち上げられてかなりの距離を運ばれた私は、突然海底の砂に叩きつけられた。驚いて見渡すと、また新しい波が巻き上がり私の上に覆いかぶさってくるところだった。これが何度か続いて私は頭がふらふらになったが、やっと人々のいる浜辺にたどり着くことができた。水から這い出た私はそこに突っ伏し、数時間そこに横たわったままだった。日没が近づいてきたので、ワイキキに帰るバスに乗り込んだが、私の短い人生がもうすぐのところで終わり、誰も私の行方を知ることもなかったであろうことを思い、動揺を抑えられなかった。

私は大学二年目の奨学金を全額得ていた上、週末に働いて貯めたお金があったので、夏休みは働く必要がなかった。そこで、一九七〇年五月にロンドンへ発ち九月三日に帰国する学生向けチャーターフライトを利用し、ひと夏を過ごすことにした。大学で一年間学んだ私は、西洋文明と私自身の文化のルーツへの理解を深める目的で、ヨーロッパに行くことにしたのだ。フランスのリヨンで、ホームステイしながら受ける六週間のフランス語集中講座に登録した。西海岸に住むカナダ人としてフランス語を第二言語として長い間勉強してきたが、それまで実際に使うことがなかったため、会話力も完璧にしたいと考えたからだ。将来カナダで公職に就く機会があるなら、フランス語に堪能であることは必須条件だったし、フランスで学ぶ間に楽しいことがあるかもしれないという期待もあった。

きっちり埋まった旅行の日程を両親に見せると、母は、イスラエルがそれに入っていないと言って反対した。私は「ニュー・リパブリック」［米国の老舗雑誌］を一年読んで身に付けた自信を基に、イスラエルはアパルトヘイトの国で自分は関わりたくないと言って、彼らを納得させようとした。しかし、アパルトヘイトであろうがなかろうが行ってほしいという母の懇願に負け、私はイスラエルを旅程に加えることにした。変更した日程は、英国とスコットランドで三週間、イスラエルで二週間、フランスで六週間のフランス語学習、八月はヨーロッパ中をヒッチハイク、そしてロンドンに戻ってそこから帰国ということになった。

旅行は予定どおり始まり、私は毎日その日の出来事を記録した。五月中旬にロンドンに到着し、飛行機の中で出会った何人かと一緒に、格安宿泊施設がありそうな地域に向かった。思いもかけず道路標識や店の名前はアラビア語で、それまでロンドンは英語の町と思っていた私は少し戸惑った。私たちは、アラビア語訛《なま》りの片言の英語を喋るスタッフの宿に泊まり、翌日それぞれの目的地に向かった。

列車やヒッチハイクで旅を続け、途中音楽祭を覗いたりしながら、最北端の町インヴァネスまでたどり着き、夜の一一時半でも明るいその地で新聞を読んだ。ケンブリッジでは、レガッタを見物した。なんて凄いんだろう！　何という文化だろう！　オックスフォードでは、私の部屋の小さな丸テーブルの上を蟻が真っ直ぐ歩いて横切るのを見て、私は日記に記した。「蟻でさえ目的と存在意識をちゃんと持っているのに、この私はそのどちらも持ち合わせていない。なんと嘆かわしいことか」

バースの駅で降りた時、頭を剃り上げたスキンヘッドでメタルスパイクのブーツを履いた一二人位の人々がたむろしているのに出くわした。彼らに睨まれた時、茶色と白の縞のベルボトムという服装をしていた私は一瞬、殴られるのではないかという恐怖を覚えた。何とか彼らの前を通り過ぎると、彼らはまだ私を睨んでいたが何もしようとはしなかった。何十年経った後も、私はあの瞬間の恐れと無力感を忘れることができなかった。

それからロンドンに戻り、エルアル・イスラエル航空のフライトでテルアビブに向かった。私は、まだ会ったこともなく名前も最近聞いたばかりのいとこの電話番号を持っていた。だがイスラエルでの最初の夜は、私のクラスメイトと一緒にテルアビブの彼の友人宅に泊まる予定だった。テルアビブは本当に暑かった。友人と私は、ディーゼンゴフ通りのバス停で待っている何人かの人に道順を尋ねた。私たちと英会話の実践ができることを喜び、片言の英語で教えてくれた人々の説明によれば、その時近づいてきたのが私たちの乗るべきバスだった。彼らにお礼を言って混み合うバスに乗ろうとすると、親切だった彼らは私たちを押しのけてバスに乗り込んだ。私たちの目の前でドアは音を立てて閉まり、乗り損ねた私たちはバス停に取り残された。まさに「イスラエルにようこそ！」という瞬間だった。

土曜日の朝、エルサレムに向かった。その麓に近づいた時、私がこれまで見たどんな風景とも異なる不思議な感覚に襲われた。山に囲まれて育ち、ロッキー山脈に旅したこともある私が、それまで感じたことのないような感情だった。

西の壁※や神殿の丘※に行く途中、私たちはイスラム教徒地区で飲み物を買うことにした。念のため、よく知っている飲み物を頼もうとミルクを注文した。濃いめの牛乳のように見えたが、それは、私が初めて口にした生ぬるい山羊《やぎ》の生乳だった。何とか我慢して飲み切ったが、その後私は、山羊の生乳を口にしたことはない。

賑やかな店の並ぶ旧市街の狭い路地を歩いて行くと、突然私たちの前方に息を呑むような西の壁が現れ、その後方には金色のモスクが輝いていた。正統派シナゴーグで学んでいたにもかかわらず、私は神殿についても西の壁についても、聞いたことがなかった。神殿の丘に通じる歩道を上がっていく途中、私は急に立ち止まった。大きな看板には、ここは聖なる地であるため「ユダヤの戒律により立ち入りを禁じる」と書かれていた。不思議な感情が私の中に湧き起こった。「これ以上は行かないよ」と友人たちに告げた。「ここで待っている」。彼らは「何を言っているんだ、どうかしてるよ。その看板は超正統派ユダヤ教徒のためで、君には関係ない。この上は、君が想像できないほど綺麗なんだよ」そう言うと彼らは私の腕を掴み、通路に引っ張っていった。

神殿の丘は確かに美しかったが、私はそれを楽しむことができなかった。そこにいる間中、「お前はこのことを一生後悔するぞ」という説明のつかない思いに悩ませられた。次に訪れた西の壁で、私はまるで嘆いているかのようなポーズをして記念写真に納まった。

翌日、私は親戚に連絡を取り始めた。テルアビブ郊外のギブアタイムに住むいとこたちは、とても優しく親切だった。ドゥズィとシュモエル・フランケルは、ネゲブ北部のアラド、そして死海とマサダに連れて行ってくれたが、それらすべてに私は完全に魅了された。彼らは、翌週私が北部に旅行し、二人の子供であるハガイとリブカが住むキブツ※を訪ねるよう手配してくれた。その間私は、他のいとこのイツハクとヤッファ・シムション夫妻、アロンとミラ・ボツァル夫妻にも会うことができた。彼らもまた私を温かく歓迎してくれた。アロンがヤッフォの有名な食堂に連れて行ってくれ、私は初めてファラフェル※とフムス※を味わった。彼はイスラエル電力公社で働いていたが、本当の関心事であるウィンドサーフィンに多くの時間を費やしていた。彼がいつ働いているのか、私には分からなかった。彼はその後イスラエルのウィンドサーフィン協会の会長になり、国際審査員を務めた。彼は一九八八年のソウルオリンピックで、贖罪日《ヨム・キプール》※に帆走した二人のイスラエル人選手を失格にしたことで有名になった。アロンは正統派ユダヤ教徒ではなかったので、なぜそうしたのか後になって聞いてみた。彼の答えは、「贖罪日だよ。イスラエルの選手が我々のルールを破って練習したんだ。彼らには我々の国を代表する資格なんてない」というものだった。

それから私はバスでイスラエル最南端のエイラットに向かった。サンゴ礁の海でシュノーケリングを楽しみ、輝くような砂浜で幾夜か泊まった。バンクーバーで育った私は、自分の故郷が世界の中心だと思っていた。しかし、三年前の六日戦争※まではエジプト領だったエイラットの砂浜に立ち、右手のアカバ湾越しにヨルダンとサウジアラビアの海岸線、左手にイスラエルを見ていると突然、バンクーバーは素晴らしい場所だが、何と文明の中心地から遠いのかと思えてきた。

エルサレムに帰る途中でバンクーバーの友人たちとばったり出会い、一緒に西の壁に行った。ただし今回は、神殿の丘には上がらなかった。旧市街を後にして、私たちはヘブライ大学行きの九番バスに乗り込んだ。車内は満員で、恐ろしいほど暑かった。乗客を押し分けながら後方に進むと、席が一つ空いている。その隣には、黒い衣服に身を包み、巨大な黒いフェルト帽を被って長い髭を生やした男性が座っていた。暑くてたまらなかった私は、彼のことは気にせず着席した。しばらくすると、彼は片言の英語で話しかけてきた。「あなたはイスラエルで何をしているのか?」「旅行中です」、「これからどこに行くのか?」「フランスに勉強に行きます」。すると彼は、「自分の家に来て一緒にトーラーの勉強をし、安息日《シャバット》を一緒に過ごさないか」と提案するではないか。私はそんなことは考えてもみなかったが、突然別の考えが浮かんだ。仮にこれがインドだったとして、地元の人が家に呼んでくれたなら、私はきっとその機会に飛びついていただろう。バンクーバーに帰って家族に伝えるには、絶好の体験ではないか。私はその人物に家族はいるのですかと尋ねた。彼はもちろんと答えた。私は説明した。「私は今週、北部にあるキブツを訪ねることになっています。でも金曜日には戻ってきますので、あなたのご家族と一緒に安息日を過ごさせていただき、月曜日にフランスに発ちたいと思います」。彼から詳細な連絡方法をもらい、私は友人たちの所に戻り、その後はイスラエル博物館、死海文書が展示してある写本館を見学した。

翌月曜日、私はイスラエル北部のシリアとレバノンの国境沿いにあるキブツ・マアヤン・バルーフ行きのバスに乗った。そこに住む親戚のハガイは、テロリストの侵入を防ぐためのキブツの監視塔を見せてくれた。それは私にとって、イスラエルという国では常に武力に守られて暮らしていることを思い知らされた瞬間だった。

その週のキブツでの仕事には、子供時代にいちご摘みをした経験が役に立った。世界各国からボランティアの若者がたくさん来ていて、皆英語を話すので退屈しなかった。太陽の下で何時間も果物の収穫作業をした後、若いイスラエル人のトラクター運転手が、近くのヨルダン川で水浴びをしようと提案した。川の流れは勢いよく、気持ちいいほど冷たかった。外観はそれほど印象深い川ではなかったが、無知な私にとってもそれはとても意味のある体験だった。

私自身は行くまで知らなかったのだが、当時キブツは緊張に包まれていた。三年前の六日戦争以来、シリア最大の戦車部隊が南に集結しており、イスラエル空軍が近くのヘルモン山地域を頻繁に爆撃していた。キブツの私の小さなベッドは、爆撃の度に何度も揺れ動き、いったいここから無事で出られるのかとさえ思ったものだ。キブツは完全な灯火管制下にあり、私は真っ暗な中を毎晩食堂に向かったが、こうもりが木々の間を飛び交い、私の頭上をかすめていった。かなり恐ろしい体験だった。

金曜日にテルアビブに戻り、バスで出会った超正統派ユダヤ教徒の家族と安息日を過ごすつもりだとイスラエル人ホストに告げると、彼は必死で私を止めた。「完全にどうかしているよ。君はイスラエル最後の週末を超正統派の〝ゲットー〟※で過ごそうって言うのかい?」。確かに彼の言うとおりだった。六月の中旬で息苦しいほど暑い時期だった。彼のアパートから三区画ほど先には、青々とした地中海と美しい砂浜が待っているのだ。しかし私は、白いベルボトムのズボンと明るいグリーンのゴルフシャツを着て、バックパックを背負い、エルサレムに向けて最初のバスに乗り込んだ。

テルアビブのホストが言ったことは当たっていた。超正統派ユダヤ教徒の住む地域の通りは、安息日を前に急いで買い物をする人々でごった返していた。そして何と不思議な人々か。男性たちは黒く長いコートをまとい、汗が噴き出るような暑さの中、皆が大きなフェルト帽を被っている。女性たちは長そでを着て、スカートはほとんど踝《くるぶし》まで届くほどだった。

教えてもらった住所を探すと、それは質素なアパートだった。ガタガタする木の階段を上っていくとドアが開き、私のホストと安息日に招かれたもう一人のヒッピー風の長髪の若者が座っていた。一目見ただけでドラッグをやっているのが分かり、私は彼と部屋を共有するなんてとんでもないと思った。彼は、安息日をここで過ごすのを迷っているようだったので、私はすかさず言った。「今ここを出ないと、土曜日の夜までバスもタクシーもなくなるよ。早く決めたほうがいい」。私の言葉が功を奏し、彼は飛び出していった。

私は、安息日の前にミクヴェに行きたいかと尋ねられた。「ミクヴェとは一体何ですか？」と聞くと、それは聖なる安息日の前に身を清める共同風呂だという。私は、もうシャワーは済ませてきたので結構ですと返事したが、ミクヴェというのは精神的なもので、体を洗うこととは全く関係ないという。これも経験と思い、同意した。多くの超正統派ユダヤ人で混雑する部屋で衣服を脱ぐと、私は小さなプールに溜められた温水に浸かった。あまり気分のいいものではなかった。

安息日が始まり、私たちはシナゴーグに行った。そこにいた人々は、私が彼らに対して感じたのと同じことを私に感じたと思う。私にとって彼らは全く異質の人々だった。つやつやして黒く長いコートを着て、シュトレイメルというかさの高い毛皮の帽子を被っていた。同様に、鮮やかな色の服を着ていた私は、彼らにとって異質に見えたに違いない。私が標準と考えていたものからかけ離れたユダヤ人社会に飛び込むことは、不思議な体験だった。

土曜日の夜が待ち遠しく、私は最初のバスでそこを去るつもりだった。わずかばかりの荷物をまとめて礼を言うと、私は出口に向かった。すると「ちょっと待って。ここを去る前に英語がよくできるラビがいるから、会ってほしい」と声をかけられた。断ろうとも考えたが、ホストと一緒に行くことにした。数区間離れたずっとましなアパートまで行って部屋に入ると、三〇代後半と見える立派な人物を紹介された。彼の長い顎髭は手入れが行き届き、口髭は上唇を覆っていた。驚いたことに彼はオーストラリア人だった。私は、あと二日したらイスラエルを発ち、フランスのリヨンで六週間のフランス語コースを受けること、その間はフランス人家族の家にホームステイすることを説明した。彼は私の顔を思慮深い眼差しで見つめると、静かに尋ねた。「君は、ゲストがユダヤ人だと恐らくまだ知らないであろうカトリック教徒の家にホームステイすることが、快適ではない可能性を考えましたか?」。私がその質問にショックを受けていることを察した彼は、自分もカトリック教徒として育てられてジャーナリストになったこと、生きることの意味を探して、それをユダヤ教の中に見つけたことを教えてくれた。彼は改宗し、最終的にハバッド※・ルバヴィッチ派のラビになったのだという。「確かに君のフランス語は上達するだろう。でも、僕が教えるユダヤ教の集中講座のほうが、君にとってずっと充実した体験になるはずだ。六週間で、君は君のユダヤ人としてのルーツを学ぶんだ。アイビーリーグ［アメリカ北東部にある八つの私立大学の総称］から来ている優秀な学生たちと共に学び、本当に刺激的な夏を過ごすことができる。タルムード※を勉強したことがあるかい?」。そう聞かれた私は「何ですか、それ?」と聞き返した。彼はさらに尋ねた。「君はミシュナー※を勉強したことがあるかい?」「何ですか、それ?」私が繰り返すと、彼は別の質問で返した。「イェシヴァ※で勉強してみようと思わないかい?」。私は再び答えた。「何ですか、それ?」「トーラーを教える学校だよ。君の嗣業《ヘリテージ》を教えてくれるんだ」

私の懐疑心にもかかわらず、ラビは私の心の奥にある感情を震わせた。私はその場で思った。これこそがローワン教授が言っていたことだ。私は、西欧文明の多くの部分の基礎となった自分自身の文明をろくに知らないまま、西欧文明を理解しようとしていたのだ。私の心臓は高鳴り、内臓が引き裂かれるような気分だった。こわばった笑顔で私はラビに告げた。「自分でも、これから言おうとしていることが本当に信じられないのですが、分かりました。やってみます」。その時の私は、これが誰か他人の嗣業を学ぶ学問的活動ではなく、自分自身の嗣業への旅路であることを、完全には自覚していなかった。

翌朝、私はフランス行きをキャンセルし、友人たちに別れを告げると、バックパックと寝袋を担いでテルアビブ南部にある小さなハバッド村に向かった。幹線道路から村まで両側にサボテンが見張りのように立つ埃だらけの細い三キロの道を歩く間、道中の蒸し暑さは容赦なく、自分の決断が正しかったのか何度も自問した。しかし私はそのイェシヴァで、同年代か年上の青年たち一二人ほどから想像もつかないほど温かく歓待された。全員が、さまざまな長さのさまざまな髭を生やしていた。私自身の髭も少し伸びていたが、その理由は全く違った。それは自分の独立心を示すため、カナダを出た日から髭を剃るのをやめていたからだった。しかし彼らは一度も髭を剃ったことがなく、それは従順を示すものだった。

若い男性が伝統的なユダヤの挨拶で温かく迎えてくれた。「シャローム・アレヘム」。今まで安息日で数えきれないほど聞いていた挨拶だったので、私はそれが「平安があなたたちの上にありますように」あるいは「お元気ですか」を意味することを知っていた。私はそれに対して「アレヘム・ハシャローム」、つまり「あなたたちの上に平安がありますように」もしくは「あなたたちにも同様に」という意味のふさわしい返事さえ知っていた。彼は訛りの強い英語で、私がどこから来たのかと尋ねた。私の答えを聞いた彼は答えた。「私もカナダ出身ですよ。モン・トリー・オールです！」。彼の訛りがあまりにも強かったので、モントリオールに引っ越す前はどこに住んでいたのかと尋ねると、むっとして「私、モン・トリー・オール生まれです」と言う。少しおかしいなと思い、今度はゆっくりと尋ねた。「モントリオールにお住まいだったことは分かりましたが、どこで生まれたのですか？　カナダ生まれなら誰もあなたのような英語は話さないんですが」。彼は「私、モントリオールで生まれてそこで育った。今はここで学んでいる」と答えた。イディッシュだけを話す超正統派ユダヤ教徒の社会で育ったこの青年は本当に純粋な人間で、私たちはその後の数週間、相手の言うことを完全に理解できないこともあったが、よく話し合ったものだ。

それから一〇年ほど経った時のことである。イスラエルから遠く離れた地で、立派な身なりをして優雅な英語を話す若いラビを紹介された私は、なぜか見覚えがある気がした。「ハバッド村で勉強なさったことがありますか？」と尋ねると、彼は「はい」と答えた。「そこでカルマンという新入生に会いませんでしたか？」とさらに聞くと、「ええ、もちろん」と言う。「それは私です」。この一言で、私たちは抱き合った。このラビは〝モン・トリー・オール〟の彼だった。「どうやって英語を習得したんですか?」と聞く私に、「トーラーを教えるために必要だったので、勉強したんですよ」。彼の変身は驚くべきものだった。

ハバッド・イェシヴァでの毎日は、約束どおり魅惑的で刺激に満ちていて、大きな文化の違いにもかかわらず、私は不思議なほどそこに馴染めた。バンクーバーの私の家族は確かに世俗的ではあったが、生活の中でかなりユダヤ教の伝統を守っていたことに私は気づかされた。そんなわけで、イェシヴァでの学びに没頭する時でも、未知のその場所で私は完全なよそ者ではなかった。もっとも、何百人もの若い男性たちが大きなタルムードのテキストに覆いかぶさるようにして大声で叫び祈る学習室は、私が通い慣れた整然として静寂な図書館とはかけ離れていた。私はヘブライ語を学び、突っかかりながらヘブライ語の祈りを唱え、ミシュナーやタルムード、ハシディズム※の思想に出会った。ユダヤ人は、安息日の夕べにパンを食べる時だけでなく、一日を通して、食事の前後やトイレを使った後など多くの機会に祝福することを学んだ。

最初の金曜日の午後、安息日前のミクヴェに入る他の神学生の中に私も加わった。何人かの若者が私をじろじろ見ているのに気づき、落ち着かなかった。上がってから、なぜ彼らが私を見つめていたのか友人に聞いてみると、「心配するな。あいつらはバキバキに割れた腹筋を見たことがないだけだよ」。悲しいことに、その後の運動不足で私の腹筋は見る影もなくなってしまい、彼らが私をじろじろと見ることもなくなった。

その夏ハバッド村では、ハーバード、イェール、ＭＩＴなどの著名な大学から優秀な若者が学んでいて、私たちは夜中まで活発な哲学的議論を続けたものだった。それは気持ちを昂《たか》ぶらせ、何かは分からないが、私をさらに深くのめり込ませる力があった。しかし六週間はあっという間に過ぎ、集中講座は終わろうとしていた。

私は、家族や友人のショックと動揺にもかかわらず、大学を一年休学し、イスラエルでユダヤ教の学びを続ける決心をした。両親は直ちに、私が洗脳の犠牲者となり、男性だけの閉鎖的な環境で理性的判断ができなくなったと決めつけた。彼らは、バランスが取れた心の広いしっかりした人々の間に戻れば、私が理性を取り戻し適切な進路に復帰すると信じ、カナダに帰り大学二年生に戻るよう主張した。私は、大学には大学の強烈な計略があり、負けないくらい偏った環境だと反論した。

ある日、二人の男性と二人のみすぼらしいドレスを着た女性がイェシヴァに突然現れ、大騒ぎになった。彼らはイスラエルへ夏季旅行に来た私のバンクーバーの友人で、私がカルト集団に騙されていると説得に来たのだ。私は、彼らと一晩を一緒に過ごすためにテルアビブまで行くことに同意した。そこで彼らは、私が常軌を逸してしまったことをありとあらゆる言葉で論じ、私の中に多くの疑問を生じさせた。翌日私はバスでエルサレムに向かい、ヘブライ大学の図書館で自分の人生と進むべき道について深く考えた。

私は五日間にわたり、現在の心境にたどり着くまでの心の変遷、そしてこれからどの方向に進むべきなのかを、延々と日記に書き続けた。ユダヤ人がエジプトから脱出して約束の地にたどり着くまで四〇年間砂漠をさまよったと聖書に記されているように、大きな重荷を負っているような気持ちだと日記に記した。しかし私自身は、これまで長い年月さまよった後で、約束の地を見られないまま死ぬような自分の状況は、もっと悪いと感じた。重苦しい状況にもかかわらず、私は、暗く長いトンネルの先に小さな光を見ていた。そして、やり遂げることはできないだろうが、自分の後に続く者のために現在の道を進まなければならないと気づいていた。

図書館を出て、当時エルサレムの首席ラビの事務所があったヘイハル・シュロモー・センターの、聖書のジオラマを見に行った。それを見ながら、ハバッド村での六週間で自分がどれほど多くのことを学んだかを思い知らされた。私は、部外者の目でジオラマを単に芸術作品として見る代わりに、一つひとつの場面に登場する人物に自分自身を重ね合わせながら見ていたのだ。美しく飾られた銀色のスファラディ※のトーラーの表紙を丁寧に観察していると、不思議な思いが自分の中に湧き上がった。大学での勉学は大事だが、この経験こそ今の自分には意味があり必要なことなのだという認識が突如として湧き起こった。私はエルサレムに引っ越し、大学生のためのユダヤ教コースに入学すると決めた。唯一の問題は、どこでどうやってそれをするか見当もつかないことだった。

第3章　新しい世界

　翌日は、第一神殿と第二神殿の崩壊などユダヤ人にとっていくつかの破壊的出来事が起きたユダヤ暦のアヴ月九日、ティシャ・ベアヴだった。断食して喪に服す日である。昼過ぎ、私はテフィリン※を身につけて第二神殿の唯一の遺物である西の壁に行き、嗚咽や嘆きに包まれた中で祈り始めた。ユダヤ人の歴史的な破壊と悲劇の日に、ユダヤ民族が奇跡的に復活した故郷で、そして私自身が霊的内省の重荷にあえいで人生の岐路に立たされている際に、何千人もの人々と共に西の壁で祈ることは強烈な体験だった。

　八月の猛暑の中で西の壁の前に立った私は、詩編を英語で朗唱しながら、神の助けと導きを求めて祈り続けた。その姿はかなり印象的だったのだろう。数週間後にテルアビブのいとこが、テフィリンが溶けるほど熱心に祈る私の姿をテレビで見るまで、私がまだイスラエルにいることを知らなかったと教えてくれた。テレビカメラの存在を認識していなかった私だが、九月になってもバンクーバー大学に戻らないことだけは認識していた。

ハバッド村に戻ると、親しくなった二人の新しい友人が、エルサレムのハルトマン大学に行き、イェシヴァ大学を出たハイム・ブロヴェンダーという二九歳の活力に満ちたラビの下で勉強することを告げ、私も一緒に来るよう誘った。大学生のためのユダヤ教コースの話が私のところに転がり込んできたのだ。ラビ・ブロヴェンダーは立派な人物で、親切にも彼のプログラムに私を受け入れてくれた。両親は私がイェシヴァを去ることに安心し、「大学」で勉強することを許可した。こうして私は、トーラーの学びに専念できることになったのである。

私は友人やラビたちからイェシヴァに留まるよう説得されたが、ハバッド村に別れを告げた。ハルトマン大学で、私はまたしても素晴らしい若者たちに出会った。彼らは全員大学教育を受けていて、多くは大学院の学位を持っていた。ルームメイトになったデヴィッド・フランクは優しくて穏やかな博学者で、いろいろな面で私の面倒を見てくれた。

何週間か過ぎた金曜日の夜、デヴィッドは、エルサレムの超正統派が住むゲウラ地区に連れて行ってくれた。安息日《シャバット》の「ティシュ」に参加するためだった。ティシュとはイディッシュで「テーブル」の意で、安息日やお祭りの際に大きなテーブルを囲み、高揚して宗教歌を歌いつつトーラーを学ぶ会合のことである。巨大なホールに早く着いた私たちは、待っている間にマイモニデス※の文献を勉強した。ホールはほどなく一〇〇〇人近い超正統派ユダヤ教徒で満員になった。彼らはシュトレイメルを被り、長い黒のコートをまとい、揉み上げの髪をカールしていた。突然静けさが広がった。杖をかざすモーセの前に海が分かれたように、人垣は二つに分かれ、その間を小柄な人物がゆっくりと歩いてきた。この人物こそ著名なレッベ※だった。デヴィッドの勧めで、私は彼の顔を見ようと椅子の上に立った。何と息を呑むような光景だったろう。黄金の口髭とカールした長い揉み上げのレッベは、聖者としか言い表しようがなかった。彼が、私からわずか五メートルのところを通り過ぎて行った時、私はその雰囲気に呑み込まれて天にも昇るような気持ちになった。しかし人々が動き出し、逞しい神学生の肘が私の急所にぶつかって、その痛みでこの世に呼び戻された。

私は昼夜を問わず古代ヘブライ語を学び、ユニークな論理と神秘的な神聖さに満ちたアラム語のバビロニア・タルムードの学びに明け暮れた。何時間も何時間も深く深く学んでいったが、微積分を学んでいた頃に最後は頭痛で終わっていたのと違い、私の全存在が活気づけられるようだった。世俗的な勉強をしていた頃は、タルムードのような剥き出しの知的挑戦を受けたことは一度もなかった。時間が経過するにつれ、これこそが私に喜びをもたらし、私を充実させ、本当にやりたかったことなんだと確信するに至り、自らの選んだ道に満足するようになった。大学はいつでも行けるのだ。

私はそこで非凡な人々に出会った。その一人は、数年後に画期的なユダヤ教育と指導者訓練の分野で世界的リーダーとなる団体「エッシュ・ハトーラー」を設立することになる今は亡きラビ・ノアフ・ウェインバーグだった。ある木曜日の夜に彼の家で学んだ時のことを今も新鮮に思い出す。ラビ・ノアフは突然窓を指さし、力強く宣言した。「君たちには外の暗闇が見えるかね？　圧倒されそうな闇だが、私たちは灯りのついた部屋で学んでいる。それは小さな光でも深い闇を払いのけることができると教えているんだ」。ラビ・ノアフはその後の五〇年間それを信じて生き、彼の灯りを多くの人々に照らし続けたのだった。

一八カ月の間、英語環境で勉強した後、私は新しい挑戦を探していた。仮にインドに行っていたなら、英語を話す人々とは一緒にいないで、ヒンディー語で行なわれる修行所で本物の霊的体験を望んだであろうと思ったからだ。ユダヤ教でも同じことをすべき時がやってきたのだ。私は、大学生用のイディッシュの教科書を買い、一カ月集中的に勉強した。そして、ブネイ・ブラク地区にある一九世紀初頭のヨーロッパの著名な正統派ラビの名前を冠したイェシヴァ、フーグ・ハタム・ソフェルの門を叩いた。このイェシヴァではイディッシュで学んでいた。校長のラビ・イツハク・シュロモ・ウンガーはハンガリー出身で、広く尊敬を集める誠実な超正統派のラビだった。彼は私の知識と語学力を詳細にテストすると、それまで私のようなバックグラウンドの学生は受け持ったことがないにもかかわらず、私を温かく迎え入れてくれた。ラビ・ウンガーは第二次大戦前、ラビが学ぶべき文献のすべてを暗記するほど頭脳明晰な青年だった。しかしナチ党員によって四階建ての建物から突き落とされ、辛くも生き残ったものの記憶を失った。戦後、彼は何年もかけてトーラーに関する知識を学び直したのである。

過越祭《ペサハ》が近づいてイェシヴァが四週間の休みに入る前、ラビ・ウンガーは、私が他の若い学生数人と一緒にイェシヴァの寮に入ることを許可してくれた。一人は、イディッシュは完璧に話せるものの英語は片言のニューヨーク出身の超正統派ユダヤ教徒だった。私たちはすぐに親しくなり、イディッシュで共にタルムードを学ぶことで、私はイディッシュのスキルを向上させることができた。

それからもう一人、黒いコートに半ズボン、黒いハイソックスをはいて揉み上げを巻き毛にした一六歳のかわいらしい超正統派の少年がいた。彼はイディッシュとヘブライ語を話したが、英語は一言も分からなかった。彼は毎日、預言者エリヤが起こした奇跡に関するあらゆる書物を読むことに多くの時間を費やしていた。なぜ預言者エリヤなのかを聞くと、「分からない。説明できないけどエリヤの物語が好きなんだ」と彼は答えた。一二年ほど経った後、私は、医療問題に関するアドバイザーでよく英語で講義する超正統派ユダヤ教徒がいると聞いた。彼の名前をどこかで聞いた気がして調べてみると、なんとそれが私のかつての若きクラスメイトのエリメレフ・フィレルだと知り、すっかり驚いてしまった。その後ラビ・フィレルは、市井の人々から首相や大統領に至るまでを対象に、ボランティアの医療アドバイザーとして活動し、数多くの賞や名誉博士号を授与された。彼の超正統派の装いも謙虚な物腰も全く変わっていなかった。多くの人にとって彼の輝くような出世は説明がつかなかったが、私には明確だった。預言者エリヤが彼を支えていたのだ。

新しいイェシヴァでの私の日課は厳格なものだった。朝は四時半に起き、階下にあるミクヴェで身体を清めた。コーヒーを飲んだ後、五時から七時一五分までユダヤ教の慣例法規《ハラハー》※を学ぶ。それから他の学生と一緒に朝の祈りを捧げ、朝食まで二〇分勉強し、九時から午後一時まで再びみっちり勉強。昼食と三〇分の午睡の後は、夜の一一時までさらなる学習が続く。私の知的・霊的渇望は飽くことを知らず、一週間の間にイェシヴァの建物から一歩も外に出ることはなかった。

今は亡きラビ・シムハ・ケスラーは毎日、一一時から一時までの二時間、素晴らしいタルムードの講義をイディッシュで行なった。最初の一週間、私は理解できないすべての言葉を書き留め、講義の後に調べていたが、一旦分かり始めると苦労なく講義についていくことができるようになった。ラビ・ケスラーは崇高な人物で、義人《ツァディック》だった。イェシヴァ近くの小さなアパートに一〇人の幼い子供と暮らしていた。彼はある夏の晩、中世のタルムードの注解書『トサフォット』の長い一節を学び直そうと、私を自宅に招いてくれた。私たちは、一二平米ほどの小さな〝リビング〟から外に張り出されたポーチで学習したが、床に敷かれたマットに整然と並べられて寝ている六人の子供を起こさないよう、注意してそこをまたいで行かなければならなかった。ラビ・ケスラーは物質的には最小限の物しか所有していなかったが、その内側には偉大な精神が脈打っていた。

二一歳の誕生日を迎える頃までに、私は生まれ育った世界からは何光年も離れ、揉み上げを伸ばして独特の衣服をまとった超正統派の男性となっていた。そして適齢期の独身でもあった。

第4章　仲人

私が生きることになった世界で貞淑な若い女性に出会う方法は、シドゥフと呼ばれる縁組みで、仲人を通した紹介だった。長く続く風習で効率も良い方法だったが、私の両親のような世俗派には馴染みのないものだった。

私のシドゥフは予想もしない時にやって来た。イェシヴァでの厳しい学習から唯一解放される金曜日の朝、私は安息日《シャバット》に必要な物を買うために外出した。いつも通る道に、私がイスラエルに来て初めての安息日で見た、毛皮の付いたシュトレイメルと呼ばれる帽子を製造販売している小さな店があった。一人ひとりの顧客にオーダーメードで作られる帽子は、数百ドルから数千ドルするものもあった。この店でシュトレイメルを作っていたのは、ハンガリー出身の小柄なラビ・ハイム・ヘルシュ・シュワルツだった。最初のきっかけは店の外で立ち話をした時で、すぐに意気投合し、金曜日はいつも長くおしゃべりする仲になっていた。

ある週、彼は私を待っていたようだった。彼は「エルサレムの女子高校の校長をしている友人がいるんだ」と言い、「そこで学んでいる生徒でとてもユニークな子がいて、彼女の結婚相手は超正統派ユダヤ教徒であるべきだけど、平凡な人では駄目らしい。とても優秀な女学生だと聞いた。会ってみたいかい？」。私の答えは当然イエスだった。

慣習に従い、マルキと私は、彼女の友人で既婚者のイタが住んでいるエルサレムの家の居間で顔合わせをした。スポーツを愛し、チーズバーガーを食べていたバンクーバーの一八歳の世俗派大学生の自分が、トーラーの学習に身を捧げる若者になったこの瞬間まで、たった二年しか経っていないことを思わずにはいられなかった。二年前マルキは、長いスカートと長袖のシャツを着て超正統派ユダヤ人社会で育ったエルサレムの一六歳の女学生だった。その二人が出会うには、私たちの片方が劇的に変わらなければならなかった。言うまでもなく、変わったのは私のほうだった。

マルキは会った瞬間から私を圧倒した。驚くほど美しいが控えめで、ヨーロッパで生まれた後ニューヨークとエルサレムで教育を受けた彼女は、六カ国語を話せた。私はまるでずっと以前から彼女を知っていたような感覚を覚えた。奇跡的に彼女も私に関心を寄せてくれ、私たちは出会ってから八カ月後の一九七三年三月に結婚した。

私たちの結婚式は、エルサレムのメア・シェアリーム地区でトルドット・アハロンという超正統派の一派を率いていた、今は亡きラビ・アヴロホム・イツホク・カハンによって執り行なわれた。私は、私たちを出会わせてくれたラビ・ハイム・ヘルシュ・シュワルツが特別に作ってくれたシュトレイメルを被り、式に臨んだ。

その頃までに、私と家族の間には宗教的な隔たりが生じていたにもかかわらず、両親と祖母そして姉のマリリンが結婚式に出席するためイスラエルまで来てくれた。彼らは私たちの結婚を受け入れ、最終的には誇りに思い満足しているようだった。それ以外のバンクーバーの友人や親戚にとっては、ケリー・サミュエルズはこの世から消え去った存在となった。

マルキと私は、二〇世紀半ばのユダヤ人社会の両極端の中で育った。私が寛容で世俗的なカナダ西岸で子供時代を過ごしたのに比べ、彼女が育ったのは、絶滅収容所やガス室で何百万人もの人々がナチスに殺害された戦争の破壊からそれほど時間の経過していない東欧だった。ファシズムと共産主義に翻弄され、流血と裏切りで引き裂かれた後に再び継ぎ合わされた世界だった。

未亡人だったマルキの祖母と母レアの兄弟姉妹九人が、ナチスに殺害された。私の父が一九四三年から一九四五年まで連合軍兵士としてナチスと戦い、その間新婚の母が安全なエドモントンで待っていたのと異なり、マルキの家族は恐怖と飢えと貧困と死を経験した。駆り集められて移送され、一九四四年五月二九日、七週祭《シャブオット》※の二日目の月曜日にアウシュヴィッツで降ろされた。武装したSSの警備兵に乱暴に扱われ、銃で脅され、唸り声を上げる犬に縮み上がって身を寄せ合った家族は、有名なヨーゼフ・メンゲレによる停車場での検査に押し出された。

マルキの伯母サラ・トヴァ・アルティ・ブラハは、生まれて二週間半の赤子を抱きしめていた。その子はユダヤ人カポ※により彼女の腕からもぎ取られ、祖母に押し付けられた。数分後、メンゲレが差し出した手の合図で、赤子と祖母そしてマルキの何人かの伯父と叔母は焼却炉に送られ、一九歳のアルティと一四才の妹レアは、生きて出ることは難しい劣悪な強制収容所に送られた。その後の八カ月間、アルティとレアは助け合った。二人は、氷点下になる日でも毎日、疫病にかからないよう互いの身体をホースの水で洗い合った。そして彼女たちは毎日、他の女性囚人と一緒に裸にされ、続けて働くことができるか検査された。働けなくなった者には死が待っていた。小さい時の病気で足が悪かったにもかかわらず、アルティは毎日の検査をパスした。彼女はそれが、病気が悪化した頃にポーランドのベルズという町〔現ウクライナ領〕の神聖なラビが、彼女は熟年まで生きると約束し、「熟年」と「祝福」を意味する「アルティ」「ブラハ」という二つの名前を与えてくれたためだと信じていた。

他の大勢の囚人と共に木板の寝床に横たわるレアは、腸チフスと飢えで瀕死の状態だった。自分自身が餓死寸前であるにもかかわらず、アルティは壁を伝いながらバラックの反対側まで必死に歩いて行った。厨房で働く一五歳の囚人ソリが中庭で彼女を見つけ、どこに行くのか尋ねた。アルティは、ジャガイモの皮を探しに残飯入れまで行くところだと説明した。「見つかったらその場で射殺されることは知ってるでしょう?」ソリは言った。「ええ、知ってるわ。でも行かなきゃいけない。妹が今にも死にそうなのよ」

ソリはそっとエプロンを広げると、自分自身が射殺されるリスクを冒してアルティに囁いた。「このビーツを妹さんに持っていく?」。アルティは自分の耳を疑い、今見ている光景を信じることができなかった。「ええ、ありがとう」口ごもって返事すると、彼女はビーツを抱えバラックに向かおうとした。「もっと欲しい? 妹さんに」と聞かれ、彼女は信じられないままそれも受け取ってバラックに戻ると、妹に一口ずつ食べさせた。そうしてレアは生き返った。

マルキの家族の多くはアウシュヴィッツで殺されたが、アルティとレアは生き延びてその後それぞれ自分の家庭を築いた。彼女たちが生還できたのは、アウシュヴィッツの暗黒の日々の中で、一人の少女が他人を救うために示した勇気の結果だった。その一人の少女、ソリ・コーンも生き延びた。

人生はその人物のドラムの拍子《ビート》に合わせて進むものだが、アルティとレアを救った「ビーツ」は、何世代にもわたって予想もできない重要な影響を大勢の人生に与えていた。それにはレアの娘マルキと私も含まれている。

「多くの人がアウシュヴィッツから解放された時、別人になっていた。信仰が破壊された者もいれば、信仰が強固になった者もいた」とマルキの伯母〝ミマ〟・アルティは言う。「私と妹の信仰心はむしろ強くなっていたのよ」。強い信仰心は、マルキのＤＮＡの核心となっていた。


新婚の私たちはエルサレムに居を構えた。私は、イディッシュでラビの資格を得る集中プログラムに入学を許可され、昼夜を通してユダヤ教の勉強三昧の日々を送ることになった。マルキと私は頻繁に私の学習内容を話し合ったため、一九七七年に私がラビに任命されトーラーの写本家の資格を得る頃までには、彼女自身もユダヤ法規と思想に関するかなりの専門家になっていた。

結婚して一年半が過ぎた頃、マルキの親友イタが、祝福してくれることで有名なチャバという名のメア・シェアリームに住むラビのところに行ってみたらどうかと提案した。私たちは幸福な結婚生活を送っていたが、子供を授かる兆候はなかった。そして私たちの周辺では、結婚して一年半以内に妊娠しなければ心配すべきとされていたのだ。私たちは予約した上で、メア・シェアリーム通り三番の質素で小さなアパートに、広く尊敬を集めるそのラビを訪ねた。待っていると、年配の女性が書籍に囲まれた部屋に案内し、老人に紹介してくれた。次に起こったことは、私が全く予想もしていないことだった。

ラビ・チャバは、ハンガリーのチャバという町の出身でホロコースト・サバイバーだった。すでに九〇歳近く、身長は一九〇センチを超えている。白く流れるような髭を生やし、預言者エリヤを彷彿とさせる聖なる風格だった。気さくな性格で、黒く長いコートをまとい、大きな黒い縁取りのあるフェルト帽を被っていた。彼は見たとおりの人物だった。静かな口調のイディッシュで彼は私について驚くべきことを語り始めた。ラビは、私が自分自身を認識しているよりも私自身のことを知っていた。彼は私たちにそれぞれ赤い紐《ひも》を渡し、これは特別な紐だと説明すると、手首に巻き付けるようにと言った。それはベツレヘムの近くにあるラケル※の墓に巻き付けられ、そこで一〇人の弟子が詩編を連続で朗唱した紐だという。

ラビはそれから私に慈善の施しを行なうよう依頼したが、それは自分にではなく貧しい人々の安息日の夕食のためだと説明し、それによって私たちの祈りが叶うのを助けるのだと説明した。最後に彼は、神の名前が書かれたとされる羊皮紙でできたカバラ※のお守りを取り出し、突き出した自分の右手に巻き付け、ヘブライ語でカバラのまじないを唱え始めた。「預言者エリヤは天使に出会った」。彼はこの言葉と他の文言を真剣に何度も何度も繰り返し、最後に「天使はあなたの御名においてエリヤを祝福した」と唱えた。この時点で彼は頭を前のテーブルに向かって下げ、私が知らないカバラによる神のあらゆる名前を読み上げた。それらの言葉は彼の長い髭の下から湧き出て、部屋中を揺さぶっているようだった。私は自分を、地に足がついた合理的な人間だと思っているが、ここ数年でこのようなことを何度か目撃したことがあり、それらはすべて同じように理解し難く忘れられない体験だった。ラビ・チャバは、私たちが間を置かずに四人の子供に恵まれるだろうと告げたが、彼は自分の祝福の力を過小評価していたようだ。九カ月後の一九七五年七月二四日、マルキは長女ネハマ・レアを生み、その後の六年間で五人の男の子を産むことになる。私たちの七人目の子供である娘のサラは、それから一七年後に誕生する。最初の四人はラビ・チャバが存命中に誕生した。

ネハマ・レアは「レアの慰め」という意味で、レアは私たちの娘が生まれる四カ月前に四五歳で亡くなったマルキの母親の名前だった。アウシュヴィッツ、ヒンデンブルク、ベルゲン・ベルゼンの収容所を生き延びた彼女は、青信号で横断歩道を歩いている途中、車に轢《ひ》かれた。初めての孫を見ることなく逝ってしまったのだ。

ネハマ・レアの誕生は私たちに喜びを与えてくれた。一五カ月後の一九七六年一〇月三〇日、シャローム・ヨセフ、愛称ヨシが生まれた。それは安息日の朝で、ニュースを伝えようと私は病院から飛ぶように帰った。マルキと私は二〇代前半で娘と息子に恵まれたのだ。私たちは幸福の絶頂にあり、自分たちの人生は何と祝福されているのだろうと感じたものだ。しかし、その一三カ月後に三番目の子供ヨハナンが生まれる時までには、私たちの人生は全く違うものになっていた。

第５章　沈黙と暗闇の中で

それはエルサレムの中心地にある診療所で始まった。その日起こったことを診療所の職員は誰も語ろうとしない。一九七七年一〇月一六日のことである。あと二週間で一歳になるところだったヨシは、もちろん何も覚えていない。しかしその午後に起こったことのすべては、四〇年を経た今でも妻マルキの記憶に焼き付いている。

「育児相談診療所は好きじゃなかった」と彼女は言う。「もしかしたら虫が知らせたのかもしれない。悪いことが起こると知っていたわけではないけれど。一九七七年当時は、今のように情報がすぐ手に入る時代ではなかった。パソコンもインターネットも携帯電話もソーシャルメディアもない。それに、親が医者や看護師の言葉を疑ったりすることもなかった。暑い日で、私は三人目の出産を控えていた。行くのを延ばそうかとも思ったけど、やはり行かなくちゃと思い直した。新しい子供がもうすぐ生まれるという状況で延期したら、ヨシの二回目の予防接種が数週間遅れてしまうと思ったから。数区画離れた近所の育児相談診療所までゆっくりと歩き、かわいい息子を抱きながら階段を上った。小児科医のネイマン医師が、運動能力・視力・聴力・体重・身長を調べ、ヨシの成長記録にそれらを書き込むと、『順調ですよ』と言った。そして看護師が、元気に笑うあの子を私の膝に座らせ注射をした」

イスラエル保健当局は一〇月のその暑い日の午後の時点で、彼らが使っているジフテリア・百日咳・破傷風の三種混合ワクチンに危険な問題があることを、すでに五カ月以上前から認識していた。

「私はヨシを家に連れて帰り、診療所で言われた指示どおりにした」とマルキは思い出す。「お風呂に入れて、小児用解熱鎮痛剤を与えて眠らせた。そして彼が目覚めた瞬間、もはや自分の知る息子ではなくなっていることに気づいた。彼は輝く瞳で私を見上げ、まるで『僕にいったい何をしたの?』と言っているようだった」

マルキが、私たちの愛しい息子をお昼寝から起こし、「彼でなくなった」ことを知った恐怖の午後、彼女は私に連絡を取ることができなかった。彼女は診療所に電話したが、心配しなくていいと告げられた。私が勉強に没頭していたイェシヴァには電話がなく、七時一五分に帰宅するまで、私は何が起きたのか知らなかった。家に入ると、パニックになった妻が私を子供部屋に引っ張っていった。ヨシはベビーベッドの中で仰向けに寝ていた。「彼を見て! 見て!」彼女は泣き叫んでいた。「目を見て。私のヨシじゃない! 何も反応しないの! 何か酷《ひど》いことが起こってる!」

私がヨシを抱き上げると、彼は苦しそうに微笑んだ。彼の眼を見てみると、確かに何かがおかしかった。眼に曇りガラスがかかったようで、朝最後に見た時はなかったぶつぶつがあった。マルキはすぐ小児科医に電話しようとした。「いや」と私は言った。「たぶんただの風邪だよ。今夜は寝かせて、明日必要なようだったら小児科医に電話しよう」

　翌朝、ヨシの様子は悪化していた。熱が出て鼻が詰まり、明らかに苦しそうだった。かかりつけの小児科医で、エルサレムのシャアレ・ツェデク病院と連携する優秀なカナー医師に電話した。何時間かして家に往診に来てくれた彼女は、ヨシを丁寧に診察すると、ウイルス感染ですねと言って解熱鎮痛剤と水薬を処方した。だが数日過ぎてもヨシの状態は回復せず、彼女は抗生物質を処方すると決めた。私たちは忠実にそれを与えたが、ヨシの病状は悪化するばかりで、今度は突然痙攣《けいれん》を起こすようになった。

　私たちはどうしていいか分からず、全く途方に暮れていた。マルキはこれ以上耐えられそうになかった。私は医師に電話し、その日の内にヨシを再診することを求めた。彼女は病院での勤務を終えた後、夜の九時にやって来た。今度は、彼女も明らかに深刻さに気づいているようだった。我が家の電話を借りると、エルサレムの病院の神経科長のＨ医師に連絡した。そして、翌日の朝一番で精密検査をするので、ヨシを彼女の診療所に連れていくよう告げた。明らかにウイルス感染より何か深刻なことが起こっていたが、それが何なのか若い親の私たちには知る術もなかった。言われたとおり、翌朝九時にヨシをＨ医師の所に連れて行った。

　Ｈ医師は助手と一緒に五分間ヨシを診察した。彼女は座るとゆっくりとした口調で、私たちが決して忘れることのできない言葉を口にした。「お子さんは、最近混合ワクチンの予防接種を受けましたか？」。その言葉は私とマルキを打ちのめした。私たちは顔を見合わせ、同時に答えた。「はい、受けました。すべてそれから始まったんです」

H医師は何も言わずに立ち上がると、助手と共に部屋を出ていった。かなり長い間待たされた後に戻ってきた彼女は、封印された封筒を私たちに渡すと、視力検査のために病院内の眼科待合室に行くよう告げた。今振り返ってみると、何の質問もせずおとなしく彼女の言うとおりにしていた私たちに自分でも驚かされる。でも彼女は著名な神経科医で、私たちは若い親だった。廊下の先にある眼科まで行って、医師を待った。彼はヨシを丁寧に診察すると、何が問題なのかという私たちの質問には答えず、H医師へのメモ書きを封筒に入れて閉じると、彼女のオフィスに戻るよう告げた。

また長く待たされた後、H医師は再び私たちを呼び入れた。彼女は眼科医からのメモを読むと、脳波検査のために二日後の日曜日の朝にまた来るようにと言った。何が悪いんですかと尋ねる私たちに、まだはっきり言うのは早いと彼女は答えた。先ずヨシの脳波を見てみるとのことだった。

マルキと私は混乱した状態で病院を後にした。ヨシの問題について何も教えてもらえず、取り残されたような無力感でいっぱいだった。今思えば、こんなふうに扱われたこと自体信じ難いが、これが一九七七年のイスラエルだった。私たちは次回の病院訪問までの二日間、娘と遊び息子を慰めて過ごした。そして日曜日の朝、ヨシを脳波検査に連れて行った。

H医師は、スキャンの結果、何も異常は見られず、彼の脳の活動は正常だと説明し、「ヨシは大丈夫です。六週間後にまた検査に来てください」と言った。

しかしヨシは大丈夫ではなかった。彼の目の動きはさらに酷くなり、眼球は頭の中に転がり込んでしまったようだった。彼は、突然の激しい痙攣を頻繁に起こすようになり、その度に頭を前後に振りながら周辺のあらゆる物に打ちつけた。医師たちの誰も、ヨシがひきつけを起こすとは言わなかったし、ましてや、百日咳の予防接種が稀にそれを引き起こすことがあるので気をつけるようにとも、言ってくれなかった。

私たちはカナー医師に電話し、現状を説明した。彼女はためらいながら、最近同様の予防接種で問題が出た他の乳児を知っていると告げた。それはヨシが接種を受ける四カ月前の六月に起こり、その子は亡くなったという。

私たちはある有名な医師に電話し、往診してほしいと依頼した。ヨシを診察し終えた彼に三種混合予防接種のことを話し、どう思うか尋ねた。彼の言葉は今でも耳に残っている。「子供は一歳の頃、知的障がいになることがあります。次の患者に連絡したいので、お電話をお借りできますか？」。それだけだった。彼は往診の支払いが発生する時間だけ滞在して、次の患者宅に向けてさっさと出て行った。

私たちの恐怖と失望は際限なく膨らんでいった。

ヨシの予防接種から七週間後の一二月三日、マルキは四五〇〇グラムを超える大きな男の子、ヨハナンを生んだ。新生児の誕生は嬉しかったが、私たちの暮らしは大変だった。長女ネハマは二才半。ヨシのひきつけと健康状態は悪化の一途をたどっていた。カナダから訪ねてきた二人の叔母とエルサレムのホテルで会った時のことを思い出す。一人の叔母がヨシを抱いていた時、彼が突然後ろに反り返り、ロビーのガラステーブルに勢いよく頭をぶつけたのだ。それでも私は、これらの動きが痙攣であることを知らなかった。

一九七七年の一二月末、六週間後検診のためにH医師を訪ねた。彼女は少し診察すると、ヨシに大きなボールを掴ませ、しばらく様子を観察していた。「問題ないようですね。この時点で私にできることはもうありません。大丈夫でしょう」H医師がそう言った時、私は次回はいつ連れてきたらいいでしょうと尋ねた。「もう来る必要はないです。彼は大丈夫」それが彼女の返事だった。

全く愚かだったのか、自分の子は大丈夫だと信じたい一心だったのか、私はその場で常識を捨ててしまっていた。ヨシに何の問題もないとH医師に言われたという素晴らしいニュースと共に、私は意気揚々と帰宅した。マルキは事態をもっと冷静に見ていた。ヨシを強く抱きしめながら彼女は泣いた。「カルマン、この子に問題がないと言うの？　健康だと言うの？　彼女はいったいどんな医者なの？　彼女の眼は節穴じゃないし、愚かでもない。いったいH医師がどう説明したのか教えて。彼女はヨシの何が問題なのかどうして言わないの？」

H医師は、問題は自然に解消するという幻覚を私に与えた。それは明らかに、当時の私が信じたかったことだった。

今の私はもっと賢い。

今の私は、彼女の行為が共謀だったこと、そして彼女が多くの同僚と共に、医療倫理にも人間としての良識にも背を向けたことを知っている。そして今の私は、ヨシが、六カ月にもわたって使用された欠陥ワクチンで傷つけられた多くの子供の一人だったことも知っている。何人かは死亡し、植物人間のようになってしまった子供もいた。

一九七七年一二月五日、ヨシが生涯にわたる健康被害を被ってから七週間後、政府は国中の育児相談診療所に対し、三種混合予防接種を停止するよう命じた。彼らは当初六人の子供が被害を受けたと認めたが、その後一一人、一二人と増やしていった。ヨシはその中に入っていなかった。

二週間後の一二月一九日、瞬時にニュースが伝わる現代からは想像もつかない遅さだが、以下のニュースがイスラエルの新聞「マアリヴ」で伝えられた。

三種混合予防接種を中止！
六カ月で六件の深刻な事例

イスラエルの育児相談診療所の監督者は二週間前、国内すべての診療所に対して三種混合予防接種を停止するよう命じたと発表した。育児相談診療所関係者は、未使用のワクチンをすべて返還し、さらなる指示があるまで接種は行なわないよう指示された。三種混合予防接種は、二人の死亡を含む六件の重篤な事例があったために中止された。当件に関して現在詳しい調査が行なわれている。

保健省次官ティボル・シュワルツ医師によると、問題は百日咳のワクチン部分にあったという。「我々は、子供たちが予防接種を受けられない状態を作らないよう、別のワクチンを導入することを決定した。ヨーロッパから輸入する。予防接種プログラムは停止しない。我々の統計はヨーロッパと同様、五万件に一件の割合で問題が起きている。一〇万件に一件という国もあるようだが、これは許容できるリスクだ。六カ月で六件の重篤な事例があったのは、異常で受け入れ難い。何が起こったのか、また三種混合ワクチンとの因果関係は何なのかは分かっていない。我々の推論する見解はあるが、明確な答えは現時点では得られていない」

それから二カ月後の一九七八年二月六日、イスラエルで最大の購読数を持つ日刊紙「イェディオット・アハロノット」は次のような記事を発表した。

ワクチン再開「安全です」

三種混合ワクチンが安全だと宣言され、今後二週間以内に接種が再開される。予防接種で重篤な事例となった一一件についての調査の結果、百日咳のワクチンに問題があったことが分かった。一一件のうち三人の乳児が死亡。ワクチンとの直接の因果関係は見つからなかった。しかし保健省は公共の安全を考慮し、このワクチンの使用を停止することにした。

イスラエルと他の国で起きた事例を比較すると、このワクチンが重篤な結果を招いたイスラエルのケースは英国の五倍だった。今回イスラエルでも英国で使用されているワクチンが使用されることになった。大量のワクチンがこの二週間で到着し、現在点検されている。

私は当時これらの新聞記事を読んでいなかった。私たちはヨシの世話に追われていたのだ。ヨシは、H医師が宣言したように「大丈夫」ではなかった。症状は良くなるどころか悪くなる一方だった。この傷つけられた子供が私たちの生活の中心となり、彼自身や他の人間が怪我をしないよう常に注意を払っていたので、静かで穏やかな時間は一瞬たりともなかった。何より辛かったのは、孤独な世界に閉じ込められた小さな息子とコミュニケーションする術が私たちになかったことだ。

マルキはよく泣いていた。彼女は子供が苦しんでいるのを見ても、どう助けたらいいのか分からなかった。彼女にとって、自分の子供が助けを必要とし、それを求めて泣き叫ぶのに、助けてあげられないのは何よりも辛いことだった。

私たちは数えきれないほどの医師を訪問した。あまり有能でない医者は、何が問題なのか見当もつかなかった。優秀な医師は認識していたようだが、話そうとはしなかった。力を持つ上層部の誰かがワクチン関連事故の隠蔽を命じ、医師たちがそれに従っていることは明らかだった。

一方、ヨシの状態は日々悪化し続けていた。目はひんむき返り、集中することができなかった。鼻は痙攣の度にあちこちにぶつけるため腫れ上がって詰まり、口でしか息ができなかった。彼は歩き始めたが、足取りはぎこちなくよく転んだ。何も見えないヨシの世界は、彼が触れるものだけに限られていた。

彼が使えるごく限られた感覚を頼りに、ヨシは必死で自分の世界を理解しようとしていた。そして、限りない愛以外に何の経験も持たない私たちは、途方もない挑戦に直面している我が子を何とか助けようとした。

ヨシは良い教師だった。突然近づかれたり触られると驚き怖がることで、彼の世界では物事が突然現れ突然去っていくのだということを、私たちに教えてくれた。彼は、近づかれる前にそれが安全なことを知るため、優しい合図が必要なことを教えてくれた。いつも変わらないルーティーンが必要だったが、もっと大事なことは彼が刺激を必要としていることだった。

彼を助けたい一心で、私たちは相変わらず医者から医者を訪ね歩いたが、説明も診断も明確な助けも得られなかった。その年の終わり、父の弟であるヘルシェル叔父が、ニューヨークに来て専門医に診てもらってはどうかと提案した時、もはや私たちに他の選択肢は残されていなかった。父より一三歳若いヘルシェル叔父は、恐ろしいほどの記憶の持ち主で、当時ニューヨーク市ブルックリンのマイモニデス医療センターの整形外科医だった。

私たちは難しい決断を下した。ヨシの問題が本当は何なのかを正確に知り、彼を助ける最善の方法を見つけるため、ヘルシェル叔父の提案を受け入れることにしたのだ。ネハマは三歳、ヨシは二歳、ヨハナンは一歳になったばかりだった。そしてイスラエルを発つ時は分からなかったのだが、マルキは妊娠していてその後アヴィが生まれることになる。

第6章　ニューヨーク

マルキと私が三人の子供とニューヨークに到着し、ブルックリンのウィリアムズバーグにあるアルティ伯母の家にたどり着いたのは、一月の凍えそうな日だった。彼女は、私たちの住むところが見つかるまで、親切に宿を提供してくれた。

彼女のアパートは狭かったので、マルキはその翌日から私たち家族五人用のアパートを探し始めた。まだ時差ボケが取れなかった私は数日ゆっくりしたかったのだが、マルキは早々に地元新聞のアパート広告を探し始めた。数日後、あちこちのアパートを見に出かけた私たちは、ヨハナンをベビーカーに乗せてブルックリンのボロパーク地区四一通りを歩いていた。温度は氷点下一〇度近くで、吹きつける風でもっと寒く感じた。マルキはひどい吐き気をもよおし、頻繁に立ち止まった。その後も吐き気は止まず、彼女は妊娠していることに気づいた。

数日後、私たちはボロパークにある小さな地下アパートに引っ越した。ヨシを助ける私たちの旅路の新出発だった。ヘルシェル叔父は、彼の同僚でニューヨークでは神経眼科の権威の一人として知られるアーサー・ウォルニッツ医師を紹介してくれた。彼はヨシを優しく忍耐強く検診した後、検査具を自分の顔から外すと私たちに向かい、深い同情を込めて静かに告げた。「息子さんには、垂直性眼振と視神経の萎縮があります。ご覧のように、目の動きは円状ではなく上下です。お気の毒ですが、息子さんの視神経は脱色していて、視力が回復することはありません。眼球と脳を繋ぐ接続部が破壊されていますので、網膜や眼球を治療してそれを修復することはできないのです」

重苦しい沈黙が続いた。私たちの微かな希望の灯りは消えた。ついに新たな真実を突き付けられて打ちのめされた私たちは、よろめくようにして彼のオフィスを出た。

しかし人生というのは強いもので、私たちはそれでも希望を失わなかった。その後しばらくしてマルキは、ヨーロッパから視力に関する画期的な研究を持ち帰ったという著名な眼科医についての新聞記事を読んだ。その分野で最先端を行くような医師ならヨシを助けられるのではないかと思った彼女は、彼のオフィスに連絡して予約を取った。スマホのマップナビなどとは無縁の時代、私はおんぼろ自動車に妻と息子を乗せると、事前に調べた地図を頼りに見知らぬ土地ロングアイランドに向かった。カナダを去って一〇年も経っていた私は、運転にはあまり慣れていなかったが、それまで経験したことがないようなニューヨークのハイウェイを何とか走り抜けた。それほど迷うこともなく到着し、私たちは有名な医師に会った。彼と助手はヨシを丹念に検診し、前に受けていたのと同じ診断を下した。

マルキは「先生、ヨシの目はひっくり返っているんですが、少し見えるようなんです。眼鏡は助けになりますか？」と尋ねた。彼は手のひらを振って「私はそうは言えないね」としわがれ声で言うと、私たちに部屋から出るよう促した。衝撃を受けたマルキは、混雑する待合室の中で突然泣き出した。どうしたのですかと聞く者は誰もいなかった。雄弁なイディッシュでマルキはまくしたてた。「三〇〇ドル（それは私たちにとって法外な額だった）は簡単に取り上げるくせに、母親の懇願には答えられないのね。ヨシに眼鏡を買うわ」

そして私たちは眼鏡を買った。それから数日して親切な検眼士のオフィスを訪ねると、彼は「お子さんをこの椅子に座らせてください。この表を見てもらいましょう」と始めた。マルキは、ヨシはほとんど盲目なので表は見えないことを説明した。驚いた様子の彼が答えた。「それでは、どんなレンズが彼に合っているか知りようがないですね」。マルキは「どうでもいいんです。まだ微かに残っているかもしれない視力を最大限に使えるような眼鏡をお願いします」と答えた。そしてヨシは間もなく、初めての眼鏡を与えられた。

視力の問題に加えて、ヨシは著しい多動症で、いたずらをしていない瞬間は全くなかった。文字どおり小さな破壊機で、一瞬たりとも目を離すことができなかった。見ることができない彼は何でも触って体験し、彼が触った物は分解されるか壊れるかだった。物がどうできているか知りたくてたまらない彼は、エアコンから掃除機に至るまですべてバラバラにしてしまう。分解したり故意に壊さなかったのは、彼の眼鏡だけだった。朝起きると一番にそれをかけ、寝る前にそれを外した。それは物を見るのに役立っていたのだろうか。確かなことは、それが彼に何かを与えていたことだった。

私たちは、診断が丁寧で正確だというブルックリンの有名な小児科医を紹介された。待合室は満員で、私たちはヨシをおとなしくさせるのに苦労し（それは疲労困憊《こんぱい》し不可能なことだった）、周りの人々に謝り続けた。永遠とも思われる時間が過ぎ、やっと私たちの番が来た。医師はたくさんの質問をしてヨシを診察した。「この子には薬が必要ですね」と言って、多動症を緩和して暮らしやすいようにするという薬の名前を教えてくれた。

マルキは、その薬が効くのか、習慣性はないのか、長期的影響はないのかなどを尋ねたが、医師は彼女を安心させるように、何も心配ないですよと答えた。私はとても良い方法だと思ったが、マルキはそう考えなかった。「カルマン、私は自分たちの暮らしを楽にするために、ヨシの心理をもてあそんで押さえつけるつもりはないわ」。医師のオフィスを出ると彼女は宣言した。「それは今の私たちを少し楽にするかもしれない。でも長期的な影響を考えなくちゃいけない。薬は彼をおとなしくさせるだろうけど、彼の若い心が最大限まで成長するのを妨げるかもしれない」。彼女の心配は理解できたが、私は、医師が長期的影響はないと言ったことを繰り返し、ヨシの成長に影響はないよと反論した。しかし彼女の心配は収まらなかった。私自身は、家の中が少しでも静かになるなら、薬を与えたかった。彼女は息子の将来の心の状態を心配するが、私にしたら、自分たちが現在をどうやって耐えて行くかのほうが問題だった。

ニューヨークにはヨシの状況について忌憚なく意見してくれる医師が多く、私たちが当初考えていたより長く滞在しなければならないことは明白だった。彼らは、「予防接種が原因」と断定することに躊躇したが、少なくとも正直な診断を下そうとしていた。それで私は、五人の家族（それはもうすぐ六人になろうとしていた）を養う方法を見つけなければならなかった。

　その時点で私の持っていた資格は、一年の大学教育、約一〇年にわたるトーラーの学び、ラビ授任、そしてトーラー写本家の資格だった。それで、私は正統派ユダヤ人社会で仕事を探し始めた。

　最初に連絡したのは、バンクーバー時代に通っていたシナゴーグのラビで、私のバル・ミツバ直前に離任したラビ・バーナード・ゴールデンバーグだった。彼は今や、正統派の全米教育機構の指導的存在となり、マンハッタンに事務所を構えていた。彼は、ケリー・サミュエルズ少年から連絡を受け、とても喜んでくれた。その後会った私たちは、家族やバンクーバーの旧知の人々の近況を語り合った。私たちが置かれた現状と私が職を必要としていることを説明すると、彼は間を置かず、私にとって理想的な仕事の機会があると教えてくれた。南部の著名なラビがアシスタントラビを募集していて、ラビ・ゴールデンバーグは私が適任だと言う。給料は私が想像するよりずっと高く条件は最高で、私は自分にそれだけの価値があるのかと驚いた。心躍る話ではあったが、その仕事を受けることは到底できなかった。

「そのポジションに私をと考えて下さり、本当にありがとうございます」私は答えた。「でもそれは私が受けられるお話ではありません。私たちは、私自身の将来のためではなく、ヨシの状況を改善したいという希望を持って米国に来ました。そして医学の面でも教育の面でも、彼に最高の機会を提供してくれるのはニューヨークなんです。いずれにせよ、彼には落ち着いた環境が必要です。私がその仕事を受けたなら、結局はあちこちを転々とすることになるでしょう。何年かしてそこで成功しなければ、他の土地でラビの仕事を探さなければなりません。もし成功すれば、私は他の土地でさらに大きなラビの地位を得ようとするでしょう。どちらにせよ私たちは引っ越すことになります。私たちが今ニューヨークに腰を落ち着けるべきだということは、はっきりしています」

私はそれからすぐ、ユダヤ教の宗教用具の偽造品売買を防ぐために消費者教育をするユダヤ人コミュニティの団体に雇われた。まあまあのスタートだったが、私が本当に探していたような仕事ではなかった。そこで、友人のラビ・アハロン・フィシェルに相談することにした。ラビ・アハロンは、ニューヨークで成功したビジネスマンで、世俗的な知恵と広いトーラーの知識を兼ね備えた心優しい人物だった。私より二〇歳上の彼は、ヨーロッパ時代のマルキの家族を知っており、子供時代にホロコーストの地獄から生き延びた後は大家族となり、地域支援に尽力していた。私たちは最初の出会いから親しみを感じ、よく彼の部屋で夜遅くまで語り合ったものだ。それでも彼は、翌日は夜明け前に起きて祈りを捧げ、新しい日をスタートするのだった。

「コンピューターをやってごらん」と彼は勧めた。ユダヤ人コミュニティの団体がニューヨーク大学と共同で行なう四カ月間のコンピューター集中講座が、もうすぐ始まるのだという。彼はそれが私にぴったりだと考えた。「すごくいい機会だと思うよ。そして君はきっと成功すると信じる」

私は翌日その団体に電話し、言われたとおり、マンハッタンの下町ビークマン通りにある事務所に出向いた。申込書にいろいろと記入させられた後、面接があった。週五日午前九時から夕方五時までという文字どおりの集中講座だったが、そこで得られるものも多そうだった。優秀な生徒には修了と同時に良い就職口が世話されることも知った。

驚いたことに、四二人の募集に対して七〇〇人もが応募していた。二週間後に行なわれる能力試験によって合格者が決まるのだという。コースの受講料は一七〇〇ドルだったが、優秀な一一人だけは全額免除され、いくらかの週給も出るということだった。私はこの講座にとても魅力を感じたが、果たして入ることができるのだろうか？　そして入れたとしても、一一人の奨学金生徒に選ばれなければやっていけないことを、私は知っていた。

私は、問題集や参考書の名前などが記された試験の詳細をもらって帰った。試験は合計一時間半で、選択式の数学の問題、英語の言語論理の問題、そして論理的推論と呼ばれる問題の三種類がそれぞれ三〇分というものだった。私は参考書を買い、近くの図書館に午後と夜通ってそれらの問題に慣れる練習をした。カナダでは大学に入るのにこうした試験はなかったので、私にとって初体験だった。

入学試験はブルックリン高校の体育館で行なわれ、何百人ものユダヤ人が集まっていた。若い者もいればそれほど若くない者もいたが、皆が緊張していた。私は順調に試験をこなすことができた。二つだけ確信が持てない問題があったが、他はすべて完璧に答えられた。

知らせがないまま何日かが過ぎて行った。結果が知りたくてついに電話した私は、「あなたの点数はボーダーラインです」と告げられた。何点取れば合格なのかと尋ねると、「三つの試験でそれぞれ五〇問中四二問は正解しなければなりません」と言う。「それで私は何が問題だったのですか？　私はそれよりもっと高い点を取ったはずですが」私がそう尋ねると、その人物は驚いたように「あなたは何点を取ったと思っているんですか」と聞く。数学と英語の論理では最低でも四九問、論理推論では四八問は正解したと思うと答えると、彼はさらに驚いた。

少し沈黙があった後、私の試験用紙を取り出すので少し待つように言われた。電話に戻ってきた彼は「論理推論でどのように時間配分をしましたか?」と尋ねた。「答えるのに二〇分、そして二回見直すのに一〇分かけました」「ええとですね。あなたは数学と英語論理で四九点取れていますが、論理推論では三九点しかとれていません」「そんなことはあり得ない!」と私は抗議した。彼は誠実で忍耐強く説明してくれた。「あなたは最後のページの一〇問に答えませんでした。きっと見落としたんですね」。彼は親切にも、事務所に来て別の論理推論の試験を受ければその点数を採用すると言ってくれた。私は翌日その試験を受け、五〇問中四九問正解して合格となり、奨学金も満額もらえることになった。

親切なカウンセラーが講座の概要を説明し、修了後は私たちの就職口を探すのを手伝うと約束した。彼女は、通常ならこの分野で成功するのに五年はかかると説明した。私が、五年したらイスラエルに帰る予定だと言うと、彼女は笑って「何を夢見ているの。一旦良い仕事を得て家族が増えたら、その計画は現実的じゃないわ」と答えた。私も笑いながら「私は現実主義者じゃないようです」と言った。

四カ月の講座は難しかったが、私は若かったし、マルキも私も活力と子供たちへの愛で満ちていた。毎朝、近くのシナゴーグで朝の祈りを捧げ、三人の子供のおむつを替えヨシの世話をするマルキを手伝ってから、八時にはクラスに出かけた。夜の六時に帰宅した後は、マルキや子供たちと充実した時間を過ごし、その後は深夜まで膨大な量の勉強に打ち込んだ。

マルキはアヴィを妊娠していたが、ネハマ、ヨシ、ヨハナンの世話をし、特に瞬時も目を離せないヨシの世話に追われた。大変なこの時期、彼女に力と安らぎを与えていたのはラビ・シュロモ・カルリバッハ※のユダヤ・ソウルミュージックだった。音楽が好きな彼女は、小さなテープレコーダーで彼の歌を休みなく流し、一緒に歌っていた。私は辟易したが、確かにマルキの力になっていたようだ。そんなわけで、彼女の胎内で七カ月間ラビ・カルリバッハの歌を聴かされたアヴィは音楽の才能に恵まれ、ラビ・カルリバッハの歌に合わせて上手に歌い祈ることができるのは、不思議ではないのかもしれない。

私たちにとって初めての、暑くじめじめしたニューヨークの夏がやってきた。私のコンピューター講座もマルキの妊娠も終わろうとしていた。臨月に入った彼女は、かかりつけの産婦人科医師に予約を取ろうと電話したが、その医師は夏の休暇に入っているので別の医師が担当すると伝えられた。彼はマルキを診察して血圧を計ると、淡々と言った。「血圧がとても高いですね。お子さんは何人ですか?」。「三人です」とマルキが答えると「それでは今回の出産の後、四人が孤児になってしまいます」と淡々と告げた。

二四歳のマルキは冷静さを保つと、公衆電話を探そうとその場を離れた。電話を見つけて私に泣きながら「あんな医師の下なんかでお産はしたくない。猫のように道端で生んだほうがましよ。なんて冷たくて無神経なの」

彼女が帰宅した後、私たちはアルティ伯母の娘ブリミに電話し、産婦人科医を紹介してくれるよう頼んだ。翌日私たちは感じの良い新しい産婦人科医に会い、彼に決めた。

陣痛は二日後に始まり、私たちはマイモニデス病院に急いだ。受付には、マルキに冷たい言葉をかけた例の医師が自分の患者が着いたと思って待っていたが、マルキは彼を真っ直ぐ見つめると、看護師にもう一人の医師を呼んでくれるよう頼んだ。数時間後、そしてニューヨークに引っ越して七カ月後、四二〇〇グラムのアヴィが誕生し、苦難の時代に大きな喜びの源となった。

第7章　彼自身の尺度で

私たちはヨシを助けるためなら何でもするつもりで、ニューヨークにやってきた。しかし、私がそれまで考えもしなかった重要なことがあった。それは私にとって身につまされることだった。それに気づかせてくれたのは、姉マリリンの訪問だった。

児童心理学の教授でカルガリー・ラーニング・センターの所長だった姉が、学術会議でニューヨークに来たので、二歳半になったヨシをどんな学校に入れたらいいのか、私たちは彼女の助言を仰ぐことにした。彼女は、視力回復の分野で一〇〇年の歴史を持つライトハウス・インターナショナルが運営するマンハッタンのライトハウス盲学校を勧めた。これは私にとって難しい決断だった。息子にはユダヤ系の学校を望んでいたからだ。マリリンは、私がその後の長い間忘れることのできない言葉で、真実を突き付けた。

「弟よ、よく聞きなさい。問題はヨシじゃなくてあなたです。あなたは、自分の息子がトーラー学者にもスポーツ選手にもなれないことを、認めなくちゃいけない。それはヨシの問題じゃなくてあなたの問題なのよ。彼は目が見えないだけでなく、その他の問題も抱えている。彼が必要としているのは、これからの人生を生き抜いていく手段を与えてくれるベストな学校なの。イェシヴァなどでは無理だけど、ライトハウスでなら学べるのよ。宗教のことは家でも教えられるでしょ。でもお願いだから、あなたの夢のためにヨシに負担をかけないで。ヨシには自分の人生があり、自分の旅路があり、彼自身が到達したい目標があることをあなたが認めない限り、あなは不満を抱えた息子を持つ不満に満ちた父親になるのよ。ヨシの目標は、彼自身の尺度で達成されるべきで、彼は自分に可能なあらゆる目標を達成できるはず。あなたが親としてできることは、そのために温かく居心地の良い幸せな環境を作ってあげることよ。カルマン、目を覚ましなさい！」

マリリンの言葉に打ちのめされ、私は子供のように号泣した。彼女が正しいことは分かっていた。しかしそのことを頭で理解するところから本当の意味で腹に落ちるまで、さらに何年も必要だった。自分の夢を諦めることによって、他の誰かが自らの夢を生きられるようにするのは容易ではない。しかし何と大切なことか。

マリリンは、私たちが初めてライトハウスを訪問するのを手配してくれた。あらゆる年代の目の見えない人が杖を使って廊下を歩いているのを見るのは、とても辛いことだった。これは私たちが来る場所ではないと思った。もちろん訪問して、こうした人々に同情し支援することに問題はなかったが、私たちのかわいい息子がこの世界の一部であると認めるのは、耐えられないほどに辛いことだった。

ライトハウスのソーシャルワーカーのプタマンさんは親切な中年女性で、ショックを受けている私たちを温かい同情をもって迎えてくれた。私たちは直ちに学校長のメアリーアン・ラング博士に紹介されたが、彼女は若くフレンドリーで輝くばかりの情熱家だった。彼女がすべての生徒に愛情を注いでいることは明らかで、その場で私たちに希望を与えてくれた。午前中ずっと、いろいろな場面でヨシの様子を観察した後、プタマンさんは私たちを自分の事務所に招き入れて言った。「ライトハウスはヨシを受け入れます。年間費用は一万ドルです」。当時にしては途方もない額を聞いた私は、もう少しで椅子から落ちそうになったが、プタマンさんは親切に説明してくれた。「サミュエルズさん、費用は実際年に一万ドルかかるのですが、私たちの方針として、あなたのお子さんは無料で受け入れます。そして私たちは、費用を払っている子供と払っていない子供を決して差別しません。将来ヨシが卒業した後、あなたのできる方法で私たちを支援してくれればいいのです」「もちろんです」と言いながら私は、ヨシがこの学校に無料で通えるだけでなく、他の子供たちと全く同じように扱われることに安心した。その教訓を、マルキと私はその後ずっと忘れることはなかった。

毎朝八時、ブルックリンの私たちの家の前にライトハウスのミニバスが到着し、マルキか私がヨシをマンハッタンのミッドタウンまで一時間のバスに乗せる日課が始まった。彼は毎朝外出することを喜び、ライトハウスの全員が彼を愛してくれた。足取りはおぼつかなかったが、負けず嫌いの彼は一生懸命歩いた。彼はいつもこざっぱりと綺麗な身支度をしていたので、ライトハウスの職員は、彼を一人っ子と勘違いしていたほどだ。マルキは、障がいのある子供と身近に接して働くのは大変なことを知っていたので、ヨシを清潔に保つことによってスタッフは心地良く近づいて触れることができ、それがヨシの教育への貢献になると感じていたのだ。

ライトハウスに通い始めてから数週間すると、ヨシは両腕と両手を振る奇妙な動きをするようになった。マルキと私はとても心配になり、マルキが観察することになった。彼女は、学校までの一時間のバスの中でヨシの隣に座る子供が、すっかり同じ動きをしていることを発見した。ヨシが別の席に移されると、思ったとおりその動きは止まった。ヨシは目が見えず感じることしかできないのに、そうした動作を真似することができたのには驚かされた。

彼のエネルギーは尽きることがないようだった。午後一時にライトハウスから帰ってくると、今度は家で活発に動き回るのだが、私たちはいつも監視していなければならなかった。他にも三人の幼児がいてマルキにはほとんど休む暇がなく、子供たちへは深い愛情を注いでいたが、疲労困憊《こんぱい》していた。私たちは手伝ってくれる人を探したが、容易ではなかった。ある女性は、一〇人の子供の面倒は見られるが、ヨシは一人でも手に負えないと二日で辞めた。

ヨシは常に好奇心にあふれ、彼の周りで起こるすべてのことに関わろうとした。彼の中に研ぎ澄まされた思考があることは明らかだったが、私たちがそれに到達することはできなかった。彼がことさら執着するものの一つは掃除機だった。彼があまりにもそれが好きなので、マルキはそれを与え、自分用のを新しく購入したほどだった。ヨシはスイッチを入れて吸い込まれる空気を感じながら、それがどうなっているのか解明しようとした。彼が自分の触れるものすべてに同じことをするのに私は時々辟易したが、マルキは喜んでいた。彼女は、彼が自分の周辺の物を積極的に理解しようとする限り希望があると考え、部屋の片隅にうずくまって何にも関心を示さなくなることがないよう、さまざまな努力をしていたのだ。

ある安息日《シャバット》の午後、ヨシは自分の部屋のベッドからマットを階段に引っ張り出し、弟たちと一緒に階下の居間まで滑り降りてきた。そして彼らは嬉しそうな大声を上げながら、何度も何度もそれを繰り返した。彼は本当に生き生きとして、周りのすべての人間と繋がる方法を見つけることができた。

ヨシが小さい頃から、彼のそばに鍵を置くことはできなかった。彼は鍵を盗む常習犯で、私たちは、鍵がなくなった時どこを探せばいいか知っていた。彼は、鍵が大切なもので、彼が隠したら私たちが探さなければならないことを承知していた。彼は、いろいろな種類とサイズの鍵が一二個ほどつながった自分のキーチェーンを持っていて、その中のいくつかは使えるものだった。それでもヨシはもっと鍵がほしくて、彼の小さな手を私たちのポケットに突っ込み、鍵のコレクションを増やすのだった。私はそうされないように気をつけるのだが、ヨシは私の足に寄りかかったり膝の上に座る時、タイミングを見計らってこっそりと彼の宝物を抜き取るのだった。その瞬間を捕まえると、きまりの悪そうな笑いを浮かべ「いけない、見つかっちゃった！」という表情をするのだった。

彼の鍵への執着が役に立つこともあった。ある寒い冬の晩、子供たちと一緒に帰宅した私たちは、身体が冷えて疲れ切っていた上に子供たちはトイレにいきたくてたまらなかった。しかし玄関の前は真っ暗で、私は六本あまりの鍵の中から玄関ドアの二本の鍵を探すのに手間取っていた。イライラしたマルキは「いったい何やってるの。鍵の束を全部ヨシに渡しなさい！」と言った。ヨシは暗闇の中で鍵の表面をやさしく撫でると、あっという間に正しい鍵を取り出し、ドアは開けられた。

この時期にあった嫌な体験は、隣人にまつわることだった。障がい者の子供と隣り合って住むことを嫌がる人がいるなど、私たちは想像もしていなかったのだが、ほとんど毎日出会うのに丸二年間、私たちに決して話しかけない隣人がいた。この人物にとってヨシは伝染病患者であり、彼の子供をヨシや私たちに近づけたくなかったのだ。本当に悲しいことだった。

反対側の隣人たちはフレンドリーだったが、彼らにも啓蒙が必要なことが分かった。弟や姉と遊ぶのが好きなヨシはある午後、裏庭で彼らと一緒に遊びながら隣人の庭と私たちの庭の境にある金網のフェンスにぶら下がっていた。突然マルキはヨシの悲鳴を聞き、最悪の事態を恐れた。外に飛び出した彼女は、隣の子供たちが笑いながら砂のついた鋤《すき》を抱えて家に入っていくのを見た。ヨシの目と鼻と口は、彼らがフェンス越しに彼の顔に投げつけた湿った砂で覆われていた。彼らの母親が出てきて謝った。

「私に謝ろうとしないで!」マルキは怒り狂って言い返した。「あなたの子供が悪いんじゃない。あなたが悪いんです。あなたが私の子を軽蔑しているのを知っているから、お子さんたちはこういうことができるんです」。見るに堪えない場面だったが、子供に価値観を植え付けるのは親であることを雄弁に語っていた。

そんな中、私は就職活動を開始したが、コンピューターの集中講座を良い成績で修了したため、いくつかの良い面接が待っていた。そして、当時世界中の中小企業で広く使われていたワング・ラボラトリーズ製のミニコンピューターのプログラミングを専門とする小さなコンサルティング会社のオファーを受けることにした。控えめな給料の額は最初の三カ月が過ぎた時点で再考《レビュー》され、その結果次第でかなり増額するとのことだった。

仕事はとても面白かった。数週間のうちに私は、ロングアイランドの大きな眼鏡販売店用のソフトウェアを開発するチームの一員になった。学んだ理論から実践への跳躍は大きかった。勉強ではよくできた私だったが、実際の社会はもっと大きな挑戦だった。ある時、チームが何カ月もかけて作った八五のプログラムが、私が間違ったキーを押したせいで見る間に一つずつ消去されてしまったことがあった。意気消沈する私に、同僚は優しく説明してくれた。元のコードは失われていないので、また取り出して作り直せるのだという。一日でそれは復旧され、仕事は無事進んでいった。

次のプロジェクトは別のチームとで、シティバンクの仕事だった。それまでにいくらか経験を積んだことにより、私に期待されていることを知ってさらに技術を磨き、自分が知らないことにすぐ気づくことができた。先方は私の仕事をとても喜んでくれた。

ちょうど三カ月の試用期間が終わる時だったが、約束の再考はしてもらえなかった。私は上司に電話し、その件を尋ねた。「明日午後五時に来てほしい」と彼は答えた。

マルキはその頃までに運転免許を取得し、ブルックリンから子供たちを乗せて、小さな赤いフォードでよく私を迎えに来てくれていた。その日彼女は、私をシティバンクで拾うと、上司との面談がある会社まで送ってくれた。三〇分後に私は車に戻ったが、彼女は私の顔から話はうまく進まなかったことを理解した。「彼は、私がとても良い従業員でとても感謝していると言ってくれた」と私は説明した。「だけどシティバンクは、私が限られた時間内で十分な仕事をこなしていないと言っているそうで、再考はもう三カ月待たなければならないそうだ。シティバンクは僕を気に入っていると言おうとしたんだけど、彼は聞こうとしなかった」

マルキは激怒した。彼女は、私が分厚いワングのマニュアルを一二冊ほど積んでいた車のトランクを勢いよく開けると、「これを事務所に持っていってその人の机に積み上げげて、彼のシャツを金庫にしまうように言いなさい！　こんなに一生懸命働いて尽くす社員をもてあそぶような人物なら、一年もしないうちに彼は会社も仕事も失うわ。そして彼は職探しのためにそのシャツが必要になるはずよ」と宣言した。私は、そんなことはできないとマルキに言った。家族を支えなければならなかったし、やがて五人目の子供シムハが生まれるところだった。すぐ別の仕事を探すにしろ、何か見つかるまで今の仕事を辞めるわけにはいかないのだ。

しかし私は壁に向かって喋っているのと同じだった。マルキは続けた。「お金の問題じゃなくて、不正のことを言っているの。あなたにはあの男のためにもう一日も働いてほしくない！」

ということで、ためらいながらも私はマニュアルを集めてオフィスに戻り、間もなく私の元上司となる人物のドアをノックした。「いったいどういうことだい」と聞く彼に、私はすべてのマニュアルを彼の机の上に積むと「たった今をもって辞めさせていただきますので、これらは必要なくなりました。私に約束され、受ける資格が十分にあるにもかかわらず、昇給させたくないがために、嘘をついてまで私の仕事についてのクライアントの評価を曲げるような人物のために働けません。ところで、シャツを来年までしまっておくことをお勧めします。一生懸命働く社員をこんなふうに扱うなら、一年もしないうちにこの会社は潰れるでしょうから、仕事を探すのにあなたはそのシャツが必要になるでしょう」

私の口から出た言葉を聞き、彼は茫然としていた。私が背を向けて部屋を出る間、彼は一言も発しなかった。私自身もショック状態だった。これからどうしたらいいのか。

翌日私は、シティバンクの上司に電話をして仕事を続けられないことを謝った。どうしてかとしつこく聞かれ、あなた方が私の仕事を不満に思っているからだと言われたことを告げた。それから私は、さらに酷《ひど》い話を知ることになる。この人物が言うには、シティバンクは私の仕事に一日四五〇ドルという法外な料金をコンサルティング会社に払ってきたが、その増額を求められ二の足を踏んでいたのだという。今度は私がショックを受ける番だった。新人の私の仕事にそんな額を請求しておきながら、私のわずかばかりの初任給を上げることを拒んでいたとは！

「提案なんですが」とシティバンクの上司が言った。「明日からプロジェクトが完成するまで、私たちのために直接働きませんか。一日一五〇ドル払います」。一五〇ドルは彼らが払っていた四五〇ドルよりずっと安かったが、それでも私がそれまで受け取っていた額よりは多かった。「会社のクライアントを盗まないという私の誓約はどうなるのでしょう？」と尋ねると、彼は罵るような口調で、あなたは何も心配しなくていいと言って安心させた。銀行側はコンサルティングチームの誰かを首にすることができるし、もし会社が私を訴えたりしたら逆に訴え返すと言ってやるということだった。

プロジェクトが完成するまでの五週間、コンピューター・コンサルティングが実入りのいい仕事であることを、私は実感した。銀行は私の仕事に満足し、その後何も仕事をオファーできないことを残念がった。たまに、コンサルティング会社の元の上司を見かけることがあったが、私たちは決して言葉を交わすことはなかった。

マルキの洞察力で私は堂々と振舞うことができ、もう一つの価値ある教訓を得た。コンピューターの仕事は通常の会社勤務よりずっと給料が高く、実力を証明できれば、経験があるか否かはそれほど重要ではないということだ。家族を養うという切実な必要性を考慮すれば、コンサルティングは私に打ってつけの仕事だった。

第8章　約束

私は、祝福が持つ力を心から信じる人間だ。私たちがエルサレムのラビ・チャバの祝福を受けた九カ月後にネハマが生まれ、その後次から次へと男の子を授かった。ニューヨークでは、ヨシのために世界最高レベルの医師たちに相談することができただけでなく、ユダヤの世界で最も霊的で優れた指導者たちにも出会えた。

その一人は、ルィブニツァ［モルドバ共和国の都市］のレッベとして知られたラビ・ハイム・ザンヴル・アブラモヴィッツだった。信者から奇跡の人と崇められた義人《ツァディック》で、一九七〇年まで住んだソ連では非ユダヤ人にも尊敬され、ＫＧＢ［ソ連国家保安委員会］のメンバーが妻や子供を連れてきて祝福を頼むほどだった。その後イスラエルに移住した彼に、私たちは七〇年代に会っていた。そして彼は今、ブルックリンのコニー島西端のシーゲートという、ゲートで囲まれた高級住宅地に住んでいた。私たちはヨシの最初の散髪のために、彼を訪ねた。

男の子が三歳になった時初めての散髪をして揉み上げを残すのは、正統派ユダヤ人に長く伝わる習慣で、私たちにとってそれは意義ある通過儀式だった。私たちはレッベの家に夕方着いた。予想どおり、待合室はわずか数分でもレッベに会って祝福を受けたいと願うさまざまな年代の人であふれていた。ヨシは、おとなしくさせようとする私の必死の努力にもかかわらず、部屋中を駆け回り地下に通じる階段を走り回った。それはとても暑い日で、私は心底マルキに「ヨシを落ち着かせるあの薬を今こそ与えたい」と言いたかった。私たちが呼ばれたのは一時間以上過ぎてからだった。ヨシを抱き上げ、私たちは大きな別の部屋に入った。レッベは座っていて、そばに二人の男性が立っていた。一人は有名なハシディックソング歌手のモルデハイ・ベン・ダヴィッドで、もう一人は有名な先唱者《ハザン》※のアリ・クレインだった。世俗的な若者の二人はレッベに惹かれ、彼を助けるために何時間も共に過ごしていた。彼らはヨシのこと、そして私たちがなぜ来たのかをレッベに説明した。

　レッベは、ヨシを向かいの椅子に座らせるよう二人と私に指示した。そんなことは到底無理！　私はそのことを説明しようとしたが、二人は「レッベの言われたとおりにしてください」と言う。それで私はヨシを椅子に座らせた。レッベはヨシに手を差し出すと、ヨシはそれで遊び始めた。彼は手を伸ばして今度はレッベの髭に触った。ヨシは私の髭によく触れていたので慣れた行為だった。レッベがそれを嫌がるのではないかと心配になったが、彼はヨシの頬を撫で、ヨシの手を自分の頬にも触らせた。私はレッベに、ヨシの祖先はダビデ王※まで繋がるのですと説明した。アイビーリーグ大学に入れるような情報ではなかったが、レッベにとっては大事な情報だった。レッベは前かがみになり自分の顔をヨシの顔に近づけると、「イスラエルの王ダビデは生き続けている《ダヴィッド・メレフ・イスラエル・ハイ・ヴェカヤム》」という古いユダヤの言い回しを、最初はゆっくりとそして次第に大きな声で、何度も何度も繰り返した。

そしてレッベは鋏《はさみ》を持って来るよう命じた。ヨシは四〇分もの間、ラビが彼の長い髪を少しずつ切りながら熱唱する間、それに協力してじっと座っていた。途中で不機嫌な年配男性が部屋に入ってきて、ロシア語訛《なま》りのイディッシュで大声で言った。「レッベ、午後の祈りを捧げる時間です。遅れていますので皆が待っています」。レッベがそれを無視すると、彼はさらに大きな声で繰り返した。鋏を手にしたままのレッベは、静かに見上げると「私がしたいように放っておいてほしい」と言って、手で彼を追い払った。レッベはヨシの髪を切り続け、ヨシはおとなしく座り続けた。モルデハイ・ベン・ダヴィッドは、ヨシの髪をよく見るために床に突っ伏すと、「信じられません。これまでレッベがこのようなことをするのを見たことがありません」と言った。

散髪が終わると、出来栄えはぐちゃぐちゃだったが、レッベは、私たちが持参した新しいキッパ※をヨシの頭に乗せ、良き健康と幸福な人生を心から祈ると祝福を与えてくれた。私たちはレッベに感謝し、ヨシの状態が良くなるのではないかという希望でいっぱいになりながら、興奮して部屋を後にした。四〇分間静かにしていたヨシは、家に帰る車の中であっという間にいつもの超活発な子供に戻っていた。

その後しばらくして、ヨシの大好きなライトハウス盲学校のバーバラ先生からマルキに電話がかかってきた時、私たちは新たな衝撃を受けた。「マルキ、私は視力障がい児と働く前は、長い間聾唖の子供たちのために働いていたの。ヨシが勝手な行動を取る傾向があるのは彼が頑固だからではなく、聴力に大きな問題があるからだと思う。検査しないといけないわ」

「そんなことを聞くのは耐えられらないわ、バーバラ！」マルキはそう答えると、彼女らしくもなく電話を切ってしまった。盲目の息子が今度は聾唖者になるなど、すでに多くの苦労を抱えた若い母親が一体どうして聞くことができるというのか。彼女にとっては受け入れ難いことだった。

しかし私たちは受け入れるしかなかった。マルキと私は、検査のためにロングアイランドにあるヘレン・ケラー聴覚・視覚障がいセンターにヨシを連れて行った。結果は、ヨシは重症の聴覚障がい者ということだった。彼が三歳半になるまで、両親である私たちも彼を診断した専門家たちも、誰も気づかなかった。彼がこれまで私たちの言うことに従わずに起こしていた多くの問題は、それが理解できないためではなかったのだ。彼は皮肉にも「聞け《シェマア》、イスラエルよ」という祈りの歌をよく歌っていた。確かに彼の声の出し方は少しおかしかったが、誰が彼の聴力が弱ってきているからだと考えたろう。マルキは、弟のヨハナンが出す変な声を真似しているのだと考えていた。

もしこれが誰か他人の子供だったとしたら、「なんて無関心な親なんだ！」と私は思っただろう。でも彼は私たちの子供で、朝に夜にと私たちが面倒を見てきた子供だった。それなのに、誰も気づかなかった。専門的な経験があるバーバラでさえ、気づくまでにかなり長い時間がかかったのだ。

それでヨシは、眼鏡と共に補聴器も付けることになった。彼の聴力に何らかの変化があったのか私たちには分からなかったが、彼がいつも喜んで付けていたところを見ると、何かの助けになったのは明らかだった。

それでもヨシのフラストレーションは減らず、彼はそれを家中にぶちまけた。彼はコミュニケーションができず、吐き出せないエネルギーのせいで異常なくらい活発だった。にもかかわらず弟たちはヨシと寝室を共にし、楽しく生活し成長していた。ヨシは私たちとすべてを共有したが、彼と暮らすことは簡単ではなかった。私たちはその後の年月で、障がい児を持つ両親の結婚生活がそのプレッシャーに負けて破綻していくのを何度か目撃した。しかしマルキと私は、一緒に困難に立ち向かうことができて幸運だった。ヨシが医療ミスに遭って数週間後、まだ二〇代半ばの私たちは、三番目の子供を授かった。私たちは大きな家族を築くことを願っていて、大変なのは分かっていたが、神の助けを借りて若いうちに子供を持とうと決めていたのだ。その後三人が次々に誕生した。アヴィは、ヨハナンの一九カ月後、シムハはアヴィの一二カ月後きっかりの日に、シュロモはその二二カ月後に生まれた。そしてそれで終わりと見えたが、一七年後に女の子サラに恵まれた。

ヨシにはとても手がかかったが、マルキの子供たちへのあふれるような愛と、私たち二人に柔軟性があったことで、家族の絆は固かった。私たちは、家族であるということは、自分自身だけのゴールを諦め、人生が永久に変わってしまったことを認め、そして新しい選択をすることだと理解していた。姉は、ヨシに対する私自身の尺度、そしてヨシが決して到達できない尺度を捨てることを教えてくれた。ヨシに関する限り、そして実際他の子供たちに関しても、子供を立派に育てることは親である私たちの旅路ではなく、それぞれの子供たちの旅路であることを、私たちは認識していた。

時々イスラエル時代の教師が所用でブルックリンを訪問する際、マルキを訪ねて来ることがあった。彼らはそうする責任を感じるのか、いろいろアドバイスをした。

悪気のないアドバイスの典型は、エルサレムの超正統派ユダヤ人界隈では有名で、マルキもよく知り尊敬しているレッベツィンと呼ばれる年配のラビ夫人からのものだった。彼女の訪問は和やかで意義深いものだった。そのムードが一変したのは、彼女が、幾重もの困難を抱えるヨシと共に私たちが小さい子供たちを育てている問題に言及し始めた時だった。

「あなた方がしていることは偉いわ。でも、それはあなた方自身と健常な他の子供たちにフェアじゃないでしょう」。彼女は、おそらく他の誰もが考えるであろう意見を述べた。「いつまでもこんなふうには暮らせないわ。この子を家から離して、あなた方は普通に生活することを検討すべきだと思う」

マルキは礼儀正しくそれを聞いていた。レッベツィンが話し終わると、彼女はイディッシュで応答した。「レッベツィン、あなたの何が問題か分かりますか?」「いいえ」「それではお教えしましょう」とマルキは静かな口調で続けた。「あなたには神への信心がないんです」。それはビル・ゲイツにあなたは破産していると宣言するようなものだった。レッベツィンは言葉を失った。「信心がなかったら何が残るのですか? 良き神は私にヨシをお授けになりました。ヨシは天から与えられた贈り物です。どんなことがあっても離しません。あなたは私の身体の一部を切り取ることを求めました。どの部分がほしいのですか?」。衝撃を受けたレッベツィンは、謝り始めたが、マルキはそれを制止した。「あと二〇分待ってください。あなたがその運命を決めたがっている子供に会ってあげてください」

スクールバスの警笛が聞こえると、マルキは玄関前の階段を降りて行った。そして、階段を一歩一歩苦労しながら歩くヨシと一緒にゆっくり戻ってきた。レッベツィンは、階段の上に立ってそれをじっと見つめていた。その日は学校で誕生パーティがあり、ヨシは白いシャツに黒いサスペンダーでつった半ズボンとニーソックスという装いで、革靴を履いていた。小さなキッパとカールした揉み上げ、そして眼鏡と補聴器は、ヨシを際立たせていた。二人は家に入ると、いつものように抱き合ってキスし合った。それが唯一のコミュニケーション手段だった。レッベツィンは嗚咽し、マルキに赦しを乞うた。それまで私たちの息子のことをいろいろ聞いていた彼女だったが、実際のヨシの様子は想像したことがなかったのだ。この訪問でレッベツィンは認識を改めて帰途についた。

それからしばらく経った日のことだった。子供たちは裏庭のブランコで遊んでいて、マルキは大きなガラスドア越しに室内から彼らを見ていた。遅い午後の陽光が差す中、彼女はベビーカーの車輪に置いた足でゆっくりそれを揺らしながら、ヨシを膝にのせていた。突然、大きな無力感が彼女を襲った。魂の底から静かにむせび泣きながら彼女は深呼吸をし、神に厳かな誓いを立てた。「あなたは私に愛するヨシをお与えくださいました。私は自分の最後の息が止まる瞬間まで彼を世話します。そして誓います。もしあなたが私のヨシを助けてくださるなら、私は、同じように障がいのある子供を抱えて泣いている多くの母親たちを助けることに、生涯を捧げます」

数年という短い期間でマルキは愛する母を亡くし、健康だった息子を酷《ひど》く傷つけられたが、彼女の信仰心は決して揺るがなかった。「すべては天の導き」と彼女はよく言っていた。「私は神がいつも私と共にいてくださると信じている。神の手がいつも私の手を握ってくださっていることを、一歩一歩に感じてきた」

そのようにして彼女は、六人の子供に愛情を注ぎ、ヨシの世話をし、彼を施設に入居させようとするアドバイスを拒否し、常に共に歩んでくださる神に誓約を立てる強さを持っていた。

第９章　救急医、神秘、そして食事

もちろん私たちは、神様が助けてくれるのを手をこまねいて待っていたわけではなかった。ヨシを助けてくれる人を探すという長い旅は、絶えることなく続けられていた。

私たちは、数分毎に手を漂白液で洗うので手が白くなってしまったという〝素晴らしい〟小児科医を紹介された。たぶん〝素晴らしい〟のだろうが、強迫性障がいなのは確かだった。彼はヨシの歩き方を「足の間にグレープフルーツを挟んでいるようだ」と言って、彼の伯父でニューロシェル市の著名な神経科医を紹介し、次の日曜日の朝にその医師の家で会う段取りを取りつけてくれた。

またもや地図を引っ張り出し、見知らぬハイウェイの行き方を注意深く確認した。たいがいの人には簡単なドライブも、ニューヨークに来たばかりのよそ者、そして目が見えず耳が聞こえない超活発な三歳児を乗せて運転しなければならない私にとっては、大変なことだった。医師はとても感じの良い人で、おそらく予防接種の影響で脳が傷つけられ、脳炎が起こったのではないかと説明したが、それ以上は何も役立つような提言はなかった。

探求はその後も続き、私たちは別の神経科の権威マイルス・ベレンス医師のところにヨシを連れて行った。ヨシがH医師の診断を受けたことを知ると、H医師を知っているというベレンス医師は、彼女の診断書を取り寄せてほしいと言った。彼はさらに、ニューヨークの小児神経科医師界隈では大御所と言われるアーノルド・ゴールド医師に検査してもらうため、コロンビア大学プレスベタリアン病院を紹介してくれた。

ゴールド医師はたいそう立派な人物で、ヨシを丁寧に診察して多くの質問をした。彼は私たちを座らせると、ヨシの状態を詳しく調べるために神経を検査するので、三日間入院させることを提案した。私はその機会に興奮した。世界的権威が、息子の何が問題なのかを究明するために検査しようとしているのだ。しかしマルキは違った。しばらく沈黙してから彼女は丁重に尋ねた。「先生、三日間の検査の後、先生は私の息子を助けられると思いますか?」。ゴールド医師の沈黙はもっと長かった。「息子さんをお助けできるかどうかは申し上げられません。でも彼の問題が何なのか、重要なデータを集めることができます」。マルキはさらに尋ねた。「それらの検査は誰がするのですか」。再び沈黙の後に彼は答えた。「ええ、当然私の同僚や生徒も含まれますが、私が指揮します」。マルキは「ありがとうございます、先生」と言ったが、その時点でゴールド医師は彼女が検査させるつもりのないことに気づき、驚いていた。

たいがいの人は私のように「それはとても有り難い」と言うだろうが、マルキは違った。彼女は何に反対していたのか。外に出るなり私はすぐ尋ねた。彼女の答えはいつものように明確だった。「私のヨシは彼のモルモットにはならない。ヨシは研究のためには魅力的なケースかもしれないけど、彼ははっきりとヨシを助けられるとは思わないと言ったでしょ。それによって私は何を得るの？　私の本棚に置く彼の研究結果？　彼らがヨシに何本の注射を刺すか、何が起こっているかも分からないヨシをどんなに怖がらせるか、想像できる？　何のためにそんなことをしなきゃいけないの？　あの医者はヨシを助けられるかどうか分からないって言ってるけど、私が恐れるのは検査でヨシがダメージを受けることよ。やめましょう」

マルキの言葉は私にとって受け入れ難いものだった。この機会を逃すべきでないと思えてならなかったのだ。ヨシの問題が何なのかをようやく突き止めることができ、それによって今後の計画を立てることができるはずだ。なぜそれをしないでいられるのか。私の医学への信頼は深かった。叔父や従妹のほとんどは医師で、弁護士の父は家族の中では例外だった。医者が口を開いた時、私の本能的反応はそれを信じるというものだった。マルキは医師を尊敬はしていたが、ヨシを彼らの針刺しにさせるつもりはなかった。

それから少し経った日曜の午後、ヘルシェル叔父とエディ叔母が訪ねてきた。彼は、最近とても興味深い患者を診ていることを教えてくれた。年配の正統派女性で、ラビ・シュネルソンの夫人だという。「ラビ・シュネルソンだって？」私は聞き返した。「あのルバヴィッチのレッベ？」「そうだ」と叔父は答えた。私はそれを聞いて驚いてしまった。「で、彼女の何が興味深いの？」私がそう聞くと「彼女は洗練されて教養があるだけでなく、頭脳明晰で、とにかく何か特別なものを持ち合わせているんだよ」と彼は教えてくれた。私が、彼女の夫であるラビに是非ヨシを祝福してもらいたいと言うと、ヘルシェル叔父はすぐ「ああいいよ。この次シュネルソン夫人が診察に来た時に頼んでみるよ」と引き受けてくれた。

約一カ月後、ヘルシェル叔父が電話してきた。「今日シュネルソン夫人が来てたので、甥が病気の息子のためにご主人から祝福を受けたがっていると伝えたよ。その時は、後で電話しますと言って帰っていったんだけど、たった今彼女から電話があった。明日午後三時に彼に会えるそうだ」。それは信じ難いことだった。私はルバヴィッチのメンバーではなかったし、ブルックリンのイースタン・パークウェイ七七〇番地の有名なルバヴィッチ本部を訪ねたこともなかった。しかし私は、ユダヤ教すべての領域におけるレッベの偉大さに、言葉では言い表せないほどの尊敬を抱いていた。頭脳明晰さ、すべてのユダヤ人への愛情、すべての人間への愛情において、彼は類い稀な人物だった。

私が以前から知っていたレッベの特使にこのニュースを伝えると、彼は一笑に付した。「カルマン、叔父さんは君のために頑張ったと思うけど、レッベには健康上の問題があって今は彼の側近でさえ会えないんだよ」

私は少なくとも叔父の指示どおりにすべきだと感じ、翌日職場から早く帰り、マルキとヨシと一緒にルバヴィッチ本部のある七七〇番地に向かった。

本部の前の通りは車がいっぱいで駐車場もなかったので、停まっている車の脇に停め、私が中に入ってどんな状況か調べて来るまでの数分間、車の中で待つようマルキに言った。本部に入った私は、小さな受付の部屋にいたラビ・シュネルソンの秘書の一人ラビ・クレインを見つけた。私は深呼吸をすると、イディッシュで語りかけた。「レッベ夫人からの招待で、レッベとの面会に伺ったのですが」。笑われることを予測していた私は、ラビ・クレインのイディッシュの返事に衝撃を受けた。「存じております。いらっしゃることはレッベから伺っておりました。午後の祈りをレッベと一緒に行ない、その後お会いいただけます」。私は彼に感謝すると外に飛び出し、起こったことを興奮しながらマルキに伝え、ヨシと私が先に行くので車をどこかに急いで駐車して戻ってくるよう告げた。

　レッベと一五分間の午後の祈りを捧げていたのは、一〇〇人近い若者とラビたちだった。祈りが終わった直後、私たちは隣の部屋に案内された。その部屋の壁は木製で、一角には木製のらせん階段があった。レッベは笑顔で私たちを迎えてくれ、早速会話を始めた。私はヨシの問題の背景を説明し、その途中、彼の母方がダビデ王直系の子孫であることに触れた。レッベは、瞬きもしないでじっとマルキを見つめた。それは凍りつくようで神秘的な瞬間だった。マルキは目を逸らすことができなかった。明らかに私は重要ではなく、外の廊下で電話をかけていても関係なかったのかもしれない。

　私たちは大事な用件について話した。とりわけ、検査のためにヨシを入院させるというアーノルド・ゴールド医師の提案に従うべきか否か、レッベの助言を請うた。レッベは、ユダヤ教の慣例法規《ハラハー》で、二人の医学的権威の意見を聞くべきことを丁寧に説明してくれた。もし二人とも勧めるなら私たちはそれに従うべきで、もし彼らの意見が分かれた時は、ヘルシェル叔父が私たちに助言すべきとのことだった。

レッベは、永遠に続くかと思えたマルキへの眼差しを解き、ヨシの手に五セント硬貨を握らせた。ヨシは三歩歩くと、それを放り投げた。私たちは恐縮したが、レッベは静かにもう一枚の硬貨を与えて言った。「気にしないで。これは子供の健全な素質ですよ」。この偉人と一五分間過ごして会話は終了し、レッベは叔父のサミュエルズ医師にくれぐれもよろしくと告げた。彼は、私たちがなぜこれほど特別に待遇されたのかを明確に示したのだ。夫人の医師である叔父への感謝がなし得たことだった。

マルキは、彼の「海のように深い青い瞳」を長い間忘れることができなかった。何年もしてから私は、ハバッドの書物に「レッベの一人がわずかの時間でも誰かを見つめる時、それはその人物が将来出会う困難に立ち向かうことのできる精神的強さを与える」と書かれているのを発見した。であるなら、レッベがあれほど長くマルキを見つめた意味もそうだったのだろう。その後に起こったことを思う時、あれはマルキ自身の視野を広げるための贈り物だったのだと思えて仕方がなかった。

私はヘルシェル叔父に、ヨシを入院させて検査を受けるべきかを尋ねられる二人の医学的権威を紹介してほしいと頼んだ。彼は少し調べた後、二人の神経眼科医を紹介してくれた。二人はそれぞれ最新の器具を使ってヨシを検査し、同じように垂直眼振と髄膜に沿った視神経の萎縮という診断を下した。私たちの肝心な質問に対して、一人の医師は、この分野の第一人者であるアーノルド・ゴールド医師の計画どおりに進めるべきだと答え、もう一人の医師は、驚いたことにマルキに同意したのだ。彼は、ヨシを入院させたところで役立つような情報を得られる可能性は低く、それよりヨシのような繊細な子供が体験するであろうトラウマを軽く考えるべきでないという意見だった。私は彼の意見の影響力を何とか弱めようとした。すると驚いたことに、彼は私に向かって静かに語りかけた。「サミュエルズさん。あなたはとても賢い奥さんをお持ちです。因習にとらわれない彼女の知恵には耳を傾けたほうがいいですよ」。マルキは完璧な味方を得て、ヨシの入院はなしになった。

私たちが医師やレッベに助けを求める中、マルキは子供に与える食事の影響について認識した。彼女は詳しいことを尋ね、ヨシの食事で三つのことを変えるようアドバイスを受けた。それは精白小麦粉、白砂糖、加工油脂を使わないということだった。ヨシにかけてきた時間とお金とエネルギーを思えば、簡単にできることだった。マルキは、家族全員がこのルールに従うべきだとして、禁じられた三品を含む食糧（それはほとんどの食品だったが）を台所から一掃してしまった。彼女はそれらすべての食糧を、その頃家に手伝いに来てくれていたロシアからのユダヤ人移民のベラに持たせた。ベラはイディッシュで繰り返した。「マルキさん、熱でもあるんですか。どうかしていますよ」

私たちの台所のキャビネットは、マルキが見つけた健康食品店の全粒粉パンや低温圧搾オイルなどの健康食品であふれるようになった。彼女はそれらを使って美味しい料理を作る努力をし、子供たちと私は喜んで食べた。私たちは肉、鶏、魚さえ避けるようにしたため、安息日《シャバット》の食事内容が限定されてしまい大変だったが、マルキは野菜や健全なパスタなどで栄養豊かな料理を作ってくれた。

六週間ほどしたある日、ライトハウスのバーバラから電話があった。「マルキ、ヨシを支援する仕事で私は自分のことをあなたのパートナーだと思っているのよ。だから、あなたがヨシに薬を与えているのを私に教えてくれないことにちょっと驚いたわ」。マルキは答えた。「もちろん私たちはパートナーよ、バーバラ。いったい何のことを言ってるの?」「やめてよ、とぼけるのは。ヨシの振る舞いがこの数週間で全然変わっちゃったのよ。ずっと静かになって、集中力も出て、おとなしくなった。ヨシに何か新しい薬をあげたのを、私に教えてくれていないんでしょ。私は彼の教師なのよ。私も知っておくべきだわ」「何の薬もやっていないわ」マルキは答えた。「彼の食べ物から砂糖と精白小麦粉を除いただけよ」。バーバラは嘲笑うように言った。「マルキ、私をからかうのはやめて。彼は薬を飲んでいるんでしょ。そしてどういうわけか、あなたは恥ずかしく思ってそれを私に教えてくれないのよ」。マルキは笑った。「バーバラ、好きなように信じたらいいわ。もし私が彼に薬をやっているのなら、あなたに教えることに何の問題もないけど、実際やっていないのよ。変えたのは食生活だけ」

私は、バーバラがマルキを本当に信じたとは思わない。その後の年月で、食事の内容を変えることによる効果を軽んじる専門家に多く出会った。私たちはその食事法を一年余り続けたが、その間我が家の子供たちは誰も病気にならなかった。厳しい食事療法を守るのは人生の他の誓約と同様に難しく、私たちもいつの間にか元の食事に戻り、子供たちはペロペロキャンディを口にしていた。シナゴーグにだって、ポケットからキャンディを取り出し子供を喜ばせる「キャンディおじさん」がいるではないか。そして同時に風邪やインフルエンザも我が家に戻ってきた。ある時三人の子供全員を小児科に連れて行ったことがあった。「去年一年はどこにいたんですか」と彼は尋ね、私が返事する前に「きっと別の医師を試してみて、やはり結局私がいいと気づいてくれたんですね」と答えた。「どこにも行っていませんよ。厳しい食事療法を守っていただけです」と私は言った。静かに眼鏡を鼻までずり降ろすと、「そんな話を私が本当に信じると思っているんですか。やめてくださいよ」。彼は子供たちを診断すると、全員に抗生物質を処方してくれた。

ヨシの歩き方はその後もぎこちなかった。少し走っただけで転び、足の動かし方は不規則で、三輪車にもうまく乗れなかった。それを見た別の知り合いが、彼女が知っている良いカイロプロクターに行くことを勧めた。私は凍りついてしまった。「カイロプロクターって、彼らはインチキだよ」「違うわ。ドニー・エプスティンは立派な専門医よ」彼女は言い返した。私はマルキに「この話は忘れよう。整形外科医が必要なら、私たちはこのブルックリンで最高の医師ヘルシェル叔父に無料で診てもらえるんだ。カイロプロクターなんて偽物だ」

一週間後、私とマルキとヨシは、ブルックリンのクエンティン通りにある、明らかに繁盛しているドニー・エプスティン医師のカイロプラクティック医院の待合室にいた。ドニーは若くて優しく、快活な人物だった。彼は私たちの説明に熱心に耳を傾けた後、「オーケー、ではやってみましょう」と言った。彼はまずヨシを座らせ、その後横にさせたが、その間ヨシの頭、首、背骨、足を優しく撫でた。彼は、ヨシの鼻が、痙攣《けいれん》と転倒でぶつけた結果腫れて詰まっているため、口から呼吸することを余儀なくされていると言った。次の三〇分で、彼は穏やかにいろいろな施術をしたが、驚いたことにヨシはそれを喜んでいるようで、ドニーのされるがままになっていた。診断を終えると、ヨシを膝の上に乗せた私に、ドニーは人間の背骨の絵を見せ、カイロプラクティックの療法と思想を説明した。認めたくはなかったが、私はそれに感服させられた。

私たちはその後毎週カイロプラクティックに通った。六週間ほどしたある日、マルキが切羽詰まったように私を呼んだ。「カルマン、早くここに来て！」。私は何事かと一瞬凍りついた。「見て、ヨシの鼻を見て！　鼻で息をしているわ」。私はその魔法のような風景を見た。彼の鼻は本当に治っていた。これがドニーの施術の成果であることに疑いはなかった。ヨシの歩き方も三輪車の乗り方も、目に見えて良くなっていた。私自身はそれを認めるのに何の問題もなかったが、ヘルシェル叔父は違っていた。日曜日、エディ叔母と一緒に遊びに来た時、表で遊んでいる子供たちを見て、彼らはヨシの大きな変化に気づかないわけにはいかなかった。私はドニー・エプスティンについて説明した。ヘルシェル叔父は一言のもとにそれを否定した。「こんな変化を外部から起こすことはできん。そんな戯言《たわごと》を私に言うのはどうかやめてくれないか」。私はエディに向かって、ヘルシェルは良い変化に気づかないのだろうかと尋ねた。彼女は笑って答えた。「もちろん気づいてるわ。私もよ。あなたの叔父ヘルシェルはとても賢い人だけど、彼は整形外科医よ。彼がこの変化をカイロプラクティックの成果と認めることは、期待しないほうがいいわね」

ライトハウスで充実した二年間を過ごした後、ヨシの進学する時がやってきた。彼の新しい学校は「聾唖者のためのヘブライ学園」で、我が家からずっと近いブルックリンのベンソンハーストにあった。運営のしっかりしたユダヤ人学校だったが、ライトハウスの財力とプロ意識とは比較にならなかった。校長のローラ・ナドルマンは厳しく生真面目な教育者だった。彼女はマルキに電話してきて、礼儀正しく尋ねた。「サミュエルズ夫人、ヨセフの眼鏡はどこですか？」。驚いたマルキは「何度も壊れて、まだ修理していないんです」と答えた。ナドルマン校長は続けた。「私がなぜこの電話をかけたのか不思議がっておられるでしょう」。そのとおりだった。「ヨセフは眼鏡をかけてもあまりよく見えていないのかもしれませんが、自分がどこにいるのかを知る助けになっているんです。眼鏡なしでは、彼は完全に途方に暮れてしまいます。できるだけ早く眼鏡を修理してあげてください」

マルキは私に電話してきて、この会話を教えてくれた。そして私たちは、母の愛と子供が必要としていることへの直感は、往々にして当たっていることを思い知ったのだった。

第10章　H医師からの手紙

生活はてんてこ舞いだった。私たちの五番目の子供シムハは一九八〇年七月二〇日、アヴィの誕生からちょうど一年後に生まれた。子供たちは学校と幼稚園に入学した。

家計は楽になり始めていた。私はチェース・マンハッタンで、前任者が途中で辞めた六カ月のプロジェクトを引き継ぎ、コンピューター・コンサルティング業界に入ることができた。その経験を基に大手の保険会社エクイタブル生命に応募したところ、何年この業界で働いてきたのか聞かれることもなく、私をコンサルタントとして雇ってくれた。そこで私は、全米一七〇の支社で使用されていたワング製用品のソフトウェア・アップグレードを担当するプログラマー兼アナリストとして働いた。それは夢のような仕事だった。人々は親切で、コンサルティング料を気前良く払ってくれた。能力が認められ、定期昇給があり、全米スケールの製品を管理する仕事に私は満足していた。好きなだけ時間外労働をすることができ、日曜日の朝に四時間働くこともできた。その後、マルキと子供たちを連れて楽しい午後を過ごすことができた。

エクイタブルで働き始めてしばらくした頃、見たことのある人物が現れた。最初に働いたコンサルティング会社の上司で、私が時間内に十分な仕事をこなしていないと言ってきた人物だった。「ちょっと二人で話せないかな」と言うので、私の机に招いて話した。会社が潰れたので、エクイタブルに応募しているとのことだった。それで私に、自分のことを良く言ってほしいという。呆気にとられるのを抑え、私は、彼がしまっておいたシャツを着てきたのかと聞きたい衝動を我慢した。彼が去るや否やマルキに電話したが、彼女は驚いた様子もなかった。幸運なことに、彼は私に推薦状を書いてくれと頼むこともなく、結局雇われることもなかった。

　エクイタブルでの仕事で、私は米国中の支店スタッフと頻繁に電話でやり取りすることになった。アラバマのシンディ・ローやテキサスのマリー・ジェーンといった多くの人々である。私たちは良き電話友達となり、彼らがマンハッタンの本社に来たときに初めて顔を合わせた。私に向かって廊下を歩いて来る際、電話で想像していたのと私が全く違っていたようで、驚いた顔を見るのはおかしかった。いつも助けてくれるカナダ人の声が、長い髭を生やして大きなキッパを被り、白シャツ黒ズボンに身を包み、腰から四本のツィツィート※をぶら下げた人物のものだとは想像もしていなかったのだ。彼らはすぐ気を取り直し、私たちは何事もなかったように仕事に取りかかった。しかしシンディ・ローはしばらく驚いた顔をした後で、説明が必要と思ったのか南部訛《なま》りで説明した。「皆さん、私が驚いたことを許してね。あなたがこんな風貌だなんて想像もつかなかったの。だってあなたのような装いの人をこれまで見たことがなかったから。分かるでしょ?」。私は彼女の言おうとしていることを理解していた。他の者たちも同じように感じていたのだ。私たちは皆で笑い合った。

ヨシが四歳半になった時、私たちの人生は突然新しい世界に放り込まれた。マイルス・ベレンス医師が、依頼していたH医師による一九七七年一一月のヨシの診断概要を受け取ったのだ。それは最初から最後まで恥知らずの嘘に満ち、ヨシの発達記録を歪め、予防接種を受ける直前に育児相談診療所のネイマン小児科医が健全と診断していたヨシの成長記録を否定していた。

この手紙で私たちの堪忍袋の緒が切れた。ヨシが壊滅的な健康被害を負わされてから三年半、私たちはヨシを助けるのと他の子供たちの世話に明け暮れ、ヨシに何が起こったのかを究明する時間もエネルギーもなかったのだ。H医師の虚偽の報告を見て、私たちはやっと断片的な情報を繋ぎ合わせ、ヨシになされた犯罪行為の大きさを理解するようになった。

私はイスラエル保健省に手紙を書いた。保健省次官ティボル・シュワルツ医師から返事はなかったが、公衆衛生部長からの手紙にはこう書いてあった。

百日咳のワクチンが極々小さな確率で神経系の反応を引き起こすことは、多くの国で報告されています。しかし百日咳蔓延による公共衛生上の悲劇のほうがはるかに危険で、それを予防するワクチンは子供の健康にとって欠かせないと認識されています。私共の役所はこの件を当然調査しましたが、起こった反応の原因と特定されるものは発見されませんでした。ワクチンの製造元であるコンノート研究所との協議においても、原因を特定することはできませんでした。

イスラエル保健省の高飛車な態度に接し、私は次に、世界保健機関（WHO）の予防接種プログラムのデヴィッド・ロビンソン医師に手紙を書いた。そして彼が私の手紙をティボル・シュワルツ医師に転送した結果、シュワルツ医師が私に手紙を書いてきた。ヨシのことは気の毒だが、私たちのことは聞いたことがないと主張していた。

これらの手紙で分かったことはたった一つ、国民の健康を守る責務を負うイスラエル保健省の役人たちが、起きてしまったことを否定し隠匿するために結託しているということだった。元気だった私の息子は傷つけられ、一生助けを必要とする身になった。私は正義を求めており、傷ついた息子の将来を保障してほしかった。私は弁護士を探し始めた。

当初の問題はどこで訴訟を起こすかということだった。ワクチンの百日咳用の部分はカナダの大手製薬会社コンノート研究所で製造されたことは分かったが、それはイスラエルのラファ製薬会社の研究所でジフテリアと破傷風のワクチンと混合されていた。そしてワクチンはイスラエルで接種されていた。訴訟はイスラエルだけでしか起こせず、イスラエル人弁護士が必要なことが分かった。当時大事なことをすべて相談していた最も大切な友人ラビ・アハロン・フィシェルに、「イスラエルの弁護士を探すにはどうしたらいいだろう」と聞いてみた。

「ぴったりの人物を知っているよ」と彼は答えた。彼の兄イッサハルはテルアビブに弁護士事務所を構えて成功しており、その息子アヴィは仕事を始めたばかりの若い弁護士だという。「彼は優秀で、ロースクールでも優等生だった。彼はこの仕事に打ってつけだ。彼に引き受けるよう頼んでみるよ」アハロンはそう言った。

その後「手紙の図書館」と呼べるほどのやり取りをすることになるアヴィから最初の手紙が届いたのは、二週間後のことだった。彼は、私たちの訴訟がイスラエルの法廷で成立するかどうか、そしてもし成立するなら、それを支える十分な確定証拠があるかどうか調べてみると書いていた。それらがあることを仮定して、彼は、私たちの代理人として提訴手続きを進めることになった。

ということで、それほど経験を積んでいない弁護士だったが、私たちは彼に任せることにした。アヴィの依頼で、私はヨシと私たちに起こったことの顛末をまとめた。これはまだ一般家庭にパソコンが普及する前の時代で、私はエクイタブルでフルタイムに働いていたため、丸一週間早朝に起床し、ペンを取って書き続けた。そして手元にあったすべての医療関係書類のコピーを添付し、送付した。

数週間後の一九八一年九月、私とアヴィは初めて顔を合わせた。マンハッタンに冷たい雨が降る日で、私は早めの昼休みを取り、職場から数ブロック離れた大きなビルのロビーで彼に会った。彼は剛健な若者で、イスラエル国防軍の戦車部隊の予備役少佐だった。英語もよくでき、頭脳明晰なのは明らかだった。彼は率直だった。簡単なケースではないが、私たちの訴えは正当なものと信じて代理人になると宣言した。弁護士費用について私が尋ねると、「通常このようなケースでは雇い主が実際にかかった経費を払い、弁護士の報酬は法廷が命じた支払額から一定の割合を受け取ることになります」と説明した。アヴィが、報酬が支払われるという保証もないまま、桁外れの時間と労力を費やそうとしていることに私は気づいた。

「先ず最初の仕事は、ヨシに何が起き、そしてそれがどうやって起きたのかを正確に理解することです」と彼は説明した。これは容易ではない挑戦だった。七〇年代のイスラエルは現在とは全く違う社会だった。情報にアクセスできることはほとんどなかった。政府機関も資料を公開する責任を負っておらず、若い国であることから公衆医療の領域は透明性を欠いていた。インターネットもグーグルも存在せず、医療関係者はミスや違反があっても同僚をかばい合う時代だった。

次の仕事はさらに難しかった。私たちは法的な因果関係を立証しなければならなかったのだ。彼が説明するには、最初に起こった予防接種（原因）と次に起こった障害（結果）に関係性があったことを立証し、最初の出来事が次の出来事の原因であったことを証明しなければならないという。立証の責任は私たちの側にあった。私たちが示さなければならないことは、H医師が生まれつき持っていたと言い張る、愛する息子のいくつもの障がいだった。それらの障がいが予防接種の結果であることを証明するのは、私たちの仕事だった。

アヴィと私は、気の遠くなるような審理前開示手続きの作業に取り組み始めた。彼が後に述懐するには、「あの段階で我々の勝ち目はゼロだった」という。「私が本件を引き受けたのは、あなたが語るヨシに起こったことの説明を完全に信じたからです。今だったらこういうケースは集団訴訟になっていただろうし、そのほうが経費負担の意味でも理に叶っていたと思います。欠陥ワクチンで健康被害を負わされた乳児の親が事件から数カ月後に起こした訴訟はいくつかありましたが、勝ち目はなくて却下されていました。戦おうとしていたのは私たちだけだったんですよ」

私たちに何の後ろ盾もなかったばかりでなく、戦いを挑むのは潤沢な資金を持つ手強い相手だった。ヨシの視力と聴力が破壊されたことに責任があるのは、欠陥のあるワクチンを製造し混合したカナダとイスラエルの大手製薬会社、育児相談診療所を通して接種を実施したエルサレム市、そしてそれを許可したイスラエル保健省だった。アヴィは、細心の注意を払って準備を進めた。それから数カ月の間、彼はありとあらゆる質問をして説明を求め、私も精一杯答えた。さらに多量の医療関連書類を要求され、手元にあるものもあったが、新たに入手しなければならないものも多かった。それには時間がかかった。八〇年代初頭はニューヨークでさえ、家にパソコンやファクスを持つ者は少なく、事務所にもほとんどなかった時代である。

しかしアヴィと私は、少しずつ証拠を積み重ねていった。保健省がイスラエルの全保健センターに宛て、五カ月にわたって送付した三通の手紙があった。最初の手紙は、ヨシが接種を受けてから二週間後の一九七七年一〇月三〇日付けで、皮肉にも彼の最初の誕生日だった。それは以下のような内容だった。

出荷番号７８３４三種混合ワクチンに関して

この番号のジフテリア、百日咳、破傷風混合ワクチンを接種した後、脳障害の合併症が起こったことに鑑み、上記番号のワクチン接種をすべて直ちに停止することを命ずる。さらなる詳細は調査後に通知する。

ティボル・シュワルツ医師
保健省次官

次の手紙は五日後の一一月四日付だった。

三種混合ワクチンに関して
出荷番号７８３４三種混合ワクチンの接種停止を命じた一〇月三〇日の通知に続き、今回は加えて出荷番号７８６２の分も使用を禁ずる。この番号のワクチンからも数人の子供が脳障害の合併症を起こしたためである。現時点でワクチン接種と脳障害のいかなる因果関係も立証することは難しいが、可能性は考慮されるべきである。上記の例は捜査中で、その結果については追って通知する。

ティボル・シュワルツ医師
保健省次官

そして一カ月後の一九七七年一二月五日、三通目の手紙が送付された。

三種混合ワクチン接種の停止に関して
ジフテリア、百日咳、破傷風混合ワクチン接種の後で脳障害の合併症が引き続き発生していることに鑑み、この先通知するまですべての三種混合ワクチンの接種を停止することが決定された。以下明確に指示する。三種混合ワクチンを接種する予定のある子供は、百日咳、ジフテリア、破傷風のいずれも受けるべきではない。

テッド・タルチンスキー
保健省　公衆衛生サービス部長

提訴に必要なすべての書類を揃えるのに、一九八三年初めに至るまで約二年かかった。そしてそんな中、私たちの六番目の子供シュロモが一九八二年五月の日曜日の朝に誕生した。マルキが突然産気づいたのは深夜で、子供たちを見てもらう人に電話することはできなかった。それで私は家に残り、マルキが苦しそうに一人で外に出てタクシーを拾い病院に向かうのを見送るしかなかった。産科医は驚き、誰も一緒に来ないのかと尋ねた。「先生！　あなたと私だけですよ」と彼女は答えた。六時間後、医師が電話をしてきて、「おめでとうございます。奥様は男の子を出産されました」と告げた。
一カ月後の六月六日、弁護士のアヴィ・フィシェルは第一次レバノン戦争（ガリラヤの平和作戦）の戦車部隊副隊長として召集され、数カ月間連絡が途絶えた。彼が戻ってからようやく、欠陥ワクチンでヨシがどのような健康被害を被ったかを暴露する私たちの書類の第一稿が完成した。アヴィは、今こそヨシをイスラエルの著名な神経科医二人に診断させる時だと言った。彼らの意見は、私たちが提訴するかどうかの決定的要因になるのだという。

マルキと私は、家族全員がイスラエルに一時帰国すべきか悩んだ。それは私がエクイタブルを二週間休んで八歳未満の子供六人と共に渡航すること、そしてその経費を捻出することを意味していた。マルキがヨシだけを連れて帰ることは、彼女が一人ですべてに対処し、私が仕事をしながら幼児五人の世話をやりくりすることを意味していた。

一九八三年四月、テルアビブ行きの飛行機に乗り込んだのはマルキとヨシだけだった。ヨシは六歳半になっており、アヴィは彼のために国際的に著名な二人の神経科医、ヘルツェリアのシャウル・ハレル教授とテルアビブのピンハス・レルマン医師との面会の予約を取っていた。

ハレル医師は四〇代半ばで、優しい顔と佇《たたず》まいが印象的な人物だった。マルキから詳細な説明を聞いた後、彼はヨシと向かい合いおもちゃを手渡した。ヨシは協力したい気分ではなく、反応しようとしなかった。医師は別のおもちゃを渡したが、ヨシはそれにも興味を示さなかった。ヨシがいつも活動的で人とやり取りするのが大好きなことを知っているマルキは、気まずい思いで落胆した。ほとんどの医者はその時点で諦め、反応なしと結論づけるところだが、幸運にもシャウル・ハレル医師は違っていた。彼はヨシの関心を引くまで働きかけ、ついにヨシはいつものもの活発な活動を見せ始めた。

遊びやさまざまな教育おもちゃ、道具を用いたハレル医師の観察は、一時間半にも及んだ。観察を続ける過程で、視覚も聴覚も失うという圧倒的な障がいにもかかわらず機敏で高い知能を示すこの子供に、明らかに興味を示していた。彼は報告書で、多くの神経科医は患者の診断に十分な時間をかけることがないため、ヨシを正確に診断することは難しいだろう。自分がこの子供の潜在能力を見出すことができたのは、時間をとって彼と心を通わすことができたからだと強調していた。彼はその後アヴィに、おそらく三種混合ワクチンがヨシの障がいの原因だと思われるので、ヨシのために喜んで証言すると伝えた。

ピンハス・レルマン医師による診断も同様に肯定的だった。レルマン医師は高齢で、イスラエル神経科医界の長老の一人だった。彼の診断も、シャウル・ハレル医師のそれと似ていて、やはり三種混合ワクチンが原因としていた。断言はできないものの、どちらの医師も、ヨシのケースは典型的なワクチンへの反応であることを疑わなかった。レルマン医師も喜んで証言するとのことだった。

イスラエルの二人の著名な神経科医がヨシのために法廷で証言するという約束を取りつけ、そして私と一緒にまとめた書類が揃い、アヴィの準備は整った。彼は一九八三年一〇月、名医とされるH医師、ワクチンを製造混合したカナダとイスラエルの製薬会社コンノートとラファ、育児相談診療所を通じて乳児に予防接種を行なったエルサレム市、そしてイスラエル国民の健康に直接的に、あるいは育児相談診療所のような医療団体を通して間接的に責任を負うイスラエル政府の保健省を相手取り、提訴した。

私たちは前途に難題が待ち受けていることを認識していたが、ヨシの将来のため、そして欠陥ワクチンとその恐ろしい結果に責任を持つべき者たちの隠匿行為に加担しないため、他に選択肢はなかった。

第11章　帰国

姉のソッシーやエルサレムの多くの友人たちと充実した時を過ごし、法廷でヨシの味方になってくれる二人の著名な神経科医師にも会うことができ、マルキの旅は大成功だった。彼女はイスラエルでの暮らしがどんなに心休まるものだったかを、改めて思い知らされた。小さな子供が親の監視なしで家の外で遊ぶことなど、ブルックリンでは不可能だった。私たちの子供は、私かマルキが見ていなければ、家の前で遊ぶことは決して許されなかった。ネハマが毎朝、五軒先の通りの角でスクールバスに乗る時、私が必ず彼女が乗り込むのを見届けたし、帰りのバスでもマルキが必ずそこで待っていた。彼女が独りでバス停まで歩くこともそこで待つことも、安全ではなかったのだ。

マルキがエルサレムから電話してきた。「ねえ、カルマン、故郷に帰りましょう。イスラエルで生活しましょう。長い目で見たらヨシを助けるにはそれが一番よ」。私は深呼吸し、答えた。「それは素晴らしいね。でも君がニューヨークに帰って来てから話そう」。私は長い間一生懸命働き、やっと良い収入を得られるようになり、生活の基盤もできてきたところだった。ここでまた引っ越すことは考えられなかった。

しかしマルキの決心は固かった。「私たちがイスラエルを後にしたのには理由があったのよ。そしてその理由はヨシだった」彼女は私に思い起こさせた。「ヨシの問題が分かったから行った甲斐はあったし、彼は進歩したわ。でもアメリカにいることがヨシの将来のためになるとは思えない。大変なことは分かっているけど、私は子供たちにイスラエルで育ってほしいし、私が生きたい場所でもある。アメリカで何とか暮らしていけるようになったことは確かだけど、イスラエルに戻ってもやっていけるわ」

マルキとヨシがジョン・F・ケネディ空港で拾ったタクシーの運転手は、ヘブライ語を話した。マルキはイスラエルを称賛したが、彼は言い返した。「別の意見も言わせてください。いいですか」。マルキが返事をする前に彼は話し始めた。「ある人物が死にました。仮に彼の名前をシモンとしましょう。彼の魂は天国に行った。彼は生前真面目だったから、死後に天国と地獄のどっちに住みたいか決めさせてもらえた。シモンは答えた。『どちらもどんな場所か知らないので決めるのは難しい』。それで彼はそれぞれの場所で一週間ずつ過ごすことになった。天国の七日間では、老人たちが体をゆすりながら祈り、トーラーを学び、常に別の人間が言ったことより賢くて立派なことを言おうとしている人々がいた。彼は退屈してしまった。次に天使は彼を地獄の入り口に連れて行った。彼はそこで、人々が飲み食いし、生前はできなかった夢のような贅沢な暮らしをしているのを見た。一週間はあっという間に過ぎた。

永遠の審判者の前に再び連れてこられたシモンは、思慮深く決断を下した。彼は地獄を選んだ。すると彼は黒い天使に囲まれ、灼熱の熊手で追い立てられた。『ここはどこですか』彼は叫んだ。『これは私が見せてもらった地獄とは違います』。『そうだ』恐ろしい天使が答えた。『最初の一週間あなたはお客様だったが、ここに住むのを選んだのでこれからは私たちの一員だ。ようこそ!』。熱い熊手で突かれたシモンは絶望の悲鳴をあげた、という話です」

タクシーの運転手は続けた。「奥さん、これが現実ですよ。私はイスラエル人です。イスラエルで育ち兵役にも就きました。あなたは子供として、そして新婚カップルとしてイスラエルに住んでいたんですよね。でも家族と一緒にそこに帰ってイスラエル人として住むと言うんですか。私はやめておいたほうがいいと思いますよ」

イスラエル人運転手の警告が、マルキの情熱を挫くことはなかった。「私は帰りたいの」帰宅した彼女は言った。私は微笑みを絶やさないようにして忍耐強く耳を傾け、彼女の熱意が冷めるのを待った。タクシー運転手の話に吹き出し、それは本当だと言った後、夢を見るのは素晴らしいけど現実を見なくてはねと諭した。私は彼女に、ニューヨークに来たばかりの頃の苦労を思い出させ、そしてようやく家族を養えるだけの給料をもらえるようになり、子供たちを良い教育環境におけるようになったことを説明した。ここでまたイスラエルに帰って振り出しに戻り、一からやり直すなんて自殺行為だよと抗議した。私はタルムードの表現「すべて始まりには困難が伴う」について語り、付け加えた。「神の助けにより、私たちの人生が一からやり直すことの連続ではありませんように」

彼女の意思は固かったが、私は説得を続けた。「タクシー運転手の話は、移民の状況として的を射ているよね。僕たちもニューヨークに来た時はそうだった。短い訪問なら天国だ。でもそこに長く住むことは地獄にもなり得る。僕たちもこの四年間、地獄とも呼べる時期があったよね。でもやっと生活が少し楽になってきたところだ。ここでまたイスラエルに帰るなら、また同じような地獄を体験するんだよ」

彼女は黙っていた。私は深呼吸して主張を変えた。「愛するマルキ。もしこれが君の希望なら、君のためにそうするよ。そして『だから言っただろう』とは言わないことにする」

マルキは大喜びで涙をこぼした。この時点でイスラエルに帰ることは理性的な決断ではなかった。それは信仰的な決断で、それ故に神が私たちを助けてくれることを私は心から願った。

イスラエルに帰る準備を進める中、私は、エクイタブルの同僚たちに私の不安を隠していた。「何をしようとしているのか本当に分かっているんだよね」上司は尋ねた。本気だと言って彼らを安心させると、職員全員がセントラル・パークでお別れ昼食会を開いてくれた。仕事上の知り合いも親切で愉快な人々で、お別れの贈り物をくれた。私は職場の小部屋をクイーンズに住む同僚と共有していたが、彼の妻は「カラー・ミー・ビューティフル」というビジネスで成功していた。その思想は、どんな人も四季のいずれかに属していて、その季節の色の服を着るべきというものだった。これはスタッフの間で人気の話題で、パークでの昼食会で私は、私に会う色の布のリボンが並べられたパレットを贈られた。もちろん私の季節は冬で、私の色は黒と白だった！

私と同じように高額なコンサルタント料を得ていた女性同僚が、全員の前で、イスラエルに帰ったらすぐ仕事はあるのかと聞いた。「いや、まだだ」私が答えると、彼女はきっぱりと言い切った。「あなたがしようとしていることは完全にどうかしている！」。すると同僚たちの笑いと共に「そうだ、そうだ」とコーラスが続いた。それが静まると、彼女は誠実な質問をした。「あなたは大家族を背負っている。いったいどうやって養っていくの？」

「四年前、聖地を後にしてニューヨークに来た時、僕には仕事がなかったけど、良き神は私たちを助けて悪くない生活を送ることができた。あなたたちのような素晴らしい同僚にも恵まれた」。私は続けた「これから聖地に帰るけど、そこでも神は私たちを助けてくれるんです」。もう誰も笑っていなかった。内心私は思っていた。本当のことを言えたらいいのに！　コンピューターのことなど何も知らずにニューヨークに来て、四カ月の講座を受講し、一年働いてコンサルタントとして独立し、たった二年でエクイタブル生命という素晴らしい仕事にありつけたのだ。良き神に私からアドバイスする必要があろうか、と。

イスラエルに帰る準備は、想像していたよりずっと大変だった。そして、そこに帰るまで仕事を見つけることが到底無理なことは、すぐ明らかになった。八月の帰国日の数週間前、コンピューター講座のカウンセラーとばったり出会った。私たちがイスラエルに帰国すること、私がまだそこで仕事を見つけていないことを知った彼女は、信じられないという顔をした。「いったいどうしてそんなに無責任なの？」彼女は私を叱った。私は、もともと五年以内にイスラエルに帰る計画だったこと、それを守らなければならないことを説明した。彼女は微笑んだ。私はそれが「なんてお馬鹿さんなの」という意味だと分かっていた。

準備で大忙しの中、パソコンを持ち帰るべきだと私は決めた。当時のミニフレーム・コンピューターや私が扱っていたワングの大きさに比べ、パーソナルコンピューターはその名のとおり個人向けの大きさだった。ＩＢＭが、二五六KBのメモリーをマザーボードに内臓した最初のパソコンをちょうど売り出した頃だった。もっと良かったのは、さらに二五六KBの拡張カードを買い、五一二KBという一メガバイトの半分のメモリーを持てたことだ。ＩＢＭパソコンモニター初のカラーディスプレイカードであるフルカラーのグラフィックアダプターも付けて、最新鋭のコンピューターとなった。パッケージを完成させるため、私はさらに散財してエプソンのドットマトリクスのプリンターを買った。それは一分間に一八〇字を印刷することができた。そう、一秒でなく一分で一八〇字だ。パッケージの総額は四五〇〇ドルになり、当時では大変な金額だった。しかし私は、プロフェッショナルとして最高の道具を携えてイスラエルに帰りたかったのだ。

帰国すると決めてから三カ月後、私たちは六人の子供を引き連れ、二一個の大きなスーツケースを抱え、ジョン・Ｆ・ケネディ空港にたどり着いた頃には完全に疲れ切っていた。ヨシはひと時もじっとしていなかった。エルアル航空のフライトは果てしなく続くかに思えたが、マルキも私も目を閉じる暇さえなかった。ヨシは騒々しくて手に負えず、通路をたどたどしい足で行ったり来たり走り回った。いらいらした乗客が客室乗務員を呼び、私たちか自分の席を変えるよう要求した。不愉快な状況となってしまったことに私たちは謝ったが、何ともしようがなかった。誰も席を変わらず、その客の怒りはイスラエルに着くまで続いた。

八月のテルアビブは蒸し暑く、空港での入国手続きに永遠とも思える時間がかかった。私は、二一個のスーツケースを大きなバンに詰め込んだ。一時間後にエルサレムに着き、事前に借りていた二階の三室半のアパートまで階段で荷物を運んだ。すべてを運び終える頃には、私の疲労は限界を超えていた。そしてそれだけの荷物を入れた後では、私たちのいるスペースはどこにも残っていなかった。壁のペンキは塗りたてで、子供たちの服に白い塗料が付くのに気づいたが、彼らを壁に触らせないようにするのは困難だった。やっと子供たちを寝かしつけたマルキと私は倒れ込んだが、ここは約束の地だった。

私の疲れはなかなか取れなかった。その理由がはっきり分かったのは肝炎と診断された時だった。感染と極度の疲労で二カ月間、私は仕事を探すこともできず、家事を手伝うことさえできなかった。マルキは毎朝、リンゴとニンジンの生ジュースを作り、私のそばに立って私がそれを飲み干すのを確認した。私の病状は長引いたが、マルキは元気だった。彼女は勇敢にも、何の経験もなかった不動産関係の仕事をするようになった。子供たちを学校に送り出し、私の様態が安定しているのを見届けると、ハル・ノフ（山の眺望の意）というエルサレム郊外の開発地に建てられた新築アパートを売るために、凍えるような雨の降る中も出かけるようになった。それは大きな挑戦で危険も伴っていたが、やり抜くという彼女の決意は固く、そして成功するようになった。そして彼女が、私たち家族のために買うことになるアパートを見つけたのも、その地域だった。

私たちは、ヨシが通える学校にどんな選択肢があるかを調査し始めた。視覚と聴覚に障がいがあるため、当然そのような子供たちを対象とした学校を紹介された。その学校は、視聴覚障がい児にとって非常に重要な安定した日課と一貫性のある予測可能なスケジュールを提供しているとのことだった。しかし生徒たちが全く活動しておらず、校内施設の状況を見て私たちは失望した。マルキはその場で、ヨシが必要としていることは刺激であり、ここの環境ではそれを得られないと私に告げた。

それで、英語を話すソーシャルワーカーがこの学校が唯一の選択肢だと主張するにもかかわらず、マルキは小声ながらきっぱりと「死んでも入れないわ」と私に囁いた。私たちは振り出しに戻った。

それから盲学校を紹介された。しかし彼らは「申し訳ないですが、私たちは視覚障がい者には教育を提供しますが、聾唖者にはできません」と明言した。ヨシのようにどのカテゴリーにもぴったりと収まらない子供の学校を見つけるには、時間も労力もかかることは明白だった。周りの様子を見ることも聞くこともできず、クラスで独りでやっていけない子供への責任を負ってくれるような人は、誰もいなかったのだ。

しかし一人の人物がそれを変えてくれた。私たちは多くの学校から拒絶されフラストレーションの極みにあったが、ついに視覚障がい者教育の精力的な指導者ハナ・カドモン女史と面談できるようになった。彼女は、私たちがヨシに合う学校を見つけるまで諦めないことを理解し、さらにヨシの潜在的知能を認めてくれた。ハナは種々の教育機関を動員して、内部からの反対にもかかわらず、エルサレムのキリヤット・ヨベル地区にある聾学校に、ヨシのためのクラスを作ってくれた。ここでヨシは、専属のハナ・ハシド先生の下で、彼のニーズに沿った特別教育を受けることになった。彼の入学に対する反対の声が収まると、ヨシはこの学校に馴染んでいった。

私の肝炎はその後も続いていたが、仕事を探すくらいの元気は出てきていた。テルアビブの大きな保険会社のコンピューター開発マネージャーという魅力的なポジションが目に留まった。給与は最高で、エクイタブルで働いた経験がある私には打ってつけの仕事だった。欠点は勤務時間が朝八時から夕方六時までということで、エルサレムの家を毎朝七時に出て帰宅は夜の七時過ぎになる。小さな子供がいて特にヨシの世話もある我が家にとっては、厳しい条件だった。

その仕事を受けるべきか考えているうちに、私は新聞で別の求人広告を見つけた。募集していたのは、何と私がニューヨークで従事していたワングのプログラマーだった。イスラエルにもワングがあるのか。これは完全に私の専門分野だった。早速電話すると、履歴書をファクスで送ってほしいと言われた。その後、米国・イスラエル二国家科学基金というところから面接に来てほしいと連絡があった。調べてみるとそれは、米国・イスラエル間の基礎科学と応用科学の広い分野での共同リサーチプロジェクトを促進させる、イスラエル最大の科学研究助成団体だった。その事務所は、エルサレムの高級住宅街レハビアにあり、家から一五分のところだった。

私を面接したのはビル・ローゼン博士で、基金の副所長としてアメリカから三年の任期で赴任中の人物だった。ビルは、私の習熟度とスキルに感心したようだった。そのことは、世俗的な科学分野の環境では場違いに見える私のような人間には、決定的に重要なことだった。後になって知ったのだが、ビルは、ニューヨークで私と一緒に働いたことのある人全員に電話をし、私の能力や人格について尋ねたという。二回目の面接は、二国家科学基金のイスラエル所長のアリだった。彼はとても感じの良い人物だったが、超正統派のライフスタイルには否定的な偏見を持っていた。

基金は、ワシントンDCにあるアメリカ国立衛生研究所の付属団体と一緒に活動しており、ワング・コンピューターで使う高額なソフトウェアを購入するところだった。アメリカ側のコンピューター部門のコンサルタントが、イスラエルに二週間滞在して設置・稼働させるのだという。その際に手助けできる人材が必要で、プログラムを習得し、一カ月間、問題や将来の変更に対処してくれる人物をイスラエル側に求めていた。彼らは高額な時給を提示していた。

私はマルキと相談した。通勤時間が長くて一二時間家を空けることになるにもかかわらず、私はテルアビブの仕事に気持ちが傾いていた。なぜなら、基金の方は最初の数週間が過ぎたら月に五～六時間しか働けないからだ。マルキの考えは違った。「テルアビブの仕事は論外だわ。通勤時間も長いし。基金の仕事のほうがよさそう」。「月に五～六時間の仕事がなぜいいの」私は聞き返したが、いつものようにマルキには明らかに別の視点があった。「カルマン、分からないの？　コンピューターを使って働くのはあなたなのよ。彼らは何も知らないということが分からないの？　あなたはすぐに好きなだけ長く働くようになる。電話して、仕事を受けると言いなさい」

一九八三年一二月末、コンサルタントがワシントンから来てシステムを設置した。その後、約二〇年にわたって私の勤務時間は着実に増えていった。セントラルパークで当時の同僚に語ったとおり、ニューヨークにおいて有意義で高給な仕事を私に与えてくれた良き神は、聖地でもまた良い仕事にありつけることを見届けてくれたのだった。

第12章　世界との繋がり

ヨシは新しい学校であっという間に有名になった。「初めて彼を見た時は逃げ出したくなりました」特殊教育教員のショシャナ・ウェインストック先生は回想する。「話すこともできず、手話も知らず、文字を綴ることもできず、いつも走り回っては遊び相手を探していました」

ショシャナは学校で昼間教える他に、夜に手話のクラスも開いていて、新しい生徒の親はそれに出席することが求められた。ヨシを含めた六人の幼児を育てていた私たちはベビーシッターを雇えなかったが、マルキの姉ソッシーと夫のヤコブ、そして彼らの子供たちが喜んで彼らを預かってくれた。私たちはショシャナの最初のクラスに出席し、彼女が自己紹介してクラスの説明をするのに熱心に耳を傾けた。「私自身も五歳の時に髄膜炎に罹り、聴覚を失いました。皆さんには手話を学んでいただき、お子さんとのコミュニケーションの仕方をお教えしたいと思います」彼女はヘブライ語を話せたが、時々イントネーションが違っていて、正確に聞き取るために神経を集中しなければならなかった。彼女の熱心な講義にマルキは一生懸命ついていこうとしたが、子供たちの世話をした長い一日の後とあって睡魔に襲われ、うとうとする時もあった。

マルキは授業の後ショシャナに話しかけようとしたが、彼女は、急ぐので話す時間がないと謝った。マルキは「急いで行かれるその場所まで送りましょうか。途中で話せますので」と尋ねた。シャショナが向かおうとしていたのは、末期癌の夫ヨセフが入院していたハダサ病院だった。彼女は道中、ヨセフも耳が聞こえないことを説明した。病気になるまではイスラエル銀行で働いていたのだという。そして、彼女とヨセフは三人の娘と一緒に、我が家のすぐ近くに住んでいることが分かった。私たちは、彼女の夫の様子を聞いて悲しみに包まれた。

マルキは、近所のよしみでヨシに個人授業をしてくれないだろうかと、ショシャナに尋ねた。考えてみると彼女は返事したが、その後連絡はなかった。

その後ヨセフの病状は悪化し、私たちが彼女を車で病院に送った三カ月後に亡くなった。それから間もなく、ヨシに教える準備ができたと彼女が連絡してきた。当初迷っていたのは、学校でヨシがいかに活発かを観察して、病気の夫を抱える自分にヨシを教える余力があるか自信がなかったからだと説明した。夫を亡くした今、ヨシを教えることが生きがいになると感じたのだという。

当時ヨシは八歳で、週二回ショシャナの家で一時間のレッスンを受けることになった。ある日のレッスンの後、彼女はヨシと一緒に我が家の玄関のドアを叩き、興奮して告げた。「やった！　ヨシが掴んだの！」彼女は泣いていた。「ヨシの人生が完全に変わったんです！」

マルキと私は、彼女が何を言っているのか分からなかった。私たちはヨシの手を見て、何を掴んだのか探そうとした。「違うんです！」ショシャナが叫んだ。「彼は要点を掴んだんです。私が彼の手のひらに綴った文字を理解したんです。彼の世界はたった今開けたんですよ」ヨシの顔は輝いていた。だが私たちは、ショシャナが言っていることの深い意味をまだ理解できずにいた。彼女は私たち夫婦と子供全員を座らせ、喜びで興奮しながら説明を始めた。「私たちは一緒にテーブルの席に着き、ヨシの一つの手をテーブルの上に置き、もう一つの手のひらに私が、『テーブル《シュルハン》』のスペルを指で綴ったのです」彼女は興奮して続けた。「この数週間、何度もこれを繰り返してきたのですが、ヨシは応答しませんでした。でも今日、彼の顔が突然輝き、テーブルを触りだしたのです。私がテーブルという言葉を綴っているのだと彼が理解したことが分かりました。私たちは何度も同じことを繰り返しましたが、ヨシは喜んでその度にテーブルに触りました。彼に新しい世界が開けたのです。私がこれからヘブライ語のアルファベット二二文字を教えれば、彼は言葉を習得することができます」

ショシャナが、ヨシの姉弟たちの手のひらにテーブルや他のアルファベットの綴り方を教える中、私たち全員が泣いていた。「あなたたちも手のひらに文字を綴ることを習えば、ヨシと話せるようになるんですよ」と彼女は宣言した。

これまで限りない希望と信仰を持ってあらゆる努力をしてきた私たちでさえ、こんな瞬間が訪れるとは想像もしていなかった。ヘレン・ケラーとアン・サリバン先生のように、ヨシとショシャナは、ヨシがこの世に誕生してから八年のうち七年間も閉じ込められていた沈黙の暗闇に明りを灯した。彼女が、ヨシと外の世界を隔てていた壁を取り除いてくれたのだ。ヨシは初めてテーブルに着くことができた。すべての物には名前があること、ヨシの手のひらにそれらを綴って教えることで、ショシャナはヨシに言葉を教えることができるのだ。そしてヨシは、自分が必要としていること、自分の考え、自分の思いを初めて私たちに伝える方法を手に入れることができるのだ。

ヨシは驚くほどの速さで他の一七のアルファベットを覚え、それらを組み合わせて言葉にし、それらの言葉で概念を作り出すことを習得していった。いったいどうやって彼がそれを達成できたのか、誰にも理解できなかった。彼はあらゆる物を片手で触り、もう一方の手で「これ何て言うの？」と自分の頬に綴り続けた。コップ、皿、フォーク、ナイフ、姉弟の名前のネハマ、ヨハナン、アヴィ、シムハ、シュロモ、そして私たちの名前マルキ、カルマン、お母さん、お父さんなど、彼は取り憑《つ》かれたようにあらゆる物の名前を要求した。学校では彼が覚えた言葉一つひとつを書き込んだ辞書を作ってくれた。心弾む日々だった。私は、ヨシが一〇番目の言葉を覚えた時のこと、四〇番目、そしてついに一〇〇の言葉を覚えた時のことを、今も鮮明に覚えている。

言葉を理解するようになったヨシを、今度は若くて優秀な言語セラピストが学校で担当することになった。オスナット・ベン・ツールは、ヨシにヘブライ語を話させるという一見不可能とも思えることに取り組み始めた。彼女の困難な仕事は、見ることも聞くこともできない子供に、声がどんなものかを教え、そして文字と言葉を表わすためにその声をどう出すかを教えることだった。

彼女はヨシの口の中に文字どおり指を入れ、どのように子音と母音を発音するかを教えようとした。ヨシは最初、それを拒絶して彼女の指を噛んだ。それでも彼女は教え続けた。ヨシは、オスナットの顔と首に手を当て、彼女の唇と口の周りの振動を指で感じ、手のひらに綴られた音を何とか自分でも発音しようとした。発音が難しい音もあり、オスナットは教える方法をいろいろ工夫した。ヘブライ語の「ペー」の音を教えるのに、彼女は火のついたろうそくを置き、ヨシが「ペー」の音を発音して消すことができたら、ご褒美のハグと励ましを与えた。その後二年間、オスナットのチームがヨシを教えてくれ、彼は人工的にヘブライ語を話すことを習得した。それは複雑な仕組みだった。子音を表すヘブライ語の文字は彼の手のひらに綴られ、母音は彼の手首の内側に綴られた。それらを組み合わせて理解する必要があったが、そのために彼は限りない練習を繰り返した。特訓を経て、彼はゆっくりと子音と母音を合わせた音節を発するようなった。その話し方に慣れるには少し時間を要したが、注意深く聞けば彼が言おうとすることを理解できるようになったのは、驚くべきことだった。ヨシとコミュニケーションできるようになったことは、マルキと私にとって奇跡以外の何物でもなかった。

二カ月間の夏休みがやってきた。ヨシは手先の動きに問題があったが、ショシャナは休みの間にヨシに点字を使って読み書きを教えたいと言った。視力障がい者が、浮き上がった六つの点の組み合わせを使って文字を読む方法だ。学校は反対したが、私たちはショシャナの提案を承諾した。私たちは知らなかったのだが、ショシャナは自分も点字の個人レッスンを受けていた。夏休みが終わった時には、ヨシは点字で読み書きができるようになっていて、学校関係者を驚かせた。

ショシャナは「奇跡の人」のアン・サリバン先生となり、ヨシはイスラエルのヘレン・ケラーになった。ショシャナはヨシの人生を変え、そのことによって私たち家族の人生を変えてくれた。私たちとショシャナは深い絆で結ばれていた。彼女は五歳の時に髄膜炎で聴覚を失った。そしてまだ若い妻であり母であった時に最愛の夫を失った。「神が守ってくれたおかげで今の私があるのです」と彼女は言う。「神は、私が居るべき場所に私を置いてくださったのです。どんな悲しみも私を絶望させることはありません」

ショシャナの助けとヨシ自身の覚えの良さで、彼は広範な語彙を獲得していき、彼にさらに言葉を教えることは聾学校の教師たちの使命となった。多くの言葉はサインだった。例えば、両方の人差し指と親指で作った三角はエッフェル塔でフランスを表し、頭の上に作った三角はファラオの頭飾りでエジプトだった。他の多くの言葉は綴らなければならなかった。サインのない言葉はヨシが自分で作り出した。姉弟の全員にサインを作り、ヨシ自身のサインは人差し指と親指を開いて顎の下にあてることだった。「ヨシは一〇〇〇種類の言葉をしゃべる」とマルキはいつも言った。「学校で、家で、近所で、彼が話しかける誰もがサインを使う。そして私たちが彼の手のひらに綴るサインが少しずつ違うのは当然よね。でも彼は全部を理解しているの。彼は、句読点のない言葉を次から次に綴る友人と何時間も『語り合って』いる。ヨシは単語を組み立てて文章にしていく。彼の記憶力は恐ろしいほどで、すべてを覚えているのよ」

言葉の取得がヨシに与えたインパクトを見て、私は、それが彼の将来に欠かせないものであることを悟った。そしてそれだけでも、イスラエルに帰ったのは決定的に重要なことだった。彼はすべてを知ろうとした。人との繋がりを求めながらも闇と沈黙の世界に閉じ込められた存在から、一夜にして、周りの人間と完全なやり取りができる若者に生まれ変わったのだ。マルキも私もそして彼の姉弟たちも、彼の手のひらに言葉を綴ってやるのが間に合わないほどだった。私たちは交代で物の名前を教え、読んであげた。

間もなく、フラストレーションでいつも大暴れしていたかつての子供は、どこにでもいるいたずらっ子になっていた。ある晩、就寝時間を過ぎたヨシが、ベッドを抜け出して点字機に何かを打ち込んでいるのを見つけた。「何を書いているの？」と私が尋ねると、それは家族、友人、先生、隣人など、彼が知っているすべての名前のリストだった。彼をベッドに戻したが、五分後にはまた点字リストに向かっていた。見つかった彼は「冗談だよ」と言って、喜んでベッドに戻った。

数日後、今度は自分の分のケーキを食べた後、もう一つのケーキを食べていたヨシを見つけた。何してるのと尋ねると、彼は恥じ入った笑みを浮かべ、ヘブライ語の手話で返した。「ケーキを盗んでいるんだ」。私は思わず吹き出し、彼にケーキを食べさせた。

彼の記憶力は天才的だった。寒くて雨が降ったある日、何カ月ぶりかに子供たちのウインドブレーカーを出した。ヨシは自分のを触るとすぐ「おばあちゃんとおじいちゃん」と言った。私の両親が一年以上前にそれを子供たちに送ってくれていたことを、私でさえ忘れかけていたのに、ヨシは覚えていたのだ。口をぶつけて乳歯が取れた時、ヨシは「歯医者のゲリーさん」のところに連れて行ってと主張した。ゲリー歯科を最後に訪ねたのは二年以上前だった。

ヨシはあふれるほどの知能で、言葉やアイデアや思考を、重要なことも取るに足らないことも、複雑なことも簡単なことも、世俗的なことも宗教的なことも、次々に吸収していった。彼の精神的な発達を見ることは、私にとって何より嬉しいことだった。姉のマリリンは、私が夢見るようなユダヤ教の学者になることはないと諭したが、ヨシなら教養あるユダヤ人になることができる。彼は点字の祈祷書をシナゴーグに持参し、自分のペースで祈りを捧げ、それを心から楽しんでいた。ある時彼は、全能の神は自分の祈りに答えてくれるだろうかと私に尋ねた。答えてくれるよと言って安心させると、「神は耳が聞こえないんじゃないの?」と聞き返す。「いや違うよ」と答えると、彼はお茶目な笑顔を見せて「神様は補聴器を付けていないの?」と聞く。人はそれぞれ自分のイメージで神を作り上げるものだと気づき、私は笑った。

ヨシはまた、信心という概念を理解していた。彼は聾学校でユダヤの食事規定を学んでいた。先生は彼には少し難しいと心配したのだが、「コーシェルとコーシェルでない動物がいます」と説明した。「コーシェルであっても、ショヘットというユダヤ教の律法を学んだ信心深い男性がユダヤ教の決まりに従って屠殺《とさつ》しなければ、食べられないんですよ」。彼女はそれから、ヨシに一二個の動物のぬいぐるみをコーシェルとそうでないものに分けさせた。彼は喜んで正しくそれらを分けたが、突然部屋を飛び出し、しばらくしてナイフを手にして戻ってきた。先生はヨシがどこでナイフを見つけたのか分からなかったが、何をしようとしているかは明らかだった。彼はぬいぐるみの動物を屠殺しようとしていたのだ。「でもあなたにはできないのよ。あなたはショヘットじゃないんですから」。ヨシは納得しなかった。「どうしてですか? 僕は信心深いし、ユダヤ教の律法を勉強していて、ナイフを持っています」彼は明確に、このテーマに関する概念を掴んでいたのだ。

第13章　約束を果たす時

私たちはいつ終わるとも知れない訴訟の真っ只中にいたが、マルキは別のことを考えていた。子供たちが就寝し家の中が静かになったある晩、彼女は私を居間のソファーに座らせて語り始めた。それは、出口が見えなかったニューヨークでの暗い日々に、「もしあなたが私のヨシを助けてくださるなら、私は、同じように障がいのある子供を抱えて泣いている多くの母親たちを助けることに、生涯を捧げます」と彼女が全能の神に祈り誓った約束についてだった。

「神は私の祈りに応えてくれたのよ」彼女は言った。「今こそそれにお返しをする時だと思う。やりたいことはもう分かってるの。私は、そんな子供たちの両親や家族に私たちが得られなかったことをしてあげたい。子供たちを世話し、セラピーを提供し、楽しく過ごさせ、その間家族には普通の生活を送ってもらえる放課後教室よ。そのためにあなたの助けが必要なの」

裁判、私自身のコンピューターの仕事、そして家族の世話で手一杯の私は座り直し、息を整えて答えた。「マルキ、神が私たちを助けてくれたのは間違いないよ。それも本当に意外な方法で。もちろん君の約束は覚えている。でも僕はそれを叶えられる人間じゃない。六人の小さな子供たちがいて、ヨシは一〇人分の手がかかり、そして僕はフルタイムで目一杯働いている。いったいどうやって君の計画を実現できるのか見当もつかないよ」

マルキはそれ以上何も言わず、無言のまま涙を流した。「分かったよ。考えてみるよ。どうやってみたいんだい」マルキは少し考えると、自らのヴィジョンを描いて見せた。

「障がいのある子供たちが道路をうろうろしたり、その子たちの母親が私のように独りで泣かなくていいような、放課後教室を作りたいの。私たちはヨシを育てる間、家の中でも外でも本当に苦労したでしょう。子供だけでなく親を支援することは本当に大切だと思う。私は、家族全員により良い暮らしを提供できるような何かを作りたいの。問われるべきは、『そのような施設がなくていったいどうやって今までやってこられたのか』ということなのよ」

私は、マルキが神への約束を守れるようできる限りのことをすると約束した。本気だったが、いったいどうやってそれができるのか何のあてもなかった。しかし一つはっきりしていることがあった。そのようなプログラムにはいろいろ必要なものがあるだろうが、資金がなければ何も始まらないということだった。マルキが約束を守るためには、彼女の夢を買ってくれる人を探し出さなければならなかった。

それで私は、助けてくれそうな人々に連絡を取り、彼らが教えてくれた北米の多くのユダヤ系慈善団体に手紙を書き始めた。驚いたことに、返事は全く来なかった。やがて私は、障がい児を持つ見知らぬ父親からの手紙に「他の障がい児のためにプログラムを開始したいので助けてほしい」と書かれているだけでは、関心を呼ぶのに十分ではないと理解するに至った。マルキの夢を実現できないことは、私とマルキにとって心の痛む問題だった。

第14章　やっと落ち着いた生活

イスラエルに帰るにあたって私が心配していた困難は、やはりすべて起こった。私たちはその挑戦を乗り越えたが、生活を落ち着かせることは最初から簡単なことではなかった。

ハル・ノフ地区の新しいアパートに入居した時、周囲はまだ工事中だった。道路は舗装されておらず、最初の住人グループとして私たちが引っ越してきた時、電気も来ていなかった。隣のアパートの親切な隣人が、屋上から屋上をワイヤーで繋ぎ、彼の家の電気を使わせてくれた。

次の優先事項は電話だった。ヨシの問題を思えばそれは贅沢品ではなく必需品だったが、夢に過ぎなかった。携帯電話が普及する一〇年以上も前のことで、デジタル電話がイスラエルでやっと使われ始めた時期だった。通常の電話回線は申し込んでから設置されるまで数年かかった。インフラが整っていないこんなところに住んだ私たちは、あまりにも高望みし過ぎていたのかもしれない。

だが私は素晴らしいアイデアを思いついた。大きなアンテナ付きの高性能ポータブル電話を買い、私たちのアパートの屋上に据え付けるのだ。一〇キロくらいは届くから、エルサレム中ならカバーできる。ニューヨークから訪ねて来る友人のサラが、電話機と二メートルのアンテナを持って来てくれることになった。しかし残念なことに、空港に着いた彼女は税関で止められてそれらを没収されてしまった。かわいそうなサラ。彼女は障がい児を持つ友人を助けるためだと、必死で説明した。結局入国は許されたが、電話機とアンテナは返してもらえなかった。それらを回収するために何度か空港に通い、減額罰金として電話機の価格の一〇〇％を払わなければならなかった。さらに悪いことに、専門家がそれを屋根に取り付けようと何時間も試みたのだが、その装置は作動しなかった。

電話が絶対必要なことを認識している私はそれでも諦めず、いろいろな人脈を通し、ヨシの苦境に同情して助けたいと言ってくれる電話会社の技術者を紹介された。それから間もなく、我が家は、近所で最初に電話が設置された家となった。そのおかげで私たちの暮らしが得た恩恵は計り知れなかったが、電話会社の新しい友人は私たちの将来にさらに大きな影響をもたらすことになる。

私は二国家科学基金の仕事に満足し、同僚たちともすぐに仲良くなった。副所長のビルはいつも上機嫌で、毎朝私に「彼女はお元気ですか？」［ヘブライ語での言い間違い］と挨拶してくれた。私たちは一緒に働くことを楽しんだ。イスラエル人所長のアリは親切で、私の面倒をよく見てくれた。そしていつも私の家族のことを気にかけてくれたが、超正統派嫌いは変わらなかった。ユダヤ教の祭りでスタッフが彼のオフィスに集まり乾杯の段になると、いつもユダヤ教に対する辛辣な発言があった。マルキはずっと以前から、職場では政治や家族、宗教の話はしないよう私に言い聞かせていたので、彼の辛辣な言葉はユーモアでやり過ごしていた。

ある時アリが、カルマンは宗教への回帰者で自分は懐疑と無宗教への回帰者だとふざけて言い始めた。最初は無視していたのだが、自分でも驚いたことに、突然私は自分をコントロールできなくなり言い返してしまった。「アリ、宗教家だったことのないあなたが懐疑を抱くためにどこから回帰したのか、そのためにどんな過程を経たのか分かりませんが、私は回帰の過程を体験したし、それがどんなに大変だったかを説明できますよ。一八歳の時、私は六カ月かけて自分の人生の前提一つひとつに辛い疑問を投げかけました。そして少しずつ信仰心が芽生えていったのです。それは、何時間も何日も続いた辛い自己省察でした。当時、私は自分に課したこの霊的・精神的苦痛に耐えられなくなるほどでした。でも私は熟考に熟考を重ねてユダヤ教の戒律を守り、人生を再スタートしました。私は、あなたが宗教に疑問を持つのにそのような過程を経たのか、心底疑います」

周りにいた人々は完全に沈黙してしまった。誰も何と言っていいのか分からなかった。ついにアリが口を開き、礼儀正しく「君がどんなに激しくそして真剣に信仰に打ち込んだのか、僕は知らなかったようだね」と答え、そこで会話は終わった。

興味深いことに、このやり取りが私たちの関係を傷つけることはなく、むしろ良好なものにした。アリは私に深い尊敬を示すようになった。その尊敬は、数年後にイスラエルの第七代大統領になるエゼル・ワイツマン科学技術長官の訪問を受けた際、さらに大きくなった。長官はアリとビルの事務所で最初の一時間を過ごした。彼らが部屋から出てきたところで、私が長官にコンピューターシステムを見せ、それがどう稼働するのか説明することになっていた。長官は、ワング・コンピューターが設置された大きな空調付きの領域に近づいた。長官はその現場を丁寧に見て回ったが、そこには超正統派の衣服をまとった私もいた。

長官は立ち止まって尋ねた。「ここでどんな仕事をしているのかね」一瞬固まった私は答えた。「私たちの所長はコンピューターが正常に作動することを最重要視していますので、私が日の出から日没までここに立ち、そのことを祈るために雇ってくれているのです」。ワイツマン氏は吹き出し、それから笑ったことを何度も謝った。アリは見るからにきまり悪そうにしていたが、長官が私と機嫌良くやり取りしていたので、何とか笑顔を作った。それから私は長官に、ハードウェアとソフトウェアの概要を説明した。そしてコンピューターの専門家ではないものの、長官が私の説明を完全に把握したことが見て取れた。長官はそれから、人間を外見だけで判断し偏見を持つ問題に話題を変え、自分が八年間指揮を執ったイスラエル空軍でその問題があったことを詳細に語った。どういうわけか話題は医療のことになり、私はヨシのことを語り、長官は一九七〇年にエジプト狙撃兵に打たれて頭に大きな負傷を負った自分の息子シャウルのことを語った。私たちはたちまち意気投合した。

イスラエルに帰国した当初、どこで働いてどこに住むかという問題についての選択は、結果的に正しかった。時が経つにつれ、アリは私の就業時間を完全にフレックスタイム制［何時から何時まで働くかを自分で決められる制度］にしてくれるようになり、ハル・ノフの住居も私たちのニーズに合っていた。それは安全な地域で、住人は小さな子供が多くいる家族で占められていた。ヨシは、言葉が話せるようになるにつれ友達もできてきた。もともと陽気で天真爛漫、人に好かれる魅力を内に秘めた彼は、近所の子供たちの中心だった。シナゴーグで私は、五人の子供たちに加えて、ヨシと一緒に座りたい友人たちが座れるよう後方の長いベンチを選んだ。ヨシは学校から帰ると外で友達と遊んだ。ヨシがある日の午後遅く、エイラットへの三日間の遠足から帰って来るなり「僕の友達はどこ？」と聞いた。「明日会えるよ」と言ったが、彼は不満だった。「明日じゃ駄目なんだ」と言い張った。「だってみんな、僕が今日の夕方帰って来るのを知ってるんだよ」そしてシャワーを浴びて着替える頃までには友達の一人が顔を見せ、まるで何年も離れていたかのように再会を喜び合うのだった。

ある日友人たちと外で遊んでいたヨシは、停まっていた車に触り、身振りで尋ねた。「これはどんな種類の車？」。男の子たちは調べて、フォードだよと彼に教えた。ヨシは次の車に触り何という車か尋ね、プジョーだよと教えられた。何台目かの車に触ったとき、ヨシはもう尋ねず、これはフォードだねと言った。そしてそれは本当にフォードだった。驚いた友人たちがどうして分かったのかと聞くと、彼の答えはこうだった。「ドアハンドルが同じだったからだよ」。こうして新しい遊びが始まった。ヨシの友人が通りに停車している車の列に連れて行く。ヨシは車のメーカーとモデル名を一度だけ教えられ、それを覚えると、その後は当てることができた。彼らはそのうち駐車場に行ってこのゲームをした。最終的に私たちは、ヨシをエルサレムそしてテルアビブのカーディーラーに連れて行ったが、親切なマネージャーが、展示している車にヨシを座らせすべてのパーツに触らせてくれた。文字どおり手で触れた実用的《ハンズオン》な経験だった。私たちはヨシに車の月刊誌を買って一緒に読んだが、それを通して彼はすべての車種、モデル、エンジンサイズを覚えてしまった。
以下は当時の私が日記に記したものだ。

昨日の夕方の祈りの後、隣の一二歳の子供から、ヨシがドアハンドルに触っただけで車の種類を当てられるのは本当かと尋ねられた。家に帰る途中、彼は停まっていた最初の車にヨシを連れて行き、「これは何の車?」と尋ねた。ヨシはそのドアハンドルに触れ、ボルボだと当てた。彼はその後、道路脇に停まっている車のそれぞれのドアハンドルにわずかに触れただけで、次々に名前を当てていった。シトロエン、オペル、フィアット、プジョー、フォードバン、スバル、そしてまたシトロエン。最後を除いてすべて正しかった。「もう一度見てごらん」私が言うと、彼はもう一度最後の車のドアハンドルに軽く触れ、とても恥ずかしそうにプジョーだと訂正した。私は後日、シトロエンとプジョーは、フランスの同じ工場で製造され、ドアハンドルがとても似ていることを知った。

車のキーはヨシの最大の興味の対象だった。ある日私は、イスラエルの著名な心理学者でヨシがニューヨークで四歳だった頃相談したことがあるルーベン・フエルスタイン教授から、電話を受けた。当時ルーベンはヨシを観察して大いに興味を掻き立てられ、「適切な教育を受ければ、このお茶目な子は第二のヘレン・ケラーになれる」と言っていた。その頃のヨシの状況を知る私たちには、それが希望的観測としか思えなかった。

ルーベンは今回は命令口調だった。「息子さんは今どこにいるのですか？　すぐ私のところに連れてきてください。今イギリスから撮影班が来ていて、彼に会いたいと言っているんです」。私がヨシを連れて行って待っている間、彼は注目の的になり始めた。カメラマンの大きな鍵の束を触りながら、ヨシが言った。「フォルクスワーゲンを運転しているの？」。ちょっとためらいながら彼は「ごめんね。していないよ」と答えたが、ヨシは頑固に彼がフォルクスワーゲンのバンを運転していると繰り返し、その鍵を示した。

カメラマンは突然気がついて言った。「ああ、それは僕のロンドンでの車の鍵だ。そう、僕の家の車はフォルクスワーゲンだよ」。ルーベンは驚いて喜び、ヨシを抱きしめた。

多くの障がいにもかかわらず、ヨシは弱虫ではなかった。再び私の日記より――


昨夜シナゴーグからの帰り、ヨシが通りに通じる階段を降りようとしていた時、Rに押された。Rは近所のガキ大将で身長一七五センチ、体重は七〇キロはあったろう。ヨシは負けずに、彼を押し払って通ろうとした。Rはそれが気に入らず、押し返してきた。それがまずかった。ヨシは彼らが舗道まで下りてくるのを待ち、油断しているRをパンチとキックで奇襲攻撃した。三〇分ほど過ぎた後、Rは私たちの家に来て一〇分もの間のらりくらりと何かを言い続けた。驚いたことに、彼はヨシをいじめたことを謝るよう父親に命じられて来ていたのだ。私は彼にアイスキャンディをあげ、その後Rとサミュエルズ家の間には同盟が結ばれた。何か問題があれば私が彼の両親に連絡し、何かこちら側に問題があれば彼は私に連絡するという決まりだ。ヨシでさえ彼の謝罪を快く受け入れ、Rが友人になったことを理解した。

そしてヨシは、自分を守る彼なりの術を身に着けていた。

昨晩、ショシャナは自分の教えるクラスにヨシを連れて行き、特殊教育に携わる女性教師六〇人の前で彼を紹介した。彼女はヨシに、どのようにして彼が健康被害を受けたのか発表させた。彼は、健康な乳児だった自分が看護師から注射を受けて視覚も聴覚も失ったことを説明した。女性教師たちが泣き出し時、ショシャナはすぐ話題を変え、ヨシにポケットに何を持っているのか尋ねた。「全部出して、教えてちょうだい」と彼女は言った。出てきたのは爪楊枝だった。「どうして爪楊枝を持っているの?」と聞かれた時の彼の答えは明確だった。「誰かが僕をいじめた時、これで刺すんです」。少し前まで涙を流していた教師たち全員に笑いが広がった。

第15章　同時進行する二つの生活

八〇年代を通し、私たちは二つの生活を生きていた。一つは、ヨシを酷《ひど》く傷つけた欠陥三種混合ワクチンを製造・混合し、接種していた者たちを相手取って起こした訴訟に消耗させられる生活。もう一つは、ヨシが暗闇と沈黙の世界から飛び出せたことにより開かれた生活だった。

今や彼は、特有のアクセントはあるもののヘブライ語を話すようになっていた。私たちは、指に綴るか、点字を使うか、話し言葉を使って、互いに伝えたいことを何でも言えるようになった。家でも学校でも、そして指で言葉を綴ることを覚えたヨシの友人の中にも、そうしたスキルのない人のために通訳できる誰かが常にいるようになった。

ヨシの驚くべき飛躍的前進とその後の進歩は、多くの人が認めるところとなった。イスラエルのハイム・ヘルツォーグ大統領が聾学校を訪問した際、ヨシは大統領に紹介された生徒の一人だった。ヨシと大統領の写真は新聞に掲載され、テレビ番組でも彼のことが取り上げられた。彼はよく「イスラエルのヘレン・ケラー」と称された。ヘレン・ケラーは一九五二年の五月から六月にかけてイスラエルを二週間訪問したことがあり、ヨシと同じように当時の大統領ハイム・ワイツマンに会っていた。
聾学校で教えていたショシャナ・ウェインストックは、「この奇跡の子供」について語り合われた集会について教えてくれた。それは、彼女がそれまで出たどの集会よりも長くて最も熱のこもったものだったという。出席したのはヨシの教師であるショシャナ、イスラエル視覚障がい者教育局長のハナ・カドモン、イスラエル聴覚障がい者教育局長で聾学校の校長、スピーチセラピストのオスナットなどだった。彼らの前で話し、点字を読み、算数問題を解いたヨシは、紛れもなく最優秀生徒だった。ショシャナはそれをマルキに泣きながら伝え、それを聞いたマルキも泣き、マルキから電話で聞いた私も涙ぐんだ。私の日記より——

昨日の安息日《シャバット》の朝、私はシナゴーグの祈りから帰り、タリート※を身に着けたままソファーに座った。突然、いつも凝っている肩の筋肉に耐えられない痛みが走った。ソファーに体半分を横たえたまま、私は動けなくなった。息子たちが走って来て、一〇歳のヨハナンと九歳のアヴィは私を見て泣き出した。マルキが飛んで来て何とか私を床に降ろし、少なくとも真っ直ぐ横になれるようにした。激痛に見舞われている私に、彼女は強い鎮痛剤を与えた。しかし、子供たちの心配そうな目は状況を悪化させた。何か悪いことが起きているのをすぐ察知したヨシは、とても心配した。ヨシはマルキに、神様がお父さんを連れ去ろうとしているのか、もし救世主《メシヤ》が現れたらお父さんは起き上がることができるのかと尋ねた。私は、この清らかな魂をどれほど深く愛しているか改めて思い知った。

彼は小さな椅子を持って来て私の顔が見える位置に座ると、肘を膝につけて顎を手のひらで包み瞑想した。他の子供たちはしばらくするとどこかに行ってしまったが、ヨシは心配してずっとそばにいてくれた。彼がやさしくシーツをかけてくれているのに気づいたのは、私がうとうとしかけた時だった。彼は私の両手を腹の上で組ませ、足を真っ直ぐ延ばさせ、髭を真っ直ぐにし、頭からつま先までシーツで覆った。私が一時間後に目を覚ました時、彼はまだそこにいた。


ヨシは自分の障がいについて理解しており、それについてゆっくりと考える時間がある時は、悲しんでいた。ある朝、彼が点字時計をしていないことに気づいた私が、なぜかと聞くと、「今修理しているの」と彼は答えた。「でも戻ってきたら、もう捨てるんだ」。「どうして」と聞くと、「僕は聾学校で視力障がい者でいたくないから」だという。ヨシは、聾学校にはもう行きたくないと明確に意思表示した。数カ月後、彼は希望どおりエルサレム視覚障がい者学校に転校した。そこのほうがずっと居心地がいいようだった。周りとの関係では、視覚障がい者の中で聴覚障がい者でもあることは、それほど気にならないようだった。

ヨシといると決して退屈することはなかった。

ヨシは新しい学校から帰って来ると、いたずらっ子の笑いを浮かべて宣言した。「ヨシは目が見えないんだ！」彼は目をきつく閉じ、目が見えない子の多くがよくする表情の真似をしてぐらつきながら歩き始めた。マルキと私は吹き出してしまった。この子は自分も見えないのに、視力に障がいのあるクラスメイトの顔に触り、そのとおりの表情をしてみせたのだ。もちろん私たちはすぐ彼の物真似をやめさせ、それは失礼だよと言い聞かせた。いずれにせよ彼は光や暗闇に反応し、完全に盲目ではなかったのだ。しかし彼を止めるのは簡単ではなかった。それは兄弟たちを笑わせ、みんなが道化師になりたがった。

ヨシは少し前に絵を描き、それを自分の部屋の壁にかけてほしいとずっと言っていた。彼は、自分の部屋を芸術品でいっぱいにしたいのだと言う。私はしてあげるよと約束したものの、なかなかそれをできずにいた。昨夜ヨシは、私が明日彼の絵を飾ると約束するまで寝ないと宣言した。翌日学校から帰ったヨシは、真っ直ぐ自分の寝室に行き、まだ絵が飾られていないことを発見した。マルキは彼が大泣きしているのを見つけた。「どうしたの？」と彼女が聞くと「僕は悲しい。お父さんが僕の絵を飾るのを忘れたから」と声を詰まらせて答えた。彼は絵がそこになかったからではなく、私が約束を忘れてしまったことに打ちのめされていたのだ。

ヨシは一三歳の誕生日とバル・ミツバを迎えようとしていた。それはユダヤ人社会で一人前の成人と見なされ、それに伴う責任を負うという意味があった。私たちの当初の計画は、レストランで彼の祝賀パーティを開くというものだったが、多くの人が彼のこれまでの人生に関わってくれたのに気づき、希望する人が誰でも参加できる大きな会場で行なうべきだと決めた。私たちは家族、友人、教師、そしてこれまでヨシを愛し、彼が健常者の中で活動しコミュニケーションすることを助けてくれた人々を招待した。

私たちは、そのイベントのために新しい眼鏡を買ってやりたいと思い、一度診てもらったことのある眼科医を訪ねた。医師が約二年前の彼のカルテを取り出して見ていると、「僕、前にここに来たことを覚えているよ」とヨシは言った。ヨシは私をつつくと、「ベン・ツィヨン」と言って、私が返事をしないとまたつついた。「違うよ。彼はシルバーストーン先生だよ」と私が答えると、「ああそうなの。じゃあ前のお医者さんと違うの？」と聞いた。私は前と同じ医者だと答えた。するとまた私をつついて「ベン・ツィヨンだよ！　ベン・ツィヨン！」と言うので、私は医師に向かい、もしかして彼のファーストネームはベン・ツィヨンかと尋ねた。マルキと私は、彼がそうですよと答えた時、椅子から滑り落ちそうだった。ヨシはそれから、診察が前回と全く同じプロセスで進められることを求めた。即ち彼の目に一滴ではなく二滴の目薬を投与し、そして最後に小さなプレゼントをもらうことだ。今回のプレゼントは赤い腕時計だった。「どうしてこれを僕にくれるの？」とヨシは聞いた。「点字時計じゃないから僕には見えないけど」

ヨシはバル・ミツバの朝、シナゴーグで誇らしげに新しい眼鏡をかけた。この一里塚を迎えたすべての男子と同じように、彼は呼ばれてトーラーを朗唱することになっていた。彼は、マルキが選んだ美しいスーツに身を包んでいた。自分が呼ばれる直前、ヨシはヘブライ語で「とても強くあれ《ハザック・メオッド》」と自らに呟いていた。彼がトーラーに近づくと、いつもと違ってシナゴーグは完全な静寂に包まれた。

彼はゆっくり、そしてはっきりと祝福の言葉の一つひとつを大きな声で朗々と唱えた。私は彼がしっかり立てるよう彼の背中に手を当てていたが、ヨシはそれを払い、タリートをかけ直した。彼が朗唱する間、視線はトーラーの巻物から一度も離れることがなかった。トーラーを読み終えた彼は、私の合図で祝福を唱えると、満足感でいっぱいの笑顔を見せた。シナゴーグに集っていた人々が一斉に伝統的な祝福の歌をヘブライ語で歌い始めた。その日の主役にキャンディを降りかけるのが伝統で、ヨシと私にあらゆる方向から、特に女性が座っている所からキャンディが降り注いできた。最初は私のタリートでヨシを覆っていたのだが、すぐそれをやめ、彼に甘いひと時を楽しませることにした。

ヨシの依頼で、私は土曜日の夜に予定しているバル・ミツバ・パーティへの招待状をハイム・ヘルツォーグ大統領に送っており、彼の事務所から返事を受け取っていた。

イスラエル国大統領府

エルサレム、一九八九年一一月一五日

シャローム・ヨセフ・サミュエルズ氏へ

ヘルツォーグ大統領は、あなたが大きな身体障がいを乗り越えて立派に成長することを助けた人々のため、一一月四日にバル・ミツバの祝賀会が開かれることをあなたから聞き、喜んでおりました。

大統領は、キリヤット・ヨベルの聾学校であなたに会う機会があったことを、喜びと共に記憶しております。予定が詰まっているためにこの特別な祝賀会に参加できなかったことを、彼は残念に思っております。しかしそれが記念すべき一夜となることを信じ、あなたの将来にさらなる成功を祈るメッセージを、あなたにお送りします。

敬具

大統領補佐官　シュラミット・ナーディ

大統領はパーティには来なかったが、バンクーバーから飛行機で来た私の両親を含め何百人もがヨシのバル・ミツバを祝ってくれた。賑やかなダンスが続く中、ヨシは多くの人々に肩車され、限りない喜びにあふれていた。ふと部屋の隅を見た私は、小柄な女性が静かにすすり泣いているのに気づいた。何年も前にニューヨークにマルキを訪ねてきて、ヨシを施設に預けたらどうかと助言した年配のラビ夫人だった。

第16章　恩返しの方法を探して

歳月が過ぎて行く中で、マルキと私は、彼女の夢が叶っていないことを思い知らされていた。私は姉のマリリンに電話して、私たちのフラストレーションを聞いてもらった。「マルキと一緒に、彼女の夢を三頁以内にまとめてごらんなさい。それを送ってくれたら、私が一緒に働いているいくつかの慈善団体に見せてみるわ。彼らが興味を示すかもしれない」と彼女は提案した。というわけで、マルキと私は、彼女のヴィジョンと私たちの使命を書き出してみた。

イスラエルでの新しい奉仕プログラム提案

一九八八年八月

目的

障がい児を持ち、日々の困難を乗り切るための十分な財力を持たない家族を支援する奉仕プログラム。他の親たちが子供と楽しく過ごしリラックスしている時、これらの家族は三六五日、終わることのないストレスの中にいる。

必要性

いかなる原因であれ、重度の障がい児を持つ家族は親や兄弟に大きな影響を与える問題を抱えている。その問題の形態はさまざまで、しばしば家族の繋がりを破壊してしまうことさえある。

そのような家庭に子供の相手をするボランティアを送る奉仕プログラムは、すべての関係者が抱える大きな重荷を軽減する。その結果、親は他の責務に関してよりよく取り組むことができ、他の子供たちは心の平安を得て通常は難しい親からの心遣いを得ることができる。

そのような家族が直面する苦境とこのような支援組織の必要性を、言葉で十分に説明するのは難しい。しかし私は、少なくとも試すべきだと感じている。ラビの資格を与えられた者として、私は人間が置かれた境遇と一連の出来事は、単なる偶然ではなく何かの意味があると考える。私の個人的な立場と私の知り合いである皆さんが一緒になれば、この後説明するような画期的な公共サービスに繋がると信じる。

私は六歳から一三歳までの六人の父親である。私の二番目の子供ヨシは生後一一カ月になった一九七七年、イスラエルで受けた通常の三種混合予防接種で健康被害に遭った。その結果、彼は次第に視力と聴力を失い、当然ながら言語能力も正常に発達せず、極端に活動過多となった。私たちは親として彼のためにあらゆることをした。一九七九年にはニューヨークに引っ越し、最適な医療を求めて五年近くを過ごした。すべての選択肢を試した一九八三年、私たちは愛するイスラエルに帰ってきた。さまざまな困難を乗り越え、私たちは午前八時から正午までのプログラムをヨシのために手配することができた。ヨシは一二時一五分に帰宅し、その後の午後の時間、妻と私は彼の世話に追われた。盲学校には週数回の午後のプログラムがあり、私たちは何とかヨシをそれに入れようとした。私たちは、ヨシが週一度セラピストと一緒に心理学の会合に参加するなら、入学を考慮すると告げられた。私たちは言われるとおりそれに合意した。それは私がコンピューター・コンサルタントの仕事から週数時間抜けなければならず、貴重な収入を失うことであり、妻が辛い問題にとことん向き合わなければならないことを意味していた。何週間かの会合が過ぎた時、私は心理学セラピストに単刀直入に宣言した。「あなたが私たちを助けたいのなら、こんな会合は要りません。困難への対処法についてあなたからたくさんのアドバイスをもらった後、私はその時間で失った収入を埋め合わせるために働かなければならず、妻は家に直行してヨシを出迎えた後は六時間彼につきっきりを強いられるのです。あなたが本気で私たちを助けようとしているなら、どうか午後のクラスにヨシを入れてください。そうしたら私たちの困難は少し解消されるでしょう」。私の子供は最終的に一週間に数日受け入れてもらえることになり、それからやっと対処法を考えられるようになった。午後の時間が少し楽になった後でしか、状況をどうやって改善できるか考える余裕はなかったのである。他人からのアドバイスは役に立たないことが多く、当事者が困難の渦中にいるうちは苦痛でさえある。

神のおかげで、現在私の子供は一二歳の利発な少年となり、第二のヘレン・ケラーと呼ばれ、良い支援を受けている。それで私個人はこの奉仕プログラムを受ける必要はない。しかし特殊な子供を育て、同じような苦労をしている数多くの人を見た私の経験から、このような家族に支援が不可欠なことは明確である。多くの人はその苦労に打ちのめされている。

一九八三年にイスラエルへ帰ってからしばらくした後、私たちは英語圏からの移民が多く住むハル・ノフというエルサレム郊外の新しいコミュニティに引っ越した。驚きと共に悲しかったことは、私たちの小さな区画内にあるどのアパートにも重度の障がい児がいたことだった。彼らはてんかんを持つ知能障がい児、ダウン症、さまざまな知能障がい、先天的障がい、聴覚障がい児などで、この子たちが大きなコミュニティの中の小さな一画、半径わずか二〇〇メートルの中にいたのだ。妻のマルキは毎日午後一時、スクールバスの警笛が聞こえると、近所のA夫人が家から出てきて、まだおむつをつけている七歳の重度の知能障がいがある娘を出迎える姿を見た。A夫人には他にも小さな子供がいて、助けてくれる人を雇う余裕がないことを知っていたマルキは、彼女の残りの一日がどんなに大変なものかを想像し、同情して泣いていた。

B一家には、耳が聞こえない五歳の男の子がいた。その他にも小さな子たちがいて、父親は一家を養うので必死だった。彼らにかかるプレッシャーは大変なものだったが、うまく対処できていないようだった。子供は利発だったが、学校は週に三日しかなかったため、父親は、週二日の午前中、知的障がい児の学校に通わせていた。私はその父親に、賢い聾唖の子を知的障がい児の中に入れることはとても有害で、できるなら家に置いたほうがいいと説明した。彼の答えは、その子が一日中家にいたら家族がやっていけない、他に選択肢がないというものだった。ここでもやはり、計画的活動や手助けのない長い一日が、障がい児のいる家庭を崩壊直前まで追いつめていたのである。

軽度の知的障がいがある少年Cは、一一歳から一三歳まで私たちの隣に住んでいた。私たちの温かい家庭が気に入り、よく遊びに来ていた。C少年は午後一時に学校から帰ってきて、それから日没まで路上で他のいろいろな年齢の子たちとたむろしたり、脅かしたりして過ごした。彼の家族はアメリカから移住してきた良い一家だったが、気の毒にも母親は、活発な一二歳の子供を家で何とか過ごさせることにはお手上げだった。彼をおとなしくさせようと試みた隣人たちは、その子からポーチや窓に何かを投げつけられた。私たちはその子が絵を描くのが好きなことに気づいた。彼は私たちのために何時間もかけて大作を仕上げたが、私たちはそれをプレゼントとして受け取るか買い取るかした。彼が通りの向こうの店に自分で行って、おやつを買えるようお金を渡すためである。この子供と家族にとっても、計画的な活動が是が非でも必要だった。

事例はいくつもあり内容もそれぞれだったが、共通点があった。ちょっとした思慮深い手助けが家族全員を救えることだった。ここで提案しているサービスは、窒息している人物にとっての酸素のように、家族の一人ひとりにとって不可欠で有益なものである。

それ故、重度の障がい児を持つ家族の重荷を軽くするため、次のような奉仕をする団体設立が欠かせない。

- 専門スタッフが問題の性質と最良の解決法を見極める
- これらの子供のために地域に活動センターを設ける
- これらの子供たちを、午後や家族が忙しい祝日の長い時間、何かに熱中できるようボランティアを組織する。

実施

プログラムは当初限られた近隣地区で、そのような家族を個人的に知っている可能性の高い地域ボランティアにより、実験的に実施することができる。その後これをモデルにし、他の地区やコミュニティに広げていく。最終目標は国全体に奉仕を提供することだが、地域組織のパーソナルタッチを残しておく。働く者の大多数はボランティアである。何らかの地域施設が必要になるだろうが、当初は間借りすることもできる。往々にして憐れみの目で見られるか、あるいは異次元の物体のように見られてきたこれらの障がい児たちは、コミュニティでよく見かける一員となり始める。健常児は喜んで彼らと交わりたがっており、そのような交流活動は彼ら自身の成長になり、最終的には障がい児に配慮や理解のあるコミュニティや社会の形成に繋がる。

イスラエルには医療器具を貸し出す有名な団体がある。それは今や数百万ドルの予算で運営され、国内に八五のセンターを持つ。一四年前にそれを始めた若者は、私の隣人だった。彼は、私たちの近所に作った一箇所の小さなセンターから始め、それが成功した後で二番目のセンターを開き、やがて全国に広めていった。私は、このプロジェクトも同じパターンを経て、最終的には、活発で明るいボランティア軍団が国中すべてのコミュニティに奉仕するようになると予測する。

スタッフ

どの程度のスタッフが必要となるかは、プロジェクト当初の規模の大きさにかかっており、現時点でそれを議論するのは時期尚早である。成功のカギは、我々にどれだけ多くのボランティアを集められる能力があるかということである。効果的運営を行なうため、必要機材を揃えた事務所が設立されなければならない。

プロジェクトは、一〇〇万ドル程度の十分な資金で始められるべきで、最終目標は、その活動が広く認められ資金援助に結びつくことである。私は現在、一億ドルの合同リサーチ助成金を出す米国・イスラエル二国家科学基金でコンピューター・オペレーションの責任者を務めており、このプロジェクトが実績を出せば、神の助けにより必要な資金を独自に集めることができ、関係者の努力が認められると信じる。

問われるべきは、このような支援がなくていったいどうやって今までやってこられたのかということなのである。

二国家科学基金から特別の許可を得て、私はこの書類を最新のビットネット（インターネットの前身で、速度の遅い送信システム）を使って姉のマリリンに送った。マリリンは、それを彼女が知るいくつかの財団に見せたが、私たちのヴィジョンを称賛してくれたものの、寄付をしようと申し出たところはなかった。

障がいの分野に関心を持つ北米のある篤志家族は、ソーシャルワーカーをイスラエルに送り、エルサレム市の関係者と共に、彼らが支援をしてもよいと関心を持つプロジェクトの優先順位をまとめていた。私たちは、何人かの専門家が参加した会合で彼が出会った一人だった。さらに別の一人は、エルサレムで問題を抱える子供のための幼稚園を運営している女性で、特に私たちの提案を支持してくれ、その必要性を強調してくれた。ソーシャルワーカーは、最終報告にマルキのヴィジョンを入れてくれたが、残念なことにそれは優先順位の最下位のほうにリストされていた。

時間は経過し、マルキは私たちの夢を実現できないことにひどく失望していた。

第17章　法律の迷路に入り込んで

ヨシがコミュニケーションの壁を突破したことに大きな喜びを覚えながらも、私たちは、延々と続いて経費がかさむ巨人ゴリアテ※相手の苦しい法廷での争いを、やっとのことで続けていた。

一九八三年九月、ヨシが運命のワクチン接種を受けてから六年後に起こした私たちの訴訟は、信じ難いことに一九八七年の五月まで延期された。その時になってやっと私たちの訴訟が受理されたのだ。情報公開法がなく、法的文書を入手すること自体が時間のかかる大変な作業だった。また開廷の数が月に一回というペースのため、訴訟の進行はどんどん遅れていった。審問がある日でも、相手の弁護士が予備役で軍に召集されたり海外にいたりして、直前にキャンセルされることも頻繁だった。そしてもちろん裁判官はそれを許していた。これは、私たちの意思を挫くために計算された作戦だった。

イスラエルはまだ若い国で、国民が国を訴えたりすることは珍しかった。私たちは巨人に挑戦していて、法廷での最初の日から前途に何が待ち受けているかは明白だった。私たちの弁護士アヴィ・フィシェルは、私たちが「イスラエル政府管轄の保健システムにやっかいなもめ事を起こす蟻」のようなものだと告げた。

政府は当初訴訟に驚いていたようだが、素早く体制を整え、迷惑訴訟に過ぎないと見なして請求を潰そうとした。しかし私たちの請求は包括的で的を射ていた。そのため、政府は自分たちの職員である弁護士を使わず、代わりにイスラエルで損害賠償問題に長けた超一流の弁護団を雇った。後年この訴訟を振り返り、アヴィは語る。「政府側の弁護士の一人は、僕が少し前に学んだ損害賠償に関する授業の講師だった。彼ら全員がイスラエル法曹界の大物で、経験も豊富だし、全員が僕より二〇歳か三〇歳上だった。自分のオフィスを持ってスタッフも助手もいた。僕がこの種のケースを扱うのは初めて（そして最後）だったが、イスラエルの損害賠償に関するトップレベルの弁護士チームとの争いだった。もっと悪いのは、裁判官が私に恩着せがましく親切にしようとしていることだった。『アヴィ、お父さんによろしく』彼の部屋で最初に会った時、僕はそう言われた。『彼は一流の弁護士で私の良き友人なんだよ』と」

裁判官は親切にしようとしたのかもしれないが、弁護士たちの言葉に親切さは皆無だった。アヴィが私たちの代理人として提出した請求に、彼らは八ページを費やし、ヨシの健康被害に対するあらゆる責任を怒りを込めて否定していた。それはこう始まっていた。

この子供の病気は先天的なものか退行性の脳障害、あるいは脳炎の結果で、ワクチンとは無関係である。いずれにしても、彼の状態は改善しつつある。ワクチンの合併症の可能性については知られており、世界中で報告されているが、それらは極めて稀であり、そのリスクはそれが予防する病気そのものが与えるリスクよりはるかに小さいものと合意されている。イスラエルと諸外国で行なわれた伝染病に関する調査は、三種混合ワクチンの集団接種は、それら三つの病気の流行を大幅に抑えていることを示している。原告が汚染されていたと主張するワクチンの出荷束を回収したことは、この子供に起こったこととは全く無関係である。ワクチン接種とこの子供の状態の間には、常識的に考えても関連性は認められない。この子供は通常の量を接種された。それがこの子供の状態の原因であるなら、症状はもっと早く現れていたはずである。もし彼がワクチンに対して敏感であったとしても、それは予測できなかった。原告は、ワクチンとこの子供が受けたダメージに繋がりがあったと主張する医学的根拠を持たない。いずれにせよ、イスラエル国家に過失はなかったのだから、責任を問われることはない。ワクチンは危険ではないのだから、家族に警告することは不必要であり、合併症が出ることは著しく稀である。この子供が受けたワクチンの束は、規制に従って製造され、輸入され、混合され、貯蔵されていた。悪い影響が出ることは統計的に著しく稀であることから、接種を停止する必要はなかった。この子供の両親は、ワクチン投与に合意していたのである。サミュエルズ一家は、この子供への助けを得るためにニューヨークに移住したのではなかった。そのような医学的・教育的支援はすべて、イスラエルでも得られた。彼らはイスラエルに上手く馴染めず、経済的に苦労していたためにイスラエルを去ったのである。ワクチンとこの子供の状態に何の関係もないのだから、家族が米国に移住したことに関して補償する必要はない。彼らがイスラエルに帰国し、この子供に適した環境を見出だせたという事実は、彼らの米国行きは必要がなく過剰反応であったことを示している。彼らは自家用車に関しても補償を受けるべきではない。公共交通機関で十分である。脳神経医師のシャウル・ハレル医師とピンハス・レルマン医師の意見は正しくない。サミュエルズ一家の請求には根拠がなく、誇張であり、完全に不相応である。彼らはよく考慮もしないまま訴訟費用がかさむに任せ、経費を抑えるために何もしなかった。彼らの請求は取るに足りないものである。法廷はそれを却下すべきで、サミュエルズ一家は、被告側弁護団が費やした時間と経費を支払う法的義務を負う。

これは最初の一撃に過ぎなかった。裁判官が言葉で、あるいは無言のメッセージでアヴィに伝えていたのは、彼には因果関係を立証することはできず、それ故にこの訴訟には勝ち目がないということだった。

なぜそれを認めて訴訟を取り下げないのかと聞かれて、アヴィは答えた。「人々の間に広く受け入れられている姿勢は、『ここに知的障がいの子供がいる。不幸なことだが、高齢になっても子供を産み続ける超正統派の家族には起こることだ』というものです。彼らはヨシに起こった不幸に対して特別に心を痛めてはいないんです。その無関心さ故に、そしてカルマンとマルキが彼らの子供は健康で生まれたという揺るがない主張に基づいて正義を求めるが故に、私が二人の訴訟を担当することをやめるつもりはありません。最悪の場合私たちは敗訴するでしょうが、それでもこれは争われるべき訴訟なのです」。アヴィは本当に若く、理想主義者だった。そして彼自身も正義を求めていたのだ。

相手の著名弁護士と違い、資金も人手もない原告側の多くの調査作業は私の仕事となった。アヴィが法廷で使う資料を掘り起こし、探し出し、事実と記録を収集するのである。基金での私の仕事がフレックスタイム制だったことが、何より幸いした。電子メールもインターネットもない時代、私は手紙を書き、ファクスを送信し、電話をかけ、病院から資料を取り寄せ、法曹界に頼み込んでファイルを入手した。有罪を証明できるものを探して医療報告書を読み、ワクチンの合併症に関する専門家の研究論文を読みふけった。私は来る日も来る日も図書館で過ごし、いろいろな資料にあたりながら警察の記録を探した。私は、被告側証人への反対尋問の下書きを書いた。

ある時私は、緊急に必要な資料がエルサレム旧市街にある裁判所の資料館に存在することを突き止めた。年配の裁判官が、書面による法的申請書がなければその資料は渡せないと言った時、私は裁判所前の通りに戻ってペンと紙を取り出し、できるだけ専門的で法的書類に見える一頁の申請書を書き上げた。そして、裁判官が彼の執務室から出てくるのを待ち構えてそれを差し出した。彼は私の様子と申請書を見て驚いた様子だったが、「よく書けている！」と言ってその場で署名してくれた。そして一五分後にはその書類を手にすることができた。私はこの手のことが本当に上手になり、アヴィは関心するばかりだった。

私は判例の引証を準備するために、ワクチンによって引き起こされた障がいに関する権威ある医学書を読み、イスラエルや海外に住むそれらの本の著者にコンタクトした。これらの世界的権威の名前と彼らの同情的意見、そしてヨシのために証言してもいいという申し出は、大きなインパクトがあった。UCLA小児脳神経科の設立者で、すでに第七版が出版されていた古典的著書『小児神経学』の著者ジョン・H・メンケス医師は、良い助けとアドバイスをくれ、証言することを引き受けてくれた。また西ドイツのハンブルグにあるワクチン・ウイルス学研究所のウォルフガング・エレンガッツ教授は、百日咳ワクチンの副反応による痙攣《けいれん》・高熱など、脳障害や死に至る神経システム合併症の診断に関する偏った考えについて教えてくれた。

これらの偏見は、残念なことに私にも馴染みあるものだった。予防接種後の有害な反応を保健機構がすべて報告していないことや、不正確な統計などは、百日咳予防接種後に起こる神経システム障害が明らかに過小評価され、おそらく実際は許容範囲を超えて起こっているであろうことを示していた。

イスラエル保健省の権威者は、相変わらず断じて何も認めようとしなかったが、風向きは少しずつ変わりつつあった。それはヨシに投与されたワクチンの百日咳部分を製造していたカナダのコンノート研究所で起こっていた。一九八七年七月一三日、「バンクーバー・サン」紙は、コンノートが、高くつく訴訟を避けるために米国での百日咳ワクチンの販売を停止すると伝えていた。一九八八年四月一八日、カナダの「グローブ・アンド・メール」紙は、コンノートが製造した百日咳ワクチンへの有害反応が極端に増えたというアルバータ州の報告に関する記事を大きく掲載した。そしてその二カ月後、「ワクチンで傷ついた子供たちが支援を受けることに」との見出しで、「エドモントン・ジャーナル」紙が、ワクチンで被害を被った子供たちの家族に補償する国のプログラムがアルバータ州に設置されたことを次のように伝えていた。

過去八年間でアルバータ州の三人あるいは四人の子供が、ワクチン接種の後に生涯にわたる脳障害を発症した。国中の医療専門家の間には、補償が必要という一般的合意がある。

イスラエルの医療専門家の考え方は別だった。

終わりの見えない訴訟はまだ延々と続いていた。一九八三年に初めてヨシを診察した二人の神経科医師に再診察してもらう時が来ていた。ヨシの障がいは、被告が後に主張するように生まれつきの退行性神経疾患のためではなく、汚染ワクチンが原因とする彼らの意見書、そしてそれを証言してもらいという彼らの言葉は、私たちが訴訟を起こす決心をした大きな理由だった。そして間もなく彼らは証言台に立とうとしていた。

以下、二人の神経科医師を訪ねた当時の私の日記である。

私たちは昨日遅く、シャウル・ハレル教授が証言する前にもう一度ヨシに会ってもらうために彼を訪ねた。私が背中を痛めていたので、摂氏四〇度の中マルキが運転した。私の道案内が間違っていて迷ってしまい、慌てた。何とか数分だけの遅れで到着したが、結局四〇分待つことになった。ヨシは待合室で、ガラスのテーブルの上に彼の点字機を取り出そうとした。幸いにも、花瓶が落ちそうになるのを私が瞬間的に察知して防ぐことができた。法律見習い生ユバルが私たちより先に着いていたが、ヨシは私を通して彼と話し始めた。「そうでしたね。あなたは先週サラと一緒に僕の家にいらっしゃいましたね。僕はちょっと気分が悪かったんです。あなたは髭を剃りますよね。巻き毛はありますか?」。私のキッパを外して禿げた頭を見せながら、彼はその場にいた全員に誇らしげに宣言した。「僕の父には巻き毛はありません!」

ヨシはハレル医師の前で本領を発揮したが、前回診察した時からの進歩に、医師は言葉を失った。医師がやってごらんと言うことで、ヨシができないことは何もなかった。彼は点字機から「聞け、イスラエルよ」を読み上げた。もちろんユダヤの習慣に従って手で目を覆いながら。彼は医師のために、プリム祭※にまつわる歌全部を点字機でタイプした。機械から取り出す瞬間、タイプ終了を示す線を最後に引かなかったことに気づき、それを付け加えた。私はハレル医師に、ヨシが退行性神経疾患を患っているという被告側の主張をどう思うか尋ねてみた。彼は、それはヨシの驚くべき発育からしてあり得ないと答えた。彼との面談はあらゆる意味で価値があった。

昨日は、ピンハス・レルマン教授にもヨシを再診してもらった。私たちは盲学校で水泳の練習を終えたヨシを拾い、テルアビブに向かった。マルキは車の中で、ヨシをきれいなズボンと白いシャツに着替えさせ、白いソックスを履かせた。これはヨシが小さい頃からのマルキの信念で、それはヨシが自分に自信を持ち、周りの人々もヨシの装いに惹かれるようにという願いからだった。ハレル医師との面談と同様、ヨシは指示されたことをすべてこなし、それ以上のことをやってみせた。医師は、ヨシがドアを見つけられるか調べるために、ヨシに待合室に行きなさいと命じるよう私に言った。それで私はヨシに、別の部屋に行って医師に新聞を持って来るよう頼んだ。彼はドアに真っ直ぐ向かい、新聞を持ち帰り、それを医師に手渡した。観察力の鋭い医師がさらに気づいたことは、ヨシが部屋に戻ってきた時、ヨシがドアに鍵をかけ、そばの本棚の花瓶の陰に鍵を置いたことだ。一時間経って帰る時、ヨシは隠した場所に真っ直ぐ向かって鍵を手にすると、ドアを開けた。

医師は深く感心した。彼は、ヨシの発育は恐るべきもので、退行性神経疾患など全くあり得ないと言った。彼はまた、彼がよく知るH医師が自分と違う意見を提出しようとしていることに憤慨していると教えてくれた。彼女は自分と口をきこうとしないとのことだった。

被告側の弁護士たちは、私たちを見下していただけでなく、極端に冷淡だった。忘れられないのは、弁護士の一人がレルマン医師にした質問だ。「先生、いったいどの位の補償を考えているんですか。この子供はいったいどの位生きられるんですか」。それを聞いてマルキが泣き出した時、彼は「裁判官、私はこの女性の出廷を要請していません」と言い放った。

レルマン医師は思慮深く丁寧に応答した。「そうですね、考えてみましょう。彼の健康状態は良好ですし、喫煙はしていません。彼は目が見えませんし耳も聞こえませんから、交通量の多い交差点を独りで渡ることはないでしょう。彼は忙しい毎日のプレッシャーに晒《さら》されることもありません。ですから彼の平均寿命は他の健康人と変わらず、八〇代までは快適に生きるでしょう」。被告の弁護士は顔色を変え、この質問をそこで打ち切った。

私たちの生活は訴訟に乗っ取られていた。裁判に関わる諸費用の支払いと、仕事から一日あるいは半日抜けて調べものをしたり法廷を傍聴したりで、経済的な憂慮がさらに重くのしかかってきていた。相手の作戦ははっきりしていた。私たちがプレッシャーに耐えかねて崩れ落ちて諦めるまで、訴訟の進行を遅らせることだった。私はもがき、訴訟を争い通せるよう度々神に祈った。

当時私たちがどれほどのプレッシャーに直面していたか、私は日記に記している。

一九八九年二月一日水曜日。今朝、父から美しいファクスが届いた。父は、最後まで私たちを応援するから費用のことは心配しないようにと書いていた。それはとても前向きで優しい心遣いのあるファクスで、マルキに読んで聞かせているうちに涙がこぼれてきた。孤立している私たちを、こうして父と母が支援してくれることに大きく励まされる。でなければ私たちはプレッシャーに打ちのめされていただろう。私たちは生きているのではなく、まるでただ存在しているだけのようだ。これが被告側の目指すことなのだ。私たちの意思を挫き、彼らが他の多くの家族にしてきたように、これ以上争うのを諦めさせたいのだ。時間は彼らの側にあり、彼らは私たちを限界まで追い詰め、私たちが訴訟を取り下げるか、わずかばかりの金で妥協するのを待っている。彼らは、一般家庭が訴訟を起こすことがどれほど金がかかるのかを知っている。プレッシャーは計り知れず、結果はいつもはるか彼方にしか見えない。

度重なる延期と絶え間ないプレッシャーによって、私たちは忍耐力の限界に達していた。

第18章　ゴリアテ躓《つまず》く

一九八九年七月一六日の日曜日、盲目で聾唖の一二歳半の息子が証言台に立ち、何年間にもわたった論争に初めて人間の顔を与えた。訴訟は六年間も法廷で争われ続け、その記録は一〇〇〇頁を超えていたが、心を揺さぶるヨシの証言がそれに加えられようとしていた。

その日テルアビブで開かれる公判のため、私たちはエルサレムを朝の七時半に出た。極度に緊張したマルキ、彼女に劣らないほど緊張した私、ヨシ、そしてインフルエンザで苦しんでいたショシャナ・ウェインストックだった。ヨシはアイロンが丁寧にかけられた白い半そでシャツにネクタイ、黒いズボンという装いで、補聴器を着け、腕にはバイブレーションセンサー、そしてもちろん白い杖を持っていた。彼がコツコツと音を立てて入ってくると、法廷は静まり返った。いつものように私たちは裁判官が入廷するのを待った。イスラエルには陪審員制度がない。待っている間に、アヴィは突然戦術を変える決心をした。ヨシが独自に証言するよりも、彼が証言台のヨシに尋問することにしたのだ。

裁判官が入廷するや否や、ラファァ製薬会社の弁護士が立ち上がり「裁判官、彼は証言者としての資格がありません」と抗議した。幸運なことに裁判官は、「でもとにかく彼の証言を聞いてみましょう」と言って、助手にヨシの証言を一言も漏らさずに記録するよう指示した。

ヨシは、聞かれた質問に対してプロのようにゆっくりと明瞭に答えていった。最初は「あなたの名前は？」「何歳ですか？」「あなたのバル・ミツバはいつですか？」などの基本的な質問だったが、次第により深い思考を要する質問となり、最後は「あなたは自分の人生で一番何を望みますか？」というものだった。彼はそれに「お父さんとお母さんの顔を見ることです」と答えた。それは心が揺さぶられるような答えで、被告側の弁護士は戦略的に反対尋問を辞退した。深い感激が私たちを包んだ。

ヨシを法廷に連れ出すことは難しい決断だった。しかし私たちは全員、裁判官が彼に会い、何年もの係争を超越して、この子が受けた深い傷を見ることの重要性を感じていた。そして、被告側弁護士に無責任で不注意な役人によって視力と聴力を奪われた子供に心を動かされた様子が見られなかった一方、信心深く孫がいるという退役間近の裁判官にヨシが与えたインパクトは強烈だった。アヴィは翌日、ヨシの法廷での証言は自分のキャリアにおけるクライマックスだったと告げた。その頃までには著名な多くの顧客の代理人として法廷で争うようになっていた彼が、決して軽い気持ちで言う言葉ではなかった。

マルキは、ヨシが裁判官や被告側弁護士からいじめられたり馬鹿にされたりすることを心配するあまり、公判を傍聴しないことも考えていた。アヴィはやさしい口調で、ヨシが彼女のサポートを必要としていること、そしてこの法廷闘争が最終局面にきていることを説明し、傍聴するよう説得した。

彼女は同意し、辛い思いをするかもしれないことを承知で出席することを決めた。

被告側の標的はヨシだけではなかった。彼らは私たちの重要証人の一人ひとりを、あらゆる法的詭弁で攻撃した。その一人は、名門校へブライ大学のツヴィ・ギルラ生物統計学教授だった。彼が提示した証拠は被告側にとって壊滅的だった。被告側が二年前、法廷に提出していた報告が虚偽であったことを示していたからだ。

一九八七年一月二九日、当時の保健省中央試験所所長だったハイム・グリフテル教授は、一九七七年から一九八一年の間にイスラエルで行なわれた六〇万件の三種混合接種に関し、次のように詳細に証言していた。

接種後に発症したと報告された脳炎の数は以下のとおりである。

一九七七年　四件
一九七八年　二件
一九七九年　報告なし
一九八〇年　一件
一九八一年　一件

ギルラ教授の数は全く違っていた。イスラエルでは一九七七年、それ以前もそれ以後も見られないほど異常に多くの理由の分からない子供の脳障害が報告されており、その理由が究明されるべきであると法廷で証言したのだ。ギルラ教授は自らの発見を証拠と共に示し、激しい反対尋問にびくともしなかった。裁判官は彼の証言を深く受け止めたようで、イスラエル中の育児相談診療所で欠陥ワクチンが接種されたのが一九七七年六月〜一二月だったことを認識していた。

最終的には訴訟の最重要点は明らかに医療専門家の手中にあった。双方が二人の神経専門家を証言台に呼んでいた。私たちの側は、シャウル・ハレルとピンハス・レルマンで、どちらもしつこい反対尋問によく持ちこたえた。どちらの医師も一九八三年に、マルキがニューヨークから連れて帰ったヨシを診察し、数年後の法廷証言の前に再診していた。最初の診察は、ヨシがショシャナ・ウェインストックの指導でコミュニケーションができるようになる前で、二度目の診察はその後だった。どちらの医師も彼の進歩に驚嘆して喜び、ヨシの障がいはワクチンの結果であると証言した。彼らはこの「裏切り」により、医師仲間から疎外されてしまった。引退が近かったレルマン医師は、証言で自分の名声を失う危険があることを十分承知していた。子供時代にホロコーストを生き抜いたハレル教授は、証言したことへの同僚たちの冷淡な評価にもかかわらず、その後、イスラエル小児発育神経センターを創設し、イスラエル小児神経学会の会長を務めた。

彼らの証言が私たちの裁判に重要な貢献をしたのは確かだが、被告側の専門家証言はそれ以上に役に立ったかもしれない。被告側が連れてきた二人の「神経専門家」の法廷での証言は、彼ら自身にとって紛れもない大失敗だったからだ。彼らは、ヨシに起こったことを合理的に説明できなかったばかりでなく、著しい偏見を示したことで自らの品格さえ傷つけてしまったのだ。その一人は専門家の発言を偏って引用し、アヴィの鋭い尋問に何度も追い詰められた。彼が、ワクチンが損傷を起こすことは決してないと断言した時、ついにその信頼性をすべて失った。

しかし被告側の弁護を誰よりぶち壊してしまったのは、米国の神経科医マイルス・ベレンスに嘘の手紙を書き、私たちに訴訟を起こさせたH医師だった。彼女は、私たちが一九八三年に提訴した当初、カナダとイスラエルの製薬会社、イスラエル保健省、そしてエルサレム市に加えて被告として名指した一人だった。私たちはその後、戦略的理由で彼女を被告から外していた。しかし今回彼女が専門家証言として法廷に提出した文書は、彼女が六年前に被告として提出していたヘブライ語の医療報告書と全く同じだった。信じ難いことに、彼女が当初自分の無実を証明するために提出した文書が、今や中立の専門家意見として提出されたのだ。

当時、イスラエルはもとより世界の医療専門家の頂点に立つ地位にいることを誰よりも知る彼女は自信満々で証言席に歩み寄り、彼女の専門知識には誰も挑戦できないと言わんばかりの論調で、被告側弁護士の質問に答えた。彼女は、手紙と報告書に書いていたとおり、ヨシの発達はワクチン以前から著しく遅れており、彼の問題は明らかに生まれつきのものであるという嘘を明確に繰り返した。「この子供が示しているのは、非常にゆっくりとした種々の神経システムの退行であり、それは乳児期の視神経に始まり、幼児時代の聴覚神経、そして近年は調整やバランス感覚に及んでいます」彼女はもったいぶって宣言した。「この病気はいかなるワクチンとも関係ありません」

H医師はさらに、マルキと私に対する敵意剥き出しの嘘も連ねた。「この子供の両親は、報告を受け取りに来なかったのです。以上のような事実にもかかわらず、私は彼らにわざわざ電話して、調査結果報告書を受け取りに来るよう伝えました。しかし彼らは怒ってそれを受け取ろうとしなかったのです」。当時、私たちが必死でこの医師から情報を得ようとしても相手にされなかったことを思い出し、彼女の厚かましさに私は唖然とした。

彼女は独断的に言い切った。「ヨセフ・サミュエルズの病で長期的に起こった発達障がいは、彼が一一カ月の時に投与されたワクチンが原因であったという可能性から完全に切り離されたものです。病が進行する中で起こったこれらの障がいは、ゆっくりと広がる退行性であることを示しています」

H医師は、自分の主張を裏付ける新たな書類を一つも提出することができなかった。一方私たちは、育児相談診療所の小児科医を含む一二人から、彼女の主張を否定する証明書付き医療書類を提出していた。

法廷での争いに長けたアヴィは、反撃に出ようとしていた。彼は秘密兵器を用意していた。彼は数カ月前、子供を亡くしたある元警察官から訪問を受けていた。彼は、自分の子供がH医師の誤った処置で死んだこと、そしてこの悲劇は人為的ミスを超えて犯罪とも呼べるものであると伝えた。彼は、H医師が自分の責任を逃れるためにカルテを書き換えていたことを発見したのだ。彼は彼女を訴えた。しかし事実関係は有罪とするのに十分だったものの、裁判官は、彼女が意図的に犯行に及んだとする明確な証拠がないとして、訴訟を却下していた。その元警察官は、アヴィにすべての裁判記録を提供した。

アヴィの反対尋問が始まると、H医師はさらに傲慢な態度を取った。「彼女は、僕をまるで使い走りか何かのように扱っていたよね」アヴィは述懐する。「僕は、次に自分がする質問のことを考えると胸が躍ったけど、彼女があれほどの反応を示すとまでは予想しなかった」

「H先生」アヴィは質問を始めた。「お尋ねしなければならないことがあります。そしてこの質問をすることに関してお詫を申し上げた上でお聞きします。あなたは、これまで医療書類を偽造して裁判にかけられたことはありますか」。この誉れ高き医学界の権威は不意を突かれ、瞬時にして金切り声をあげる鬼婆に変身した。彼女はアヴィを睨みつけて叫んだ。「お前なんか死んだらいいんだ！」その一言と同時に、彼女の嘘の証言のすべてが崩れ落ちた。

一九八九年の終わり頃までに、私たちはあらゆる悪条件を克服して、却下されるにはあまりにも堅固な訴訟を確立していた。テルアビブの裁判官は、私たちの訴えに説得されたかのように見えたが、被告側はそれでも諦めなかった。責任を認めれば全国にスキャンダルが知れ渡り、損害賠償訴訟の洪水に繋がることを彼らは知っていたからだ。保健省が一九七七年六月までにはワクチンに問題のあることを認識していたにもかかわらず、回収しなかったことは明白だった。問題を認識しながら、そのワクチンはさらに六カ月も使われ、乳児が次から次に接種を受け続けていたのだ。ヨシはその最後の乳児の一人だった。責任ある処置が早急になされていたなら、彼もその他多くの子供たちも危害を免れていたのだ。

政府が三種混合接種を全国的に一時停止した時でさえ、それは緊急事態という扱いではなかった。いたいけな乳児たちに、深刻で取り返しのつかない神経損傷が引き起こされている事態を思えば、保健省の車がクリニックからクリニックを巡回して欠陥ワクチンを緊急回収するのが当然の処置であったろう。しかしそうはならなかった。政府はいかなるパニックも招きたくはなく、さらに不当なことに、将来訴えられるような状況を作り出したくなかったのだ。それでワクチン回収は行なわれず、新聞やラジオやＴＶで警告されることもなく、保健省が育児相談診療所に接種を直ちに停止せよと命じることもなかった。政府は一九七七年一二月五日、国内すべてのワクチン接種センター宛てに普通郵便でメモを送っただけだった。郵便が届くには数日かかる。数日後に着いた手紙は特に「緊急」とも記されていなかったので、開封されるまでさらに時間が経過したであろう。それから一二日後の一二月一七日、イスラエル国内の三種混合接種が一時停止されたという声明が新聞に発表された。

「三種混合予防接種は少なくとも二カ月間停止されました」アヴィは説明した。「そして予防接種が再開された時、ジフテリアと腸チフスのワクチンは、百日咳の分とは別に接種されたのです。彼らが百日咳のワクチンに問題があることを認識していたことを示すこれ以上明確な証拠があるでしょうか。今日こうした事態が起きていたら、市民から大きな非難が巻き起こり、責任者のキャリアは終わっていたでしょう。しかしそれらは隠匿されたままだったのです」

さらに明白な証拠は、保健省が必死で秘密を守ろうとしたことを示す書類だった。それは保健省上層部が開いた会議の二五頁にもわたる議事録で、そこでは多くの専門家が証言していたのだが、ティボル・シュワルツ長官は「通常の学者の集い」に見せかけようとしたものだった。議事録が示していたのは、会議は通常の集いなどからかけ離れたものだった。それは「三種混合の問題」に関するもので、それにどう対処するかが話し合われた会議だったのだ。シュワルツ長官はアヴィの容赦ない反対尋問に遭い、最終的にそれを認めざるを得なかった。

第19章　ダイヤモンドは永遠に

一九九〇年一月末の金曜日の午後、我が家の電話が鳴った。それは母からだった。彼女は懸命に平静を装っていたが、ニュースは深刻だった。父が大動脈瘤で病院に緊急搬送されたというのだ。月曜日に心臓を切開する手術を受ける予定だという。

「すぐ行くよ」私は彼女に言った。「いいえ、その必要はないわ。私は大丈夫」と彼女は答えた。母との会話を終えて電話を切った私は、マルキの顔を見た。私が口を開く前に彼女は言った。「安息日《シャバット》が終わったら最初の飛行機で行って」。モントリオールかトロントまで一一時間、それから乗り換えてバンクーバーまで五時間半、日曜日の昼までには着くことができ、手術に間に合う。「君は動揺しすぎだよ」と私は言った。「母は帰ってこなくてもいいって言ったんだよ」。マルキは、ハダサ病院の麻酔医の友人に連絡して動脈瘤について尋ねた。医師の答えは明確だった。「それは重篤な状態だよ」。マルキは尋ねた。「縁起でもありませんが、もしこれが先生の父親だったらどうなさいますか」「僕なら、手術の前に会えるよう飛行機で飛んでいくね」と彼は答えた。

私は土曜日の夜に発つモントリオール行きの飛行機を予約した。「三頁の計画書を持ったの？」。私が荷造りをしているとマルキが言った。「父親と過ごすために行ってくるんだよ。なぜそれを持っていく必要があるんだい」と私が聞くと、彼女は「とにかく持っていって。誰に会うことになるか分からないから」と言ってきかなかった。

バンクーバーに着いたのは日曜日の朝で、そのまま病院に直行した。カルガリーから来たマリリンと、ニューヨークから来たヘルシェル叔父もいた。二人を見て、私も事の深刻さを認識した。父は私を一分も続くほど長く抱きしめ、キスをして言った。「来てくれてとても嬉しいよ」。私は、心配しないで、みんな一緒だからこの手術は成功するよ、マルキと子供たちが今度お父さんがエルサレムに来るのを楽しみにしているよ、と励ました。

手術は成功すると信じてはいたが、私たちは念のため、ラビからの祝福を得ようということになった。私が、ハバッドのバンクーバー地区代表のラビ・イツハク・ウェインバーグに、ヘルシェル叔父がハバッド・ルバヴィッチのレッベ夫人を診療していたことを伝えると、ラビ・ウェインバーグは叔父がレッベに手紙を書いて快復のための祝福を依頼するよう強く勧めた。そしてヘルシェル叔父がそれに同意したことに私は驚いた。彼は祝福の力を信じるような人物ではなかったからだ。きっと、チキンスープが風邪に効くという言い伝えと同様、試しても害にはならないと考えたのだろう。夫人の整形外科医だったことには触れず、彼はその辺にあった紙に、手早く手紙を書いた。

親愛なるラビ・シュネルソン様

私は現在カナダのバンクーバーに来ておりますが、私の兄は、生死に関わる動脈瘤手術を受けることになりました。彼の全快のためにあなた様から祝福を頂戴できますよう、お願い申し上げます。

敬具

ヘルシェル・サミュエルズ　医学博士

ラビ・ウェインバーグはその依頼をニューヨークにファクスで送った。私はずっと父と一緒にいたが、午後の祈りのために六ブロック離れたシャアレ・ツェデク・シナゴーグに向かった。一時間して病院に戻ると、私は看護師たちに取り囲まれた。「サミュエルズさん、どこに行っていたんですか。どなたかが、あなたを探して何度も電話してきていましたよ」。そして私の帰りを待っていたかのように、電話が鳴った。

それは興奮したラビ・ウェインバーグからだった。彼はどこに行っていたのかと聞いたが、私が返事する前に「何が起こったのか、信じられないと思うよ」と言った。「レッベには、世界中からの依頼がいつも舞い込んで、返事をもらえるとしても何週間もかかることは知っているよね。緊急の場合でも数日はかかるんだ。でも君の叔父さんのファクス依頼に、二時間で返事が来たんだよ！　それもファクスでなく、電話でだ！　そして何とレッベの私設秘書ラビ・レイベル・グローナーからだ。彼は、このヘルシェル・サミュエルズとはどこの誰なんだと聞いてきたんだよ」

レッベは、ヘルシェル叔父の名前に見覚えがあったようで、ファクスを見ながら、すぐその場で手書きで「速やかな快癒のために祝福を送る」と書いたのだという。彼はそれをすぐ送付するよう指示した。翌日の父の手術は成功し、彼はその後八年間充実した人生を送ることができたのだった。

レッベの祝福と父親の快復は、その旅で起きた二つの素晴らしい出来事の一つだった。もう一つの出来事は、ダイヤモンド一家と出会ったことだった。私は毎日シナゴーグで二〇人余りの男性に加わり、朝晩の祈りを捧げていた。その中に旧知の友人家族で、私の両親と同年代のジャック・ダイヤモンド氏とその二人の息子ゴードンとチャールズがいた。ジャックの夫人サディが数週間前に亡くなり、彼らは、古代アラム語で書かれたユダヤ教の伝統的追悼の祈り「カディシュ※」を唱えるためにシナゴーグに来ていたのだ。

ジャックはバンクーバーでは大黒柱のような存在だった。家族のほとんどをポグロムで失い、無一文で一言の英語も話せずにポーランドからやってきた移民だった。行商で芋を売り歩き、床掃除の仕事をし、肉屋で働き、ついには肉の梱包工場を買い取り、そこからパシフィック・ミートという巨大ビジネスを作り上げた。私は八歳から一二歳まで、「パシフィック・ミート」というチーム名が刺繍されたリトルリーグのユニフォームを誇らしく着ていたものだ。ジャックのお気に入りの趣味の一つは馬だった。彼は地元の競馬場を所有し、カナダ競馬の父でもあった。ヴィジョンを持った稀有な篤志家で、ユダヤ系であれ非ユダヤ系であれ、ジャックが寄付しなかったバンクーバーの地域施設はないほどだった。その貢献により、彼はさまざまな賞や名誉学位、そして公共奉仕分野での功労者に与えられるカナダの最高賞「カナダ勲章」を授与されていた。私は、彼の二人の息子のうち私より一四歳上のゴードンのほうをよく知っていた。何年ぶりかに会った私たちは、祈りの合間のおしゃべりを楽しんだ。病気の父親の快復を祈るために来ていた私と、亡くなった母親に捧げるカディシュを苦労しながら朗唱するために来ていた彼との間には、いくらでも話す話題があった。

あと二日でバンクーバーを去るという日、私はマルキに電話をした。シナゴーグでゴードン・ダイヤモンドと毎日会ってとても親しくなったこと、でも障がい児とその家族のための私たちの夢を彼に伝え、支援してほしいと頼むべきか迷っていることを説明した。

「もちろん、頼むべきよ！」と彼女は言った。「いったい彼に何をされるっていうの？ 平手打ちでもされるわけ？」「じゃあ、いくら頼んだらいい？」と私が尋ねると、彼女は間髪おかず「ハイの二倍、三万六〇〇〇ドルよ。スタートするのにそれだけ要るんだから」［ヘブライ語でハイ（生きている）という単語はユダヤ教のゲマトリア数秘術で一八］。それはかなりの額だった。だが私もマルキと同じように、場所を借り二人のスタッフを雇うのに最初の一年で最低でも三万六〇〇〇ドルはかかるだろうと思っていた。

翌朝、ゴードンと一緒にシナゴーグを出ながら、私は勇気を振り絞って語りかけた。「言いにくいんだけど、明日イスラエルに帰る前に頼みたいことがあるんだ。妻と私には夢があって、この企画書にまとめてある。読んでみて、あとでどう思うか教えてほしい」「もちろん、いいよ」と言って彼は企画書を受け取った。

ゴードンは午後の祈りにそれを持ってきた。「カルマン」彼は言った。「これは底なし沼だよ。君はこれから毎年、寄付してほしいと僕のところに来るんだろうが、僕はそれはできないよ」。私は、プロジェクトを立ち上げて軌道に乗るまでを助けてほしいだけで、彼がもっと寄付してもいいと言ってくれるまで再び頼みには来ないと説明した。

午後と夕方の祈りの間にある一五分の休憩で、ゴードンはいらいらして外に出た。私は彼を追った。「このカディシュの義務にはうんざりだ」と彼は言った。「祈りの言葉を言う度に僕はつっかかるし、こんなに長い間シナゴーグで過ごすのは時間の無駄だ。一カ月なら何とかやれるが、ラビは僕がこれを一年続けることを期待しているんだ。カルマン、僕には到底できないよ」

私は息を整え、言葉を選んで返事した。「ゴードン、ちょっと言わせてほしい。そしてラビの僕がカディシュを省略してもいいとそそのかしたなどと決して言ってほしくないので、よく聞いてほしい。いいですか、軍はさまざまな部隊からなっているよね。戦車部隊、空軍、歩兵部隊、諜報部隊など。そして世界一の空軍パイロットを戦車に乗せても、彼は何の役にも立たない。私は、あなたがカディシュを朗唱するのに苦労しているのを見ていた。正直言って、あなたがお母さんのために一生懸命正しい言葉を唱えようと苦労しているのを見るのは私も辛い。確かにあなたは今年いっぱいその祈りを唱えるべきだけど、ゴードン、もし本当にお母さんの魂を天に上らせたかったら、戦闘機に乗り込んでほしい。障がい児のためのこの施設開設のために寄付してほしい。これがあなたの最も得意とする分野なんだ。マルキがプロジェクトをスタートさせるのを助けてほしい。私はこのシナゴーグで誓う。あなたがそうしたいと言わない限り、私はさらなる寄付は決して頼まない。私たちは、夢を叶えるためにあなたが必要なんです。スタートしてからしか、他の人々に寄付を依頼することはできないんだ」「君は甘えているよ。ただ甘えているだけだ」ゴードンは不機嫌そうに言った。「カルマン、言っておくけど、もし僕が助けたとしても、君のセンターに母の名前を付けるのはやめてくれよ。それをしたら、君は僕に甘えてもっと寄付してほしいと言いに来るんだろうから」「ゴードン、君が最初のスタートを助けてくれたら、それは雪だるまのように大きくなって、それが全部あなたとお母さんの魂のおかげになるんだよ。彼女の名前を付ける必要はないんだ」「いったいどのくらいの金額を考えているんだい？」私は、躊躇しながらも何とか言うことができた。「ゴードン、三万六〇〇〇米ドルだ」「イトガダル・ヴェイトカダシュ……」休憩が終わりジャックとチャールズが、カディシュの祈りの最初の言葉を朗唱し始めた。ゴードンは足早にシナゴーグ内に戻った。私は彼を追ったが、その午後私の思いは祈りにはなかった。ゴードンは、ジャックとチャールズと一緒にシナゴーグを後にする際、「明日の朝会おう。妻のレズリーと話し合ってみるからちょっと時間をくれ」と言った。そして彼は出て行った。私はそのままそこに留まり、シナゴーグの管理人が祈祷書を片付けて鍵をかけるまでの五分あまり、全知全能の神の助けを懇願して祈り続けた。

バンクーバーの時間はエルサレムより一〇時間遅い。それで私は夜の一一時、マルキにとって子供たちが学校に行った後の朝の九時になるまで、電話をするのを待った。私は緊張しながら、ゴードンとの会話を彼女に説明した。「落ち着いて。もしこれが運命なら彼は寄付してくれるんだから心配しないで。あなたが神経質にならなくても、神様はできるんだから。ぐっすり寝なさい」と彼女は言った。言うのは簡単だが難しいことだった。

翌朝、ゴードンはいつものようにテフィリンを頭につけてシナゴーグにいた。果てしなく続いた礼拝を終え、私たちは外に出た。「いいかい」彼が口火を切った。「レズリーと長く話し合ったんだが、僕たちは立ち上げ資金を出して君を支援することに決めたよ。でも三つ条件がある。先ず、そのお金は君だけで管理してもらいたい。これまでずいぶんいろいろな組織の人間に寄付をしたけど、その人物が誰かに事業を委託して結局うまく行かずに終わったことが多かった。だから委託はなしだ。僕は君の家族を知っているし、君を信頼している。だから君自身がこのプロジェクトを運営するんだ。第二に、君の計画書に書いてあることだけをするように。世界を救おうなんて考えているなら、僕からお金は取らないでほしい。そして第三は、もちろんカナダ国内用の領収書を出すこと」

私は涙をこぼし、この瞬間が意味することの重要さを感じながら、その場で彼を抱きしめキスした。そして叫んだ。「ゴードン、あなたの寛大さがなかったらマルキと私の夢は夢のままで終わるところだった。あなたが動かし始めた雪だるまは、今の私たちが想像もできないほど大きくなる。そしてあなたはお母さんの魂を天に送り出したんだよ」。朝霧の残る中、車に向かって歩きながら彼は言った。「レズリーと僕はカナダドルで五万ドルあげるよ。それで四万六〇〇〇米ドル位だと思う。イスラエルに帰る前に、レズリーに電話して感謝を伝えてくれ。彼女の決断が大きかったんだから。カルマン、君がカナダに来たのは君のお父さんのためにも良かったし、僕のためにも良かった。さようなら、気をつけてイスラエルに帰るんだよ。愛してるよ、友よ」。彼はそう言うと車に乗って去っていった。

私は長いこと凍りついたように道端に立ち尽くしていた。これから自分がこのプロジェクトの責任者になるのだということに感動し、また謙虚な思いにさせられた。それから私は、マルキに電話をするために両親の家に急いだ。彼女はもちろん大喜びで感謝したが、「ね、だから計画書を持って行ったほうがいいって言ったでしょ」と付け加えるのを忘れなかった。

次の電話はレズリーにだった。彼女は、私たちとパートナーになれて誇りに思う、困っている人々を助ける素晴らしいプロジェクトの進捗を聞くのを楽しみにしている、と親切に励ましてくれた。

前日に退院していた父は、有り難いことに順調に快復していた。父と母はこのニュースに大喜びし、父は、これでもっと力が出たよと言ってくれた。私たちは、半分に切ってナイフで切り目を入れたピンクグレープフルーツ、トースト二切れ、二個の卵、大人にはブラックコーヒーという子供の頃から毎朝食べていた同じ献立の朝食を一緒にとった。いつものように誰も聞いていないラジオが流れっぱなしで会話の邪魔だったが、それが両親の長く幸せな結婚生活に貢献していたのかもしれない。私は荷物をまとめ、タクシーで空港に向かった。

第20章　心の平安

今や、事は急速に進んでいた。二月に私がイスラエルに帰るや否や、ヨシの裁判が続いているにもかかわらず、私たちは借りる場所を探し始めた。

二カ月前に、私たちの放課後教室の提案を支援すべきだと米国人ソーシャルワーカーに提言してくれた有名な専門家を思い出し、電話をかけてみた。「北米の篤志家たちがプログラムを支援してくれなかった時、私たちがどんなに失望したか覚えていらっしゃいますか」と私は切り出した。「信じていただけないかもしれませんが、父の病気で帰ったバンクーバーで出会った友人にマルキの夢を話したら、彼が開設資金を出してくれたんですよ。素晴らしいでしょう?」

私の興奮した言葉に反して相手は沈黙していた。そして彼女は言った。「困ったわ。あのプログラムは私が実施しようと計画中なのよ。だからあなたが今それを始めることはできないわ」。私は驚愕した。「でもあなたのは午前中のプログラムでしょう」何とか私は返答した。「ええ、それもやります」。完全にショックを受けた私は答えた。「いいですか。このような支援を必要としている子供は、私たち二人が助けられる以上に大勢います。ですから心配無用です。もし私たちが同じ子供を支援するような事態になったら、喜んであなたに譲りますよ」

電話を切った私は、その会話の意味を深く考えようとした。ほんの二カ月前、有名なこの専門家は、私たちにプログラムをスタートするよう励ました。しかしそれがようやく実現しそうになった時、彼女は明らかにこの分野での新入りに脅威を感じているのだ。マルキと私はその場で決断した。この分野で新入りの私たちにプレッシャーを感じる専門家のことなど心配せず、自分たちが必要だと信じることをするだけだ。結局その専門家はプログラムを開始することはなく、そのことに驚く者もいなかった。

バンクーバーから帰って最初の安息日《シャバット》に私はシナゴーグに行き、前列に座っていた弁護士の友人のゼエブに、私たちのプログラムがついにスタートすることを伝えた。「プログラムの名前を法的に登録したかい?」と彼は聞いた。私はそんなことを考えてもいなかった。「僕たちはただ人助けをしたいだけなんだ。なぜそれを組織として法的に登録しなくちゃならないんだい」。彼は笑って、安息日の後で話し合おうと提案した。

それはとても勉強になる会話だった。私は、誰もが簡単に寄付を受けて人々のための慈善事業をできるわけではないことを知った。それには責任が伴い、独自の名前を登録した法的な組織でしか行なえないという。幸運なことに、ゼエブはちょうど翌日に登記所に行くところだった。「君の組織につけたい名前をいくつか考えて、明日の朝教えてほしい。それが使えるかどうか、僕が調べてくるよ」

と彼は言った。

マルキと私は座り込んで考えた。私がとてもいいと思って提案した名前を、マルキは次から次に却下した。それから彼女もいくつか提案したが、私が却下した。そうこうしているうちに、彼女の顔が輝いた。「いいのを思いついたわ。シャルヴァよ」彼女は興奮して言った。「すごくいいね！」私も答えた。そして「イスラエルで人気の朝食シリアルの名前だよね」と付け加えた。「いえ違うわ。これは完璧な名前よ」。ヘブライ語でシャルヴァは「心の平安」や「静けさ」という意味である。「シンプルで優しくて、私たちが提供したいことそのものだわ」。そしてヘブライ語のシャルヴァを綴る四文字「שלוה」は、「家族と障がい児に自由を（שחרור למשפחה ולילד המוגבל）」の頭文字も表わしていた。

私はこの名前をゼエブに伝えた。驚いたことに、その名前はまだ登録されておらず、使えるとのことだった。彼はそれを登録し、シャルヴァを設立するのに必要な法的手続きを始めた。後日私は、姉のマリリンに二年も前に送っていた企画書にこう書いていたのに気づき、自分でも驚いた。「その結果、親は他の責務に関してよりよく取り組むことができ、他の子供たちは心の平安を得て通常は難しい親からの心遣いを得ることができる」

私たちは、シャルヴァという言葉が聖書の中に一回だけ出てくることに、大きな意義を見出だした。「あなたの城壁のうちに平安《シャローム》があるように。あなたの宮殿のうちに静寂《シャルヴァ》があるように」詩編一二二編七節である。そしてそれに続く八節は私たちの使命だった。「私の兄弟や友のために、私は『あなたのうちに平安があるように』と語ろう」

第21章　正義、法律、そしてそれを隔てるもの

私たちの訴訟は前進していたが、それでも遅々とした進み方だった。それはまるで、私たちの余生すべてを支配するかのようだった。そしてその余生は、プレッシャーの下で日に日に短くなっていくように感じられた。そこに、突然思いもしない展開があった。一九九〇年四月四日の水曜日、アヴィが電話してきてこう伝えた。

「カルマン、進展があった。裁判官が弁護士全員を自分の執務室に呼んでこう言ったんだ。『皆さん、どちらの側もよく弁論なさってきました。しかし私は今回、法律に沿って互いに妥協することを提案したいと思います。私たちは、法廷での記録が一〇〇〇頁を超えるほどの重大な案件を抱えています。そしてフィシェル弁護士、あなたは、このような訴訟がこの国で一度も勝ったことがないのを承知していると思います。もし私があなたの側に立つ判決を下すとするなら、それは画期的な判例となるでしょうが、新しい判例を作り出すのは極めて困難なことです。フィシェル弁護士、端的に言わせてください。あなたの側から行動を起こしてほしい。あなたのクライアントが和解に同意する金額を示し

てください』」

　アヴィは、金額を提示することを丁重に断った。「僕は、あなたたちと相談しなければならないと裁判官に伝えたんだ。彼は、昼まで答えを待つことに同意してくれたよ」彼は続けた。「カルマン、僕たちが提出した賠償請求のコピーを探し出し、計算して額を叩き出そう」。ついに光が彼方に見えてきたようだった。私と一緒に資料を分析したアヴィは、この件にどのようにアプローチすべきか、今や明確な考えにたどり着いていた。

　正午になり、裁判官は弁護士たちを再び自分の執務室に招集した。アヴィは、私たち家族がどれだけ苦しんだか、この訴訟で今までどれだけの負担を負ってきたか概要を説明した。彼は、私たちの訴訟の目的が個人的な利益のためでは決してないこと、私たちが制度の破壊を決して望んでいないことを強調した。私たちが訴訟を起こしたのは、息子のこの先の人生を支援していくための補償を受けることであり、責任を認めてもらうこと、そしてイスラエルでこの種の事件が二度と起こらないことを確認するためだった。そして彼は、私と彼が計算した和解額を提示した。被告側弁護士は対案としてそれよりずっと低い額を示し、本件に関して完全な秘密厳守を要求した。

「私の意見を聞きたい方は誰かいますか」と裁判官が尋ねると、三人の被告弁護士は瞬時にそれを断ったが、アヴィは「はい、裁判官」と答えた。裁判官は彼の考えを述べた。求められた補償額の二倍でも三倍でも不十分とした上で、法的制限を鑑み、彼自身の額を提示した。被告側の弁護士たちはそれに激怒し、「厚かましく干渉する裁判官」に怒りを振りまきながら、自分たちだけで三〇分話したいと部屋を出て行った。

提示された額は、訴訟によって私たちが負った多額の負債をカバーしていたが、ヨシの将来の暮らしを十分に保障するものではなかった。私たちは、彼に尊厳ある将来を確保するためにこそ長い年月をかけて闘ってきたのだが、それは果たせなかった。私は打ちのめされた。

和解を受け入れるか否かの返事は、五月一〇日まで三六日間の猶予が与えられた。それは苦渋に満ちた日々だった。

以下は、考えあぐねたその辛い日々の中で私が日記に綴ったことの抜粋である。

一九九〇年四月二九日、日曜日。この数日具合が悪くて体に力が入らない。ただ眠りたい。ついに喉の炎症とインフルエンザにやられた。この極度の疲労は、裁判官が提示した和解を受諾することで派生する諸々のことを受け入れなければならないプレッシャーによるものだと分かっている。決断するのは本当に難しい。もし受け入れれば、我が子のために何もしてあげられなかったことになる。この国の三種混合接種損害賠償訴訟に歴史的結果をもたらす判決を裁判官に迫らなければ、私は逃げ出した弱虫ということになる。しかし父が言うように、一旦裁判官が介入したからには、彼にさらなる挑戦を挑んでも彼の心証を害するだけで何も得られるものはない。これを書きながらこの数年のことが頭を駆け巡るが、それらが本当に起こったとは信じられないほどだ。木曜日に父は思慮深い言葉を言った。「もし彼らが現在提示している額を倍増したとして、それでヨシの将来を保障するのに十分なのか。もちろん十分ではないだろう！　だから要求すべきはあと少々という程度ではなく、かなりの増額ということになる。そしてそれが実現する可能性は低い。そうであるなら、なぜさらにこれからの五年間を断腸の思いで過ごさなければならないのか。彼らが今必死に和解しようとしていることが、君の勝利なんだ。これで終わりにして、新しい人生を歩みなさい」

一九九〇年五月一日、火曜日。私はアヴィに、和解を延ばしたくないがこの状況にどう対処したらいいのかも分からず、しかし彼らが提示している額ではヨシの将来のためにほとんど何もしてやれないことは理解してほしいと告げた。彼らは私たちの人生を破壊してしまった。少なくとも彼らは、私たちが死んだ後にヨシの世話をする責任がある。私は彼に、五月一〇日までできる限りのことをしてほしいと頼んだ。その後にはもうチャンスはないのだから。あなたが私を責めたいなら、そうしてもいいと私は言った。でも私が思うに、裁判官でさえ私の憂慮を理解するだろう。違う分野の訴訟では、私たちよりずっと些細で正当性のない訴訟でも、桁外れな金額が支払われた和解の例があった。

一九九〇年五月六日、日曜日。大きな決断をする時がやってきた。私たち個人の人生を犠牲にしてでも、イスラエルにおける三種混合接種損害賠償訴訟の壁を打ち破るために、最後まで争い抜くのか。それとも妥協し、製薬会社に最終的な勝利を与え、自分たちの生活を取り戻すのか。天にいます神よ、どうか私たちに正しい道を示し、平穏に生きられるようにしてください。

五月一〇日、アヴィは、弁護士たちが和解について決断を下すため裁判官の執務室に再び集まった時に何が起きたのか、私に教えてくれた。アヴィがまず口を開いた。「裁判官、私のクライアントは提示された額に非常に憤慨しております。しかし公判を通して私たちはあなたに深い信頼を寄せるようになりました。それで私は自分の全権限をもって、法廷が仲裁した妥協を拒否すべきではないと彼に言い聞かせました。彼は不服ながら、その提案に同意しました。被告側弁護団がどう思っているかは承知していますが、裁判官が提示した和解を受け入れるのが彼らの利益に最も叶うことだと私は確信しています。なぜなら、私たちがこの訴訟を争い続けるなら、私たちが勝つことになると信じているからです」

裁判官は被告側弁護士団に向かい、「これがまだ問題だと思う人はいますか」と尋ねた。「裁判官」一人の弁護士が答えた。「私たちは英国で起きた例で同様の和解事例を調べたのですが、裁判官が提示された額は、それらのケースで支払われた額よりずっと多いことが分かりました」。それを聞いた裁判官は答えた。「私が、英国ではなくイスラエルの市民であることを忘れないでください。そして私たちの法律は英国法を基にしてはいますが、詳細にわたってそのすべてを受け入れる責任は私にはありません。いずれにせよ、拒否する前によく考えることですね」

和解は私たちに道徳的勝利をもたらしたが、私たちの苦悩を癒すことはなかった。そして私は別のこともよく理解していた。マルキがもうこれ以上闘えないということだった。彼女は、重度の障がいがある子供の母親だったが、それは誰の関心事でもなかった。法制度は残酷で非人道的に見えた。「あなたがこれから何年もかけて最後まで争いたいなら、そうしてください」。彼女は宣言した。「でも私はもうできないわ。離婚証明書《ゲット》※をちょうだい。そして私をこのことから解放してほしい」。私は傷心の極みだったが、心の奥底では彼女が正しく、結局のところ私たちはこんな状況から抜け出して和解し、人生の新しいスタートを切らなければならないことを知っていた。私たちは、二つの条件を付けて提案を受け入れるよう指示した。先ず、秘密にする範囲は和解金の額のみで、他の法廷記録はすべて公開すること。私たちが一〇年もの歳月を費やしたのは、法廷の記録を永遠に封印するという甘美な勝利を被告側に与えるためではなかった。第二に、和解金は一括金で、無条件に遅延なく直ちに支払われることだった。

アヴィは私たち同様、和解に関して苦々しい思いを感じていた。「心の中で何の音楽も奏でられていない感じです」彼はそんな風に表現した。しかしそれでも彼は、私たちが大きな勝利を手にしたことを強調した。この種の訴訟で、私たちが受け取ったほどの和解金が支払われたことはなかった。和解をしなければさらに何年もの間、最高裁への控訴を含めて精神的にも財政的にもさらに負担のかかる争いを続けることになる、と彼は言った。私たちが勝訴したとしても、裁判官が命じるヨシへの損害賠償金は、おそらく今回の和解金より低くなっていただろう。そしてそれは、最高裁が自国の政府と大手製薬会社の有罪を認めてようやく手にすることなのだ。

アヴィの言うことはもっともだった。彼は、ヨシがワクチン接種を受ける前は健康だったこと、その直後に健康被害を被ったこと、医療関係者が著しく不注意だったことを立派に立証してくれた。涙にくれながらも、私は、自分たちが味わった苦しみではなく、成し遂げたことに目を向けるべきであることを知っていた。

一九九〇年五月二四日、裁判官と弁護士たちは再び和解の話し合いを持った。被告側の弁護士は、私たちが提示した二つの条件に噛みつき、あらゆる方法でそれを骨抜きにしようと試みた。しかし彼らはすぐ裁判官が自分たちに辟易していることに気づき、しぶしぶ二つの条件を受け入れ、それぞれのクライアントに代わって和解に署名した。

裁判官がさらに何か言いたそうにしているのを察知したアヴィは、そこに残った。裁判官は自分の思いを述べた。「私はサミュエルズ一家が示したような一途な献身と家族愛を、これまで見たことがありませんでした。最初私は、欠陥ワクチンがそんな恐ろしい健康被害を引き起こすなど信じられませんでしたが、訴訟が進むにつれ、それがあり得ることであり、このケースにおいてはおそらく実際に起こったであろうことを学びました。しかし私には、これが前例のないケースであり、法的前例を構築するのは決して簡単なことではないという問題がありました。それが、和解を選ぶほうが断然いいと考えた理由です。合意された額が、この子供が抱える障がいに対して本当にわずかであることは、私もよく承知しています。しかしそれが少なくとも、ご家族の負担をいくらかでも軽減することを願います」

アヴィはそれから、被告側の首席弁護士とも話した。彼の見方は相変わらず、本件は三種混合接種と全く関係がないというものだった。しかし、もし原告にわずかでも勝訴の可能性がある事例があったとしたら、本件がまさにそれだったろうと告白した。それが彼らが和解した理由だった。実際彼らが支払った額は、かつて彼らがこの種の訴訟で払った額に比べたら大きなものだった。「君たちはきっと祝杯を挙げるんだろう」と彼は言った。「いや、私たちの誰も祝杯など挙げるつもりはありませんよ」とアヴィは答えた。

法廷闘争の最終日、アヴィは親切にも私たちと長い時間を過ごしてくれた。彼は、長い訴訟が終結したもののヨシが必要としたものを得られなかったことで落ち込んでいるマルキに、特に気を遣ってくれた。私は彼に尋ねた。「もし訴訟がこのような形で終結することを君が知っていたなら、なぜそもそも提訴する気になったんだい?」。アヴィは少し考え、誠実に答えた。「僕にも分からない。でも訴訟が進む過程で僕たちが個人的に払った犠牲にもかかわらず、もし僕たちがこの闘いに挑まなかったなら、ヨシのために苦闘しなかったなら、そして政府と巨大製薬会社を野放しにしていたのなら、後味はもっと悪かったと思う。ここにいる全員が、この長かった係争を乗り越えて自分たちの人生を取り戻すには時間がかかるのは明らかだけど、僕たちには必ずそれができますよ」

保健省は、欠陥ワクチンで健康被害を受けたり不幸にも亡くなってしまった多くの子供たちの中から、一二人に対する責任を認めた。ヨシはそれに入っていなかった。

そこで物語は終わったかに見えたが、実際はさらにもう一章あったことを、私は後に発見した。一九九二年、私たちが和解してから二年後、イスラエル保健省にハイム・ラモンという新しい大臣が就任した。彼の目標の一つは、イスラエル国民全員にワクチン接種を受けさせることだった。そして彼は、それを実行するためには、予防接種を徹底させるだけでなく、その結果起こり得る意図せぬ健康被害から子供を守る責任を、政府が全面的かつ明確に負う必要があることを理解していた。

彼は、ワクチンに関連する健康被害に取り組む特別委員会を設立した。それによって、健康被害を受けた子供の家族が自ら高額な費用を負担して提訴しなくてもいいようになり、さらに政府とワクチン製造会社を訴訟から守るための無過失損害賠償責任制度が制定されるに至った。もし接種後二四〜七二時間に特定の症状が出た場合、新しく成立した「一九八九年ワクチン被害者保険法」に基づき、因果関係の証明を求めることなく政府が責任を負うことになった。各家族が接種を受ける際にわずかな保険金を支払い、それによってできた基金から健康被害を受けた子供の家族に補償金が支払われる仕組みである。

「これらの法律は、ヨシの事例を基に作られているんだよ」とアヴィは言った。「訴訟そのものは大きな話題にならなかったけど、保健省内部では活発な議論を巻き起こした。彼らは、国がワクチン接種に関する問題に責任を取らない限り、国民に広く接種義務を守らせることはできないと気づいたんだ。ヨシのケースは、国の法律を変えた稀有な訴訟の一つだった。新しい法律が、健康被害を受けた者たちへの真の助けとなることを願おう。それほど大きな成果が出ず、そのような家族が私たちと同様の試練を味わい続けることになっても、政府が問題の責任を認めることへの重要なステップだよ」

訴訟がついに終決すると、友人や同僚は私に尋ねた。「空いた時間でこれから何をするんだい」。その質問への答えは簡単だった。それからわずか一七日後、私たちは、マルキが神と交わした約束に取り組み始めることになった。巨大なプロジェクトを前に、退屈する暇などあろうはずがなかった。

第22章　開かれた扉

シャルヴァの候補地を見つけるのは思ったより難しかった。私たちはシャルヴァを住宅街に開設することが最も大事だと考えていたが、障がいがある子供たちの施設の隣に誰も住みたがらなかったのである。途方に暮れかかっていた頃、ハル・ノフの我が家の隣人と立ち話をしていた時、彼が思いもかけず「あと六週間でエルサレムの旧市街に引っ越すことになりました。これまで良き隣人でいてくれてありがとう」と言うではないか。「では、あなたの借りていた家はどうなるんですか？」と尋ねる私に、彼は夢のような答えを口にした。「家主が新しい借り手を探しているところです」。実は自分は障がい児の施設を開こうとしていて、その家を借りたいと彼に告げた。

その隣人は家主の電話番号を教えてくれ、「難しいかもしれないけど、あなたが借りられることを信じていますよ」と言ってくれた。彼と握手し別れの挨拶をしながらも、私が考えていたのは、一刻も早くアメリカに住んでいるという家主に連絡することだけだった。彼らが出ていくアパートは、私たちと同じように七階建ての一階部分だった。

早速連絡を取ってみると、家主は、傷みも多いことが予想される子供用の施設として自分のアパートを貸すことに乗り気ではなかったが、やがて態度を軟化させた。出る時は借りた状態より良くして返すと説得し、契約にこぎつけた。不思議だったのは、他に借りたい者が誰も現れなかったことだった。その理由が分かったのは、かつての隣人に二五年も経ってから再会した時だった。「あなたがプロジェクトのために借りたがっていると聞いた瞬間から、見に来る人みんなに、このアパートはいろいろ問題があって良くないよと言ったんです。それで誰も借りたがらなかった。あなたが借りられるように、僕が他の人を止めていたんですよ」。彼は満面の笑みを浮かべてそう言った。

一九九〇年六月一〇日の日曜日、シャルヴァは六人の近隣の子供たちの放課後教室として、二人の専門家と私たちの子供を含めた六人のボランティアで開設された。プログラムのすべては、マルキの細かな心配りと限りない愛情によって進められていった。彼女は毎日、我が家のミニバンで子供たちを家まで迎えに行き、シャルヴァに連れてきた。午後の間世話をし、夕方六時に温かい夕食を食べさせ、彼らを家まで送り届けた。一部始終が彼女の仕事だった。

プログラムの規模は小さかったが、それを運営するのに私たちは起きている時間すべてを使った。それに加えて、私たち自身にも六人の子供がおり、私はコンピューター技師として働いていた。シャルヴァには、家主から動かしてはならないと言われていた図書室があり、その小さな片隅で、私は夜を過ごした。コンピューターとプリンターを置いた小さな机で、毎日の記録を作ったり手紙を書いたりした。私が向かう壁に、マルキは額縁に入れた一枚の写真を掲げた。馬の一群が土埃を巻き上げて先頭の馬に従いながら全力疾走している写真だった。なぜこの写真を掲げたのか聞くと、マルキは説明した。「先頭の馬を見て」「ああ、見えるよ」私はまだ意味が分からなかった。「その馬はあなたなの。そしてそれに続く他の馬が見える？　それはシャルヴァの子供たちよ。あなたが人に会ってシャルヴァのことを話す時、あなたは独りじゃない。いつもシャルヴァの子供たちが一緒なの。だから強くなって、あなたが誰のために戦っているのか忘れないでね」。マルキのメッセージとその写真は常に私の中に生き続けた。支援者との重要な会議の前にはいつも私は立ち止まり、子供たちを私の心の中に招き入れた。

シャルヴァの評判は広がり、我が家の電話や玄関のベルがひっきりなしに鳴るようになった。人々は懇願した。「私には障がいのある息子（あるいは娘、姪、甥、隣人）がいます。家族はその重圧で押しつぶされそうです。あなたのプログラムが救ってくれるはずです。すぐ入園させてください」

マルキは、脳性麻痺の子、発達障がいの子、ダウン症の子、自閉症の子など、やって来る子供たちを次から次と受け入れていった。彼らの年齢や素性はさまざまだった。来る日も来る日も休むことなくマルキはミニバンを運転し、子供たちを乗せてシャルヴァに連れてきた。そして献身的なボランティアだった私たちの一四歳の娘ネハマと一緒に、彼らを家まで送り届けた。私たちは、ニューヨークのライトハウス・スクールで、授業料を払っても払わなくても全く同じにように扱ってもらったことを決して忘れていなかった。すべての子供が平等に扱われ、それは私たちにとって本当に有り難いことだった。それで私たちも、それをシャルヴァの方針にした。授業料はなし。そして子供の受け入れは完全に先着順とした。

マルキと私は、障がい児を育てることが毎日の生活の中でどれほど大変か、そしてそれが結婚生活や家族に及ぼす影響もよく知っていた。健康な子を持てなかったことを嘆きながらも、そのような子供を家族が大切に守り、愛し、慈しむために疲れ切っていることを、私たちは痛いほど知っていた。一分が一時間に一日が一年にと限りなく続く手の抜けない世話は、肉体的にも精神的にも大変で、多くの親が倒れてしまう。私たちは手をこまねいてそれを見ているわけにはいかなかった。私たちは、もしヨシが小さい頃それがあれば私たちの暮らしの質も変わっていただろうと思えるようなプログラムを、彼らに提供しようとしていた。

私たちは素人だった。しかしマルキが苦笑いしながら言うように、タイタニック号を製造したのは専門家だったが、ノアの箱舟を作ったのは素人だったのだ。当然私たちは、それぞれの子供たちのニーズに適切に応えるために専門家の知識が欠かせないことを認識していたが、素人の私たちも全力を尽くそうとしていた。

私たちは、ヨシが通っていた盲学校で午後のクラスを教えていた特殊教育教師シモナ・ホレブに頼み、彼女の同僚タリ・オヒヨンと一緒に放課後プログラムを立ち上げてくれないかと依頼した。シャルヴァでは毎日ゲームや料理、演劇、操り人形劇などいろいろな活動を行なった。それらは楽しいプログラムだったが、すべて、子供たちが生きていくのに必要なものを身につけられるよう、周到に作り上げられたものだった。社会的技能を向上させ、運動能力を高め、彼らの精神的安定を促進する内容だ。

そしてシャルヴァで子供たちが満たされ、自分に自信を持ち、発達が最大限に促される一方、その間家族が必要とする息抜きを提供していた。

最初の頃のシャルヴァは、私たちの家が拡大したようなものだった。実際、それは我が家の隣だった。マルキはシェフで運転手だった。彼女は、栄養満点で美味しい夕食を作り、子供たちが帰宅する前に食べさせた。そして彼女は、私たちの一〇人乗りバンの両側にヘブライ語と英語で「シャルヴァ」と書いた。彼女がそれに子供たちを乗せ、私たちの子供が付き添いながら各家庭に送り届ける姿は、近隣の見慣れた光景となっていった。私が仕事を終えて帰宅し、家族がどこにいるか知りたければ、たいがいどのあたりで見つけられるかは分かっていた。

私たちの子供にとって、シャルヴァは空気のような存在だった。彼らはいつでも入ることができ、自ら望んで入ろうとした。ヨシと一緒に育った姉弟は、ヨシの存在が私たち家族にどう影響を与えたかを知っていた。ヨシや自分たちが他の子供にからかわれた時にどのような感情が湧いてくるのか、彼らは理解していた。シャルヴァは、彼らが共有する旅の一部であり、私たちがシャルヴァをどんな施設にしたいのか、そこでどんなことをしたいのかを、深いところで理解していた。

私たちの長女ネハマは当時一〇代の半ばだったが、全身が麻痺してまばたきしかできない一人の小さな女の子に特別な愛着を寄せていた。彼女は、ネハマが本を読んであげる間、こわばった体をネハマの腕の中に預けていた。彼女のお気に入りは『あめがふるときちょうちょうはどこへ』という絵本だった。ネハマがそれを読むと、彼女は何度も何度もまばたきするのだった。一二歳のアヴィは自分のギターを持ってきて、子供たちと若いボランティアたちを彼の周りに集めて歌った。みんなも歌い、拍手し、頷き、足を鳴らし、まばたきした。

静かな郊外のアパートにマルキが作り上げた温かくて居心地のいいシャルヴァは、あっという間に近所で有名になった。近隣の若者が、シャルヴァでボランティアをしたいと集まってきた。彼らは心優しく想像力とエネルギーにあふれており、私たちは彼らを本当に必要としていた。私たちが面倒を見ていた子供の中には、触った物は砂でも何でも食べてしまう女の子など、ひと時も目を離せない子が何人かいたからだ。

ドヴィ・レビボはボランティアの一人で、教師のシモナがよく覚えていた。「彼は私が会った中で一番素晴らしい子よ。最初の頃、彼は石の塀越しにシャルヴァの子供たちが遊ぶのをじっと見ていた。マルキがシャルヴァの子供たちのために最高の遊具を用意していたから、おもちゃの車などがあって、近所の多くの子供がよく覗きに来ていたの。おそらく一一歳くらいだったドヴィはいつもやって来ていたわ。ある日、彼は私と目が合うと『僕に手伝えることはある？』と尋ねた。『入っておいで。話し合いましょう』と私は答えた。そして彼が入ってくると、すぐに戦力になることが分かった。賢くて情熱があり、子供たちともすぐ仲良しになったわ。年はまだ若かったけど、四人か五人の子供と遊びながら、一人ひとりに注意を払うことができた。ドヴィは実際の年齢よりずっとしっかりしていて、私たちは信頼を置いていました」

他の多くの子供たちと同様、彼もシャルヴァと共に、年齢だけでなく理解と経験を重ねながら成長していった。彼は高校生になってもずっとボランティアを続けた。シャルヴァで過ごす時間の合間に高校に通うという感じだった。その後兵役でイスラエル国防軍に入隊し、果敢なゴラニ部隊の将校になった彼は休暇の度に、軍服とブーツ姿でM－16自動小銃を肩にかけ、家に帰る前に部隊から直接シャルヴァに来た。「シャルヴァの子供たちは最高の人間だな。喧嘩をしないしエゴがないし、本当に誠実だ。彼らと離れるのはいつも辛い」と彼は言っていた。

一九九一年六月一〇日、シャルヴァは一周年を祝った。預かる子供は着実に増えていた。イスラエルの学校と託児所は長く暑い夏の間は閉まるのだが、私たちはシャルヴァの扉を開き続けた。マルキと私は、障がいのある子供を夏の間中、することもないまま家に置いておくことが家族にとってどれだけ大変か知っていたし、せっかく学校で身につけたことを忘れてしまうリスクもあった。

マルキの考えでは、シャルヴァでの「デイキャンプ」は確かに必要だが、それだけでは十分でなかった。「私たちの子供も、他の子供たちのようにお泊りをするべきだわ」と彼女は言った。私が深い懸念を表すと、「なぜシャルヴァの子供たちだけできないの」と彼女は続けた。「どうして彼らだけそうした楽しみを味わえないの。それに楽しいだけじゃないわ。彼らが社会的技能や独立心を養って自信を持つのに役立つし、両親には、自分たちや他の子供のためだけに使える八日間ができるのよ」。後で知ったところによると、シモナにはエルサレムから三〇キロほど離れたシャアルヴィムというキブツに住む妹がいた。マルキがキャンプを予約したのはそのキブツで、そこでシャルヴァの子供たちは一週間の楽しい時を過ごし、彼らの両親にはリラックスできる貴重な時間を提供することになった。キブツは全員総出で、子供たちをトラクターに乗せたり動物を見せたりと、大歓迎してくれた。しかし私は心配でたまらなかった。責任は重大で、何かあったらどうしようという思いが離れなかった。いったい何をしているのかと自問し続けた。ここにいるのは障がいのある傷つきやすく敏感な子供で、スタッフが一対一で見ておかなければならないのだ、と。しかし私たちの計画は周到で、キャンプは大成功だった。

第23章　不屈の精神

当初はいつまでもあると思えたゴードンとレズリーからの寄付だったが、さらなる資金が早急に必要であることが次第に明白になってきた。私はこの新しい世界において、スポーツで言うところの「不屈の精神」をもって、あるいはいかなる代償を払ってでもやり遂げるという姿勢で、一つひとつのハードルを越えようとしていた。私はカナダの父の助けを得て、慈善寄付を募るのに必要な免税資格を得るため、カナダと米国に「シャルヴァ友の会」を設立した。しかし私にはコンピューターのフルタイムの仕事があり、あちらに渡航するのは困難だった。それで、私の時間とシャルヴァの経費を節約するため、寄付してくれそうな人物が休暇でイスラエルを訪れる際に依頼するのが理に叶っていた。ユダヤ新年の休日が近づき、海外からやって来る数人がエルサレムのホテルに滞在することを知った私は、彼らに電話して会ってくれないか頼んでみるとマルキに告げた。

「電話しちゃだめ。イスラエルで彼らに会うべきじゃない」彼女は断言した。「彼らは休日を過ごすためにイスラエルに来ているんでしょ。あなたが彼らの仕事場に行くべきよ」。「冗談だろう」私は抗議した。「彼らは今、ここから一五分のところに滞在しているんだよ。なのに君は、彼らに会うためには飛行機に乗って彼らの事務所まで行けと言うのかい。君は僕の手を縛っているよ」。しかしマルキは譲らなかった。「彼らは家族と一緒に休暇でここに来ているのよ。たかり屋になるのはやめて。彼らの都合に合わせて仕事場で会うべきよ。高潔に振舞えば、人々はあなたを高潔な人として尊敬するわ」

というわけで私は一〇月の仮庵祭《スコット》※の後、二週間の休暇を勤務先の基金に申請した。私の計画はニューヨークに行き、巣立ったばかりの私たちの団体を生かし続けるのに不可欠な資金を募ることだった。寄付をしてくれそうな人も知らず、ニューヨーク到着後に何をどうすればいいのか見当もつかなかったが、とにかく行かなければならないと感じていた。

仮庵祭のシナゴーグで私の前に座っていたのは、毎年ユダヤ新年の休日にブルックリンからエルサレムに来るという、ハンガリー出身で年配のホロコースト・サバイバーのヤカボヴィッチ氏だった。私は彼が裕福なことを聞いていた。それである日の祈りの後、私は彼に接近してみた。「ヤカボヴィッチさん」私はぎこちなく始めた。「私と妻が、障がいのある子供たちのための施設を運営していることはご存知だと思います。私は来週、この施設を続けるのに必要な寄付を募るためニューヨークに行くんです。着いたらあなたをお訪ねしてもいいでしょうか」「もちろん」彼は強いヨーロッパアクセントで答えた。「会いに来てくださっていいですよ」それで決まった。

ベングリオン空港で、私は何年も前から知っている超正統派のメンデルに出くわした。「どこに行くんだい」と彼はイディッシュで聞いた。私が設立した新しい組織のために基金を募りにニューヨークに行くことを知った彼は、「カルマン、君はどうかしているよ。君と同じフライトに乗る三人のうち二人はニューヨークに物乞いに行くことを知らないのかい」。私は知らなかった。しかし自分には二つの選択肢しかないことをメンデルに説明した。「荷物を持って家に帰り施設を閉めるか、あるいはこの飛行機に乗って、神が私に進むべき道を示してくれることを信じるか、どちらかだ」「幸運を祈るよ」彼は同情的な笑顔でそう言った。

飛行機で私の隣に座ったのは、長い髪を後ろで無造作に結んだイスラエルの若者で、縞模様のシャツにジーンズそしてカウボーイブーツを履き、胸には金のチェーンをぶら下げていた。「こんにちは」私は親しげに声をかけたが、彼は会話を交わしたい気分ではないようだった。隣りに座って一〇時間が過ぎ、朝食が配られた時、彼のほうから挨拶をして私がなぜニューヨークに行くのかを尋ねた。私は自分の物語を簡潔に語った。思いがけず彼は興味を示し、次から次へ質問攻めにあった。飛行機が着陸する前、彼は私のほうに向き直って言った。「あなたの話に惹かれました。お手伝いしたいです。私は放蕩者のように見えるでしょうが、これもビジネスの一部なんです。私はマンハッタン四七番街にある大きなダイヤモンドディーラーのセールスマンで、ほとんどの時間を移動に費やし、人目を引かないような形でビジネスをしているんです。今日の午後に上司と会うので、あなたとお会いできるよう手配しますよ。彼は良い人で、きっとあなたの話を聞いて感激すると思います」。彼は名刺をくれ、翌日に電話していつ訪問できるかを尋ねるよう私に伝えた。私は彼が本気かどうか分からなかったが、興奮せずにはいられなかった。誰かがシャルヴァの子供たちを見守ってくれているのだ。

二日後、私は約束どおり、マンハッタン四七番街のダイヤモンド地区でかの若者の上司と会っていた。飛行機で出会った彼は、すでに新たな出張先に出かけたのかその場にはいなくて、彼と会うことは二度となかった。しかし、彼が言ったとおり、私の話を聞いた上司はシャルヴァのために一〇〇〇ドルの小切手を切ってくれ、その地区の他のダイヤモンドディーラーにも電話して声をかけてくれた。彼らもまたシャルヴァに寄付してくれ、私は感激でいっぱいになった。

その日の午後、私はブルックリンのヤカボヴィッチ氏の事務所に電話した。彼は電話に出ると、翌日の昼に来てほしいとのことだった。言われたとおり訪ねた場所は、多くのアパートビルを管理する成功した不動産会社だった。質素な身なりでイディッシュを話す人々があふれる小さな待合室に通された。大柄な受付の女性に、自分は苦情を言うためやアパートを借りるために来たのではなく、ヤカボヴィッチ氏のイスラエルの友人で、彼に招待されて来たのだと説明した。彼女は全く関心を示さず、私が来ていることをちゃんと伝えてくれたのか心配になった。二〇分が過ぎた頃、私はまた彼女に同じことを伝えたが、座って待つようきっぱりと告げられた。ヤカボヴィッチ氏は、自分の時間が空いたら私に会うとのことだった。

かなり長い時間が過ぎてからドアが開き、私は中に通された。ヤカボヴィッチ氏は見るからに忙しそうで、話せる時間は少なかった。彼は義理の息子アルベルト・カーンとモシェ・リーベルマンを私に紹介した上で、単刀直入に話題に入った。そっけなく始まった会話は、私が自己紹介をし、何をしようとしているかを説明するうちに心が通った対話となり、彼ら全員が熱心に聞いてくれることに私は感激した。彼らは「僕たちの義兄トミーに会うべきだよ」と言ったかと思うと、すぐに受話器を取った。すると「最高だ！」彼らは私に向かい、「トミーがあなたに会いたいそうです。彼の事務所はここから一五分のフラットブッシュにあります」と言った。私はすぐそこに向かった。

トミー・ローゼンタールは背の高いウィーン出身の紳士で、四〇になろうという年齢だった。親切に私を歓迎してくれた彼に、私は再び自分の物語を語った。「とても感動的な話ですね」彼は言った。「明後日の晩、パーラー・ミーティングを催しましょう」。私は、パーラー・ミーティングが何のことか分からないと白状すると、彼が説明してくれた。「我が家にコーヒーとケーキを召し上がりに来てもらうよう、私が友人たちに招待状をファクスします。あなたは彼らにシャルヴァの話をしてください。そして、彼らが小切手帳を取り出すことを期待しましょう。午後八時でいいですか。少し前に来てください。これが私の住所です。ではその時に会いましょう」

あふれるような善意に感激した私は、ふらつくようにトミーの事務所を後にした。二日後の夜、私は彼の家を訪問し、ジュディ夫人と子供たちを紹介された。アルベルトとモシェはそれぞれの夫人と来ていて、驚いたことに嬉しそうな顔をしたヤカボヴィッチ氏もそこにいて、威厳のある夫人も同伴していた。テーブルには菓子が乗った多くの皿が並び、ポットには薫り高いコーヒーの湯気が立っていた。ゲストが到着し、部屋はあっという間に埋め尽くされた。私は与えられた一五分でシャルヴァの物語を語り、その後は、もっと知りたいという多くのゲストたちとそれぞれ会話を交わした。最後のゲストが去った後、トニーが小切手の束を私に手渡した。

私は疲れ切ってイスラエルに帰った。だがポケットには六一〇〇ドル入っていた。シャルヴァはもっと必要としていたが、それでも大きな助けだった。素晴らしい人々に出会えた私は、シャルヴァの未来への希望で満たされていた。


ニューヨークの篤志家の間には入り込めたが、請求書は溜まる一方だった。半年もしないうちに私はまた職場で一週間の休みを取り、再びニューヨークを訪問することになったが、今回はより入念に準備を行なった。わずかばかりの予算で、シャルヴァに通う子供の親たちの証言を含めた感動的な短編ビデオを制作した。

最初に電話したのは、伝説的なエルサレム市長テディ・コレックが二五年前に設立した精力的な慈善団体「エルサレム基金」のマンハッタン事務所だった。彼らの基本方針には「地域の活性化、文化的な生活、全エルサレム市民の共存に重きを置き、公平で開かれた近代的なエルサレムの維持に尽くす」とある。シャルヴァへの寄付に関心がありそうな内容だ。それでも、電話に出た女性から喜んで会うので明日来てほしいと言われた時には驚いた。

それから一日かけて、私が制作したビデオ作品を上映するために、映写機をレンタルしてくれる店を探し回った。午後中かかっても見つけられなかった私は、ボロパークの一三番街にある店に行くようアドバイスされた。しかしそこに着いてみると、たった今閉まったばかりだった。翌日その店が開くのを外で待ち、私は、下部にビデオカセットを差し込むようになったスクリーン付きの一三キロの映写機材を確保した。これは当時の最新鋭機種で、私は嬉しくてたまらなかったが、重すぎて地下鉄では運べず、レンタカーを借りなければならなかった。

出迎えてくれたエルサレム基金の女性は、私を自分の事務所に招き入れ、基金が実施してきた種々の素晴らしいプログラムについて語り、そして当然シャルヴァのことも話し合った。私が持参した映像を見て心から感激した彼女は、「シャルヴァのなさっていることは本当に意義あることですね」と言った。私がそれに答える前に彼女は続けた。「明日、若いリーダーが集まる大きな会があって、ニューヨーク司法長官ロバート・アブラムス氏が講演することになっています。たった今彼の事務所から連絡があり、長官が四〇分ほど遅れると伝えてきました。その時間を使ってこの素晴らしいビデオを上映し、あなたがプロジェクトについて話をしてみませんか」。私はすぐさま答えた。「喜んでそうさせていただきます。そのような機会をくださり、ありがとうございます」私は、舞い上がるような思いで基金を出た。

翌日、私は土砂降りの雨の中をマンハッタンに戻り、イベントの場所だと説明されたリパブリック銀行を必死で探し回った。見つかってからは駐車場を探すのに手間取り、到着してからは準備する間もなく、若手リーダーのプログラム参加者が集まった中庭会場に案内された。リパブリック銀行のこともその中庭のことも知らなかった私は、その美しさに圧倒された。後で知ったのだが、リパブリック銀行はニューヨーク・サフラ国立銀行とも呼ばれ、息を呑むような巨大な柱とシャンデリアの中庭で有名だった。そしてそれに劣らないほど印象的だったのは、その午後集まった二〇〇人あまりの若いビジネスマンたちだった。二五～四五歳と見受けられる彼らは、スマートなスーツに身を包み、カクテルを片手に洗練された会話を交わしていた。彼らが座り、司法長官が少し遅れると伝えられる間、私はプレッシャーで汗をかきながら、急いで映写機を設置した。司会者が私の名前を呼び、エルサレムの重要なプロジェクトの代表者が今ここにいるので紹介しますと告げた。

私は一五分を使って、ヨシの物語とマルキの約束、そしてシャルヴァのことをできる限り話した。それから映像を見せ、エルサレム基金に感謝した後、シャルヴァに興味を持たれた方には喜んでもっと詳しく説明させていただきますと付け加えた。驚いたことに、そして嬉しいことに、会場からは大きな拍手が湧き起こった。

二〇代後半のがっちりした男性が、私に近づいてきて自己紹介した。「こんにちは、僕はナタン・ローといいます。あなたのお仕事に深く感激したので、是非支援したいです。この五〇〇ドルの小切手を受け取ってください。でも来年も寄付すると期待しないでくださいね。僕の仕事が来年もうまくいっているという保証はないので」。ナタンとリサ夫人はその後何年にもわたり、シャルヴァが発展する多くの場面で重要な貢献をしてくれる大切なパートナーとなった。

第24章　息抜きプログラム

シャルヴァのプログラムは飛躍的に拡張し続け、今やエルサレム市外からも子供たちが通ってくるようになった。マルキが彼ら全員を迎えに行くことも家に送り届けることもできなくなったため、スクールバスが彼らをシャルヴァまで連れてきて、遠くに住む子供は六時に家族が迎えにくることになった。

マルキは、新しいプログラムを始めることを考えていたが、それは経費がかかるものだった。そのプログラムとは、日曜日から木曜日までの週日、別々のグループの子供がシャルヴァで一泊のお泊りをするというものだった。彼らは午後のプログラムをこなした後に宿泊し、親が教える暇がないような生活技能を学ぶ。翌朝、スクールバスが彼らをシャルヴァで拾ってそれぞれの学校に届ける。放課後にはシャルヴァに戻って通常の活動をし、夕食を食べて六時半に帰宅するというスケジュールだった。

両親と他の兄弟姉妹は、毎週一泊二日の息抜きの時間を持てる。マルキは説明した。「三六時間、家族は障がいのある子供の世話から解放され、息抜きができるのよ。どんなに助かると思う？」彼女は熱心に語った。「ヨシが小さかった頃そんな時間があったら、私たちはどんなに有り難かったと思う？　家族は自分たちが一番やりたいこと、家で内容の濃い時間を過ごしたり、皆で外出したり、買い物に出かけたり、何かの授業を受けたり、約束事で外出したり、あるいは何もしないでリラックスすることもできるわ。たくさんの愛と良心があっても、障がいのある子供が家族に与える影響は計り知れない。このプログラムは、彼らに本当に大切な息抜きを提供するの」

マルキの発想は、年に二回各一週間、子供をセンターに預ける既存のプログラムとは違っていた。それらのプログラムでは、子供は世話をする人や他の子供と顔見知りではなく、世話する側も子供のことをよく知らなかった。それで、親は一週間の自由な時間を得られるが、子供にとっては楽しい体験になっていないかもしれないのだ。マルキのアイデアは、親しい友人たちと一晩のキャンプを毎週やるようなものだった。そして世話をするスタッフも子供たちをよく知っているため、効果的に彼らに生活習慣やルールを教えることができるはずだ。

「素晴らしいアイデアだね」私は生ぬるい返事をした。「でもいったいどうして、毎週やらなきゃいけないんだい。一カ月に一回だって凄いことだし、とても感謝されると思うよ。ずっと安くつくことはもちろんだし。なんでそんなに極端な方向に走るの？」「それが必要だからよ」マルキはきっぱりと答えた。「月に一度でもそんなプログラムを提供するのが親切なことは知ってるわ。でも家族と子供が本当に結果を得るためには、一週間に一度まとまった時間が必要なのよ」

資金がないのに高い経費がかかる新しいプログラムを始めることがどれほど馬鹿げているか、誰に言われずとも私は分かっていた。同時に、誰に言われずとも、このプログラムが実現することも私には分かっていた。

数日後、私たちは二段ベッドを探していた。ほしいベッドの種類ははっきりしていた。三つがセットになっていて、それぞれが違うデザインと色で個性を感じさせるものだった。いくつかの家具屋を訪ねた後、ある店主がマルキにいくつかの候補を見せてくれ、彼女はその中の一つが気に入った。それは三色から選べた。彼女は、三つの色を各ベッドに違う順番で塗ってくれないかと尋ねた。初め店主は躊躇していたが、結局彼女の望みどおりのベッドを特注してくれることになった。数週間が過ぎ、ベッドが届いた。それは素晴らしく、子供たちは大喜びだった。少し経ってからその店を訪ねると、店主は満面の笑みで歓迎してくれ、展示してあったマルチカラーのベッドを見せると、これが一番売れるようになったんですよとマルキに感謝した。

お泊り息抜きプログラムは大成功だった。計画を立ててスタッフを確保し、資金調達をするという難題にもかかわらず、子供たちは大いに楽しみながら技能を身につけ、その間親は肉体的にも精神的にも充電することができた。親たちは自由な時間を満喫したことを、素直に私たちに伝えてくれた。例えばある晩の七時頃、一人の母親がシャルヴァの玄関から入って来るなり二階にいる彼女の娘の所に駆け上がっていった。私は挨拶したが、彼女はそれを無視した。開いた玄関のドアの向こうに、彼女の夫と子供たちが乗った車が見えた。彼女はすぐ階段を駆け下りてきた。「カルマン、挨拶もせずごめんなさい。でも急いでいるの。ルティに届け物があっただけ。これから家族で映画を見に行くところなの」そう言うと彼女は車に戻り、彼らは行ってしまった。

当初何人かの母親は、息抜きをすることに罪悪感を感じると言っていた。一人の母親は次のように書いている。

私は水曜日の罪悪感が嫌いです。毎水曜日、私の愛する息子にその日の用意をしてあげながら朝のひと時を過ごす際、私は水曜日だからといって喜び過ぎないよう努めています。

彼がトーストとフルーツの朝ごはんを食べている間、お弁当とパジャマと着替え、歯ブラシを荷物に詰めます。彼は週五日の午後にシャルヴァで過ごし、美味しい夕食を食べた後、六時半から七時の間に帰宅します。リラックスしてとても幸せそうです。水曜日はシャルヴァでお泊りをします。二段ベッドに寝かせてもらい、必要があれば夜中でもお世話してくれるスタッフが近くに待機しています。木曜の朝、彼はスクールバスに乗って学校に行き、午後はシャルヴァに戻って午後のプログラムに参加します。そして木曜日の夕方、家に帰ってきます。

とても良い感じです。水曜日の夜、私と夫は夜遅く何かを食べに出かけたり、普通の日ならベビーシッターを雇わなければできないことを計画します。次の日は朝六時一五分に起きなくてもいいので、ただリラックスするだけの時もあります。私と夫は、息子の朝の準備を一日交替でやってきました。それほど大変なことではありません。暑い夏も暗くて寒い冬も、何年も続いた早起きに慣れた私たちの息子は、プロのようにその手順をこなしています。でもやはりそれには大変な努力が必要で、正直に告白するなら、私はそれが嫌いです。

そして、「親の罪悪感」という名の怪物に襲われるんです。私は息子を愛しています。朝の上機嫌な様子も、夜寝る前の愛らしいハグも大好きです。でも私は水曜日が、そしてそれ以上に木曜日の朝が好きなことも告白します。そして親に息抜きを与えてくれるシャルヴァのプログラムに、本当に感謝しています。休息が得られることは、親の疲れを癒すのに本当に役立ちます。罪悪感は心を痛めますが、障がいのある子供と一緒に暮らす実際の困難に打ち勝つ助けにはなりません。これを書いているのは日曜日です。大きく息を吸って……、もうすぐ水曜日が来ます。

マルキは正しかった。苦しみつつ、自分たちの望みや夢や期待を見直さざるを得なかったこれらの親に必要だったのは、週一度の息抜きだったのだ。

第25章　シャルヴァを閉めたい

贖罪日《ヨム・キプール》、私たちは二五時間の断食の後に、マルキが調理した美味しい夕食を食べ終えたところだった。一九九二年一〇月七日、シャルヴァを開園してから二年四カ月が過ぎていた。マルキは震えながら私に言った。「少し息苦しい。外に行きましょう」彼女らしくなかったが、きっと気分が悪くてそれを子供たちに知られたくないのだろうと私は思った。しかし外に出てドアを閉めた途端に激しく泣き出したマルキに、私は困惑した。

「本当にごめんなさい。こんなことにあなたを巻き込んでしまって」彼女は泣きながら続けた。「私は正しいことをしたかっただけなの。神様が助けてくれるといつも信じてた。でも今私たちは四万ドルもの借金を抱えてしまった。こんな重荷をこれ以上あなたに負わせることはできない。あなたは私にとって愛する夫、子供たちにとっては献身的な父親よ。こんなことをあなたにこれ以上させられない。シャルヴァを閉めるわ。そして借金を返す方法を探しましょう」

マルキの誓いを実現させたシャルヴァは、圧倒的な成功を収めていた。多くの不利な条件にもかかわらず、私たちは、四年前に作成した三頁の計画書で約束したすべてのことを何とか実現させていた。唯一の例外は、予想以上に拡大したプログラムへの財源確保だった。

私は驚いて答えた。「マルキ、こんなふうに赤字のまま続けられないことには同意するよ。僕こそシャルヴァを続ける資金を見つけられなくてごめんね。でもまだ諦めたら駄目だ。あと三カ月、年末まで待とう。またニューヨークに行ってみる。もし神がシャルヴァの続くことをお望みなら続くだろうし、そうでなければ、これ以上借金を増やさず元の普通の暮らしに戻る時だね」。少し落ち着いたマルキは、それに同意した。彼女は涙を拭き、私たちは子供たちが待っている家の中に戻った。

翌朝、電話が鳴った。フランス語訛《なま》りの声が私と話したいと告げ、自分はヤンキー・ランダウだと自己紹介した。「あなたの名前と電話番号を教えてくれた共通の友人から、あなたなら電話会社に知り合いがいるはずだと聞いて、おかけしました」。話を聞くと、彼の父親が三日後に始まる仮庵祭《スコット》の前夜にベルギーから到着し、エルサレムの有名なホテルの部屋に滞在するのだという。「父が着く前に部屋に電話を設置する必要があります。でも電話会社に頼んだら笑われました」。その若者は、父親が必要とする電話を設置するために必死だった。

彼の声を聞いていると何とか助けたくなり、「手伝ってもいいですが、何も約束はできませんよ。実際お父さんはどんな電話が必要なんですか」と私は尋ねた。「二本の電話線と七つの内線電話です」という。私は一瞬戸惑ったが、こちらからまた連絡すると彼に伝えた。

電話会社の知り合いとは長いこと連絡を取っていなかったが、彼は私の声を聞くと嬉しそうにヨシはどうしていると聞いた。「友よ、どんな相談だい」彼は尋ねた。私は手数をかけて申し訳ないと謝り、電話の件を依頼した。彼は吹きだして「君の友人はどうかしているよ。贖罪日が終わったばかりで仮庵祭が始まる三日前だよ。アメリカのクリスマスと元旦の間より忙しい時期だ。僕がいくら助けたくても無理だろうね」。彼はそう言うと一瞬置き、「やってみるけど、期待しないでいてほしい」と言った。

三日が過ぎて日曜日の仮庵祭が始まる数時間前、美しい大きな花束が自宅に届いた。「マルキ！君に豪華な花束が届いているよ。僕からじゃないよ」。彼女はキッチンから出てきて、付いていたカードを開けた。「私にじゃないわ」と言って私にカードを手渡した。

サミュエルズ様

今日私が到着する前に、電話を取り付けることを可能にしてくださったあなたに感謝申し上げます。あなたとご家族が幸せな休日を過ごされますようお祈りいたします。

ムキー・ランダウ（ヤンキーの父親）

滞在しているホテルに電話して繋いでもらうと、ランダウ氏は息子と同じようにヨーロッパ人の語り口だった。「美しい花束をありがとうございました」私は礼を言った。「誰かから花束を送ってもらったのは初めてですが、私が死んでしまったのかまだ生きているのか、よく分かりません」彼は笑って答えた。「是非お会いしたいですね。休日中に会えるよう電話してください」。私たちは良い祝日《ハグ・サメアフ》をと挨拶し合って電話を切った。その時はそれだけだった。

シャルヴァを閉鎖することになるかもしれないという思いは頭から離れなかったが、仮庵祭の週は喜びと歌にあふれ、あっという間に過ぎていった。休日の最後に来るトーラーの祝典《スィムハット・トーラー》※があと一時間で始まるという時、マルキが突然キッチンから声をかけた。「ベルギーから来ていたあの人、あなたと会いたいと言っていたんじゃない。どうして電話しなかったの？」

「マルキ、冗談だろう！」私は答えた。「君は、僕が外国からの訪問者に寄付を頼むのにいつも反対していたじゃないか。彼らは休暇で来ているんだから、その時は邪魔しないで、頼むときは彼らの仕事場に行くべきだと言ってたよね。どうして今度は電話しろって言うの」。マルキはそれには答えずただ言った。「あの人は電話してと言ったのよ。だからしなさいよ」それで私は電話した。

「連絡してくれてありがとう」彼は答えた。「どこにいらっしゃるんですか？　このホテルに来るのにどの位時間がかかりますか」。私は、彼が尋ねていることが信じられなかった。受話器を覆って、マルキに囁いた。「今すぐ来てほしいんだって。でも僕は行けないよね。君を手伝って準備しなくちゃいけないから」。躊躇することなくマルキは答えた。「行って！　家のことは私ができるから」

私は急いでホテルに向かい、トーラーの祝典が始まる直前の時間に着いた。ランダウ氏はロビーで待っていた。彼はムキーと呼んでほしいと言い、仮庵祭が終わろうとしていて空っぽになっているホテルの仮庵に一緒に入った。彼は温和で快活な男性で、私たちは互いの出身地であるバンクーバーとブリュッセル、アントワープのことなどを語り合った。そこに、貧しい子供たちの写真を見せながら寄付を募る人物が近づいてきた。「喜んで助けましょう。でも今持ち合わせが二〇ドルしかありません。祝日が終わってからなら、もっと寄付しますよ」とムキーは言った。その人物は紙幣を受け取ると「私は目に見えるものだけを信じます。今はあなたの二〇ドルしか見えません」と言って去っていった。

　ムキーと私はくすっと笑った。それから彼は真剣な表情になり、「あなたは子供のために素晴らしい仕事をしていると伺いました。詳しく教えてください」。一五分しかなかった私は、できる限りの説明をした。足早に去る私を、ムキーは出口まで見送ってくれた。広々としたロビーの真ん中あたりまで来たとき、彼は立ち止まって私を見た。「あなたがなさっていることに感激しました。支援したいです。いつアントワープに来ることができますか」。一年先くらいのことを言っているのかと思い、「お望みの時にいつでも。いつ頃がいいですか」と返事した。「来週の日曜日の午後に来てください」と彼は言った。「私たちはダイヤモンドのディーラーで、友人たちに紹介して寄付を募ります」

　次の日曜日の朝、私はブリュッセルに飛び、四五キロ離れたアントワープまでタクシーに乗って午後遅くムキーの家に到着した。シャーロット夫人に、宿泊用の快適な部屋に案内された。ムキーは、明日友人のソリ・スピラが合流すると教えてくれた。

　アントワープは驚くべき場所だった。それは東欧のユダヤ人村落「シュテットル」とも呼ぶべき所だった。控えめながら垢抜けた装いの超正統派と敬虔派《ハシディック》のユダヤ人、ほぼすべての通りにあるシナゴーグ、ユダヤ人ブティック、イディッシュとフランス語が混じった活発な会話、そして何より親切な人々。翌朝、ムキーが特別に入れてくれたコーヒーを飲んだ後、私たちは近くの小さなシナゴーグに向かった。それはまさに一〇〇年前の東欧に存在したようなシナゴーグだった。帰り道に街角のベーカリーで菓子パンを買い、コーヒーを飲みながら味わった。その後、地下の駐車場に下り、ムキーのメルセデスに乗りこんだ。

アントワープに着いて以来私が感じていた最初のイメージは、「ダイヤモンド地区」で吹き飛んでしまった。ムキーの家からそれほど遠くないその地区のすべての通りには厳重に警備された古いビルが建ち並び、その一つひとつに数知れないほどのダイヤモンド業者が入っていた。明るい照明に照らされたムキーの事務所は広々として整然としていた。彼のスタッフが集まり、月曜朝の数々の連絡事項を伝えるためにムキーを待っていた。二人の収集家も待っていて、ムキーは彼らにそれぞれ笑顔で対応した。

三〇分ほどしてソリが到着した。とても優しくて前向きでパワフルな人物だった。ムキーは机から立ち上がって言った。「オーケー。あまり時間がない。することがいっぱいあるから、早速始めよう」

それからの四日間、ムキーとソリと私は、一軒毎に厳しいセキュリティを通ってダイヤモンド業者を次々に訪問した。その度に伝統的な挨拶「サリュ！（こんにちは）」で迎えられた。それぞれの場所で二人の支援者は私とシャルヴァを紹介し、なぜ私を連れて歩いているのかを説明した。彼らはフランス語で話していたので、すべての言葉を理解することはできなかったが、何とか概要は把握できた。相手がシャルヴァについて詳しく聞き始めた時、私たちは英語かイディッシュで話した。そして終盤に驚きが待っていた。二人は「いくら寄付なさいますか。五〇〇〇ですか一万ですか」と質問したのだ。

そして驚いたことに、それらの額を聞いた業者は一〇〇ドル札を数え始め、当たり前のように差し出すのだった。最初に訪ねた業者は一万ドルくれ、ムキーは「素晴らしいスタートだ」と言った。彼らは、次の業者を訪ねて「いくら寄付なさいますか」と質問する時には、前の業者が一万ドルだったと言うのを忘れなかった。

信じ難いことに、ムキーは一軒を除いてすべての訪問に同伴してくれた。ソリと私だけの訪問はかなり残念な結果になった。四五歳位のダイヤモンド業者は私たちを歓迎してくれ、ソリは説得を始めた。業者は関心がないと言った。ソリは耳が遠いようでそれを聞き逃し、もう一度どれだけ寄付してくれるのかと尋ねた。業者は声を荒げて寄付はしないと宣告したが、ソリは笑顔で「いくらとおっしゃいましたか？」と続けた。業者はこの時点で怒りの頂点に達し、私に英語で叫んだ。「私が何と言ったか分かりますか？　あなたの友人は理解できないようだから」「はい。でもソリは少し耳が遠いんです」と私は答えた。ソリをよく知っているはずのその業者は、苛立《いらだ》ちを露わにしながら彼の手を取り出口のドアまで連れて行った。私はソリが気の毒でたまらなかったが、彼は気にしていないようだった。後になって「彼が裕福なことは知っているんだ。でもあの時に限って何か問題があったんだろう。少なくとも僕たちは全力を尽くしたよね」と説明するソリに、私は深く感動した。

比較的若いベニー・スタインメッツとの面会が一番成功した例だった。彼の事務所に入るには一段と厳しいセキュリティを通る必要があった。彼はムキーとソリを温かく迎えてくれた。二人がフランス語で説明すると、ベニーは現金を差し出した。ムキーは、自分とソリは帰るがあなたは残るようにと私に言った。彼らが去ると、ベニーは、私の世俗的バックグラウンドや、バンクーバーで快適に過ごしていたのになぜそれをすべて捨ててイスラエルで宗教的な生活をすることになったのかなど、矢継ぎ早に質問してきた。彼は聡明で洞察力に富み、驚いたことに私の過去に本当に関心を持ったようで、私たちはさまざまな話題について語り合った。

木曜午後、ムキーの事務所で別れの挨拶をする私に、彼は一〇万ドルあまりの寄付が集まったと教えてくれた。借金を全額返済した上に、今後の活動のために六万ドルも残るのだ。

イスラエルに帰国した私を空港で出迎えたマルキは、私が顔面蒼白になっているのを心配した。「大丈夫だ。ただ神のご加護とご意思に圧倒されているだけだよ」感極まった私は、二人が痛いほど感じていたことを口にした。「二週間前、僕たちはシャルヴァを閉めようと話していたよね。しかし今日、神はシャルヴァに奇跡を起こし、新しい命を与えてくださったんだ」

第26章　ヨシと共に成長

　ヨシは順調に発達し、多くのことを独りでできるようになっていった。公共交通機関の使い方を覚え、学校から路線バスに乗って帰るようになった。職員は、彼がいつバスに乗ったかを電話で連絡し、私たちは家の近くの停留所で彼を待った。ヨシは道路のすべての曲がり角を覚えていて、自分が降りる場所に来たらベルを鳴らしてそれを知らせた。バスの乗客や運転手とコミュニケーションする術のないヨシのために、マルキは、身分証明書と降車停留所、緊急時の私たちへの連絡方法をはっきり書いた名札を作り、首から下げさせるようにした。また彼女は、長方形のプラスチックの板にヘブライ語のアルファベットを浮き上がらせ、ヨシが独りで行動する際に首にかけさせた。必要な場合、誰かが彼の指を文字の上において言葉を綴ってもらえば、ヨシはそれに返事することができた。

　これはヨシの独立心にとって大きな一歩だった。彼には知らせていなかったが、初めの頃は、彼が道順を覚えて自分で行動できると私たちが信じられるまで、スタッフがいつもバスに乗り込んでいたのだ。

自分の人生に大きな苦難を与えられたにもかかわらず、おそらくそれだからこそ、ヨシは幼い頃から精神的なものをひたすら大切にした。彼は自分が直面している挑戦も、自分にできない多くのこともすべて理解していた。そして時折、自分にこのような健康被害を及ぼした者や神に対して不満をぶつけることもあったが、それは彼の深い信仰心を揺るがすことはなかったし、精神性に影響を与えることもなかった。毎朝、彼はテフィリンを巻き、点字の祈祷書で短い祈りを捧げた後、病人のため、孤立した人のため、子供のいない人のため、囚われ人のため、ユダヤ民族のため、そして全人類のため、助けを求めるすべての人々に神の加護があるようにと、全身全霊を込めての祈りに多くの時間を費やした。

これは常に彼の人間性の核心を成す部分だった。そして彼は、天地を司《つかさど》る神にさえ簡単には譲歩しなかった。目を閉じて唇を動かし、完全に神経を集中した彼は自らの世界に入り、一心不乱に祈り続けた。

ヨシの霊性と祈りは広く知られるところとなり、困っている友人から助けを請われることもあった。ヨシがよく知っていて敬愛している超正統派の夫婦には、子供がいなかった。ナフタリとラヘルはどちらも大家族出身で、甥や姪はたくさんいたが、自分たちの子供には恵まれなかった。結婚して八年、彼らは医療面でも信仰面でもできる限りの努力をしていた。医師と不妊治療専門家の指示に従い、著名なラビの祝福も請うたが、それでも妊娠しなかった。ナフタリは、九月から米国で教鞭を執る仕事のオファーを受け、イスラエルでの暮らしのプレッシャーから逃れるために、彼らはそれを受けることにした。出発の直前、ナフタリが訪ねてきた。「私たちはできる限りのことをしたのですが、うまくいきませんでした」彼は悲しそうに語った。「私たちに子供が授かるようヨシに祈ってほしい。彼は聖なる魂の持ち主なので、彼の祈りなら聞き届けられると思うんです」。ヨシはこの依頼を真剣に受け止め、毎晩就寝する前に寝室のドアのメズザ※に手を触れ、聖書の言葉「聞け、イスラエルよ、主は私たちの神、主は唯一である」（申命記六章四節）を朗唱した。それから大きな声で嘆願するのだった。「シャローム・ヨセフは、神がナフタリとラヘルに子供を授けてくださるようお願いします」。毎晩同じように熱心に繰り返されるこの祈りを聞く私たちには、それはやがて心地良い音楽のようになっていった。

　六カ月ほど過ぎた頃、マルキは、ヨシがその祈りを突然やめてしまったことに気づいた。「どうして？」と彼女が聞くと、ヨシは淡々と「ラヘルが妊娠したんだ」と答えた。

　数カ月後、私はナフタリから市内電話を受けて驚いた。それは過越祭《ペサハ》の前夜だった。「今夜はとても忙しいと思いますが、今ちょうど帰国していますので、どうしてもお訪ねして話したいことがあるんです」と言うので、「いつでもいらっしゃい」と答えた。彼が我が家に入って来るなり「重要な知らせがあります。あなたたちは信じないかもしれませんが」と口にした。私は笑顔で「僕たちが信じないことなんてあるもんか。僕がその知らせを当ててみせよう」と答えた。彼は挑むように「オーケー、じゃ何ですか？」「ヨシが、ラヘルは妊娠していると言っているんだ」。ナフタリはびっくり仰天して、いったいどうしてヨシがそれを知っているのかと聞いた。私はヨシの毎晩の祈りのことを説明した。ナフタリは感極まってヨシを抱きしめ続けた。三カ月後、ナフタリとラヘルは待望の女児を授かった。その後、彼らはさらに複数の子供に恵まれた。

第27章　ワクスマン一家

エステルとイェフダ・ワクスマンは、シャルヴァから一五分ほどの距離にあるエルサレムのラモット地区に、七人の息子と住んでいた。末っ子のラファエルはダウン症で、午後のプログラムに通っていた。少し遠いので、学校のスクールバスが彼をシャルヴァで降ろし、午後六時になると家族の誰かがシャルヴァまで迎えに来ていた。時々そのお迎え役をするのが優しい兄のナフションで、兵役の軍服を着て迎えに来ることもあった。シャルヴァはとても家庭的な場所で、誰もが互いを知っていた。

一九九四年のある静かな火曜日の夕方、イスラエル兵士がハマス※に誘拐されたというニュースがテレビで報じられた。手と足を椅子に縛り付けられたその兵士と、カフィーヤ※とマスクをまとって彼の横に立つテロリストが兵士の名前を書いたカードをカメラに向けている映像が流された。私たちはカードを見なくても、それが誰であるかすぐに分かった。それはナフション・ワクスマンで、私たちも子供たちも心底震え上がった。

縛られて銃口を突き付けられた一九歳の若者は、正確に復唱した。「私はナフション・ワクスマンです。

ここにいるハマスの連中に誘拐されました。どうか私がここから生きて出られるよう、できる限りのことをしてください」。彼らは、シャイク・アフマド・ヤシン〔ハマス創設者〕と二〇〇人の囚人をイスラエル刑務所から釈放することを要求していた。要求が叶えられなければ、彼らは金曜日の夜八時に彼を殺すと脅していた。

ナフションの両親には、震え上がったりしている暇はなかった。母親のエステルが後日教えてくれたところによると、彼女と夫のイェフダはその後の四日間、毎日二四時間、できる限りのあらゆる手を尽くして、息子の命を救おうとした。彼らはイツハク・ラビン首相に嘆願したが、彼はテロリストとは交渉せず脅迫にも屈しないと告げた。彼らはナフションが米国籍を持っていることを公表すると、今度はクリントン大統領が介入した。ちょうど中東訪問中だったウォーレン・クリストファー国務長官と、エルサレムの米国総領事エドワード・アビントンが、ナフションが拘束されていると見られるガザを訪問し、ヤセル・アラファトからのメッセージを持ち帰った。

彼らは世界各国の指導者やイスラム教指導者にアプローチし、それらすべての人が誘拐者に対して、ワクスマン夫妻の息子を傷つけてはいけないと各種メディアで発言した。

世界中のマスコミ記者は、ワクスマン家の前にテントを張って陣取った。軍関係者や政治指導者がひっきりなしに出入りし、家は蜂の巣をつついたような状態になった。

マルキは私に言った。「カルマン、小さなスーツケースを出して。群れている人をかき分けてエステルに言うのよ。ナフションが帰って来るまでラファエルは我が家で預かると」。私はワクスマン家まで運転して行き、人々が私を何者だろうと見つめる中、家の中に入った。私の顔を見たエステルは泣き崩れ、私も泣いた。そっと私たちのメッセージを伝えた。彼女は、この状況下でラファエルの世話をするのは本当に大変だったと告白し、夫のイェフダに荷物を準備してラファエルを連れて来るよう促した。ラファエルは私を見ると微笑み、私たちは手を繋いで人々をかき分けて進み、車に乗り込んだ。自宅に帰ると、ラファエルは我が家の家族全員から歓迎され、すぐに打ち解けてくつろいだ。

最後通告の期限から二四時間前となる木曜日の夜、西の壁の前では徹夜の祈りが捧げられた。同時に世界中のシナゴーグでも学校でも地域センターでも街角でも、その他多くの場所で人々が祈った。あらゆる場所で、善意の人々がナフションの無事を懇願して祈りが捧げられた。

前もって誰かが呼びかけたわけでもないのに、西の壁には一〇万人が集結した。黒いロングコートを着て揉み上げをカールした超正統派のユダヤ教徒が、長い髪を後ろでくくってイヤリングをつけたジーンズ姿の青年と隣り合い、体を前後にゆすり祈り泣いた。宗教家も世俗派も、左派も右派も、スファラディもアシュケナジー※も、老いも若きも、富める者も貧しい者も、皆が一つになったあの時の連帯感は、残念ながらいつもはまとまりのないイスラエル社会において前例を見ないことだった。

安息日《シャバット》が始まる金曜日の午後、エステルはメディアを通し、息子ナフションに「国中があなたの味方だから頑張って」と呼びかけた。彼女は国中の女性に、彼のためにもう一本のろうそくを灯してほしいと頼んだ［安息日には二本以上ろうそくを灯す習慣がある］。

多くの家庭がそうしたように、私たちの家でも、子供たちと安息日のテーブルに集まり、時計を見つめつつ、熱心に詩編を朗唱した。戒律を守る正統派家族として、私たちは安息日の間テレビもラジオもつけず、新聞も配達されないので、安息日が明けるまで何が起きているのか知る術はなかった。しかし金曜日の夜一〇時、私たちが詩編を朗唱している最中、玄関のドアをドンドンと叩く音で静寂が破られた。ドアを開けると、近くに住む一六歳のシャルヴァのボランティアの少女が泣き叫んだ。「ナフションが殺された!」大混乱が続いた。

エステルは後に書いている。

私たちは安息日のテーブルに座っていました。ナフションが今にも入って来るのではという期待で、私の視線はドアに釘付けになっていました。私たちは、イスラエルの諜報機関が、ナフションを車に乗せた運転手を掴まえていたことを知りませんでした。その運転手が白状したところによると、テロリストは全員キッパを被り、ダッシュボードには聖書と祈祷書を置き、ハシディックソングのテープをかけていたそうです〔ユダヤ人のふりをしていたということ〕。ヒッチハイクした息子は何の疑いも持たずに車に乗ったということでした。

ナフションが、私たちの家から一〇分しか離れていないイスラエル管轄下のビール・ナバッラという村に拘束されていることを諜報関係者が掴んでいたことも、私たちは知りませんでした。さらに、ラビン首相が息子を救出する軍事作戦を決断していたことも知らなかったのです。期限の金曜日夜八時、私たちの家のドアを開けて現れたのはナフションではなく、ヨラム・ヤイール将軍でした。彼は、軍の救出作戦が失敗してナフションが殺害されたこと、救出部隊の隊長だったニール・ポラズ中尉も死んだという最悪のニュースを私たちに知らせに来たのです。

その時間、私の息子たちも含め、多くの人が安息日の食事の後シナゴーグに戻り、ナフション救出のために詩編を朗唱して祈っていました。私たちは彼らを家に呼び戻しましたが、この信じられないニュースに衝撃を受けて凍り付き、安息日の残りの時間を過ごしたのです。

土曜日の夜、私たちは息子を葬りました。

西の壁でナフション解放のために祈ってくれたのと同様、ありとあらゆる人が、ヘルツェルの丘で執り行なわれたナフションの葬儀に来てくれました。その中には、この軍人墓地に足を踏み入れるのが初めての人も多くいたそうです。

私の夫は、ナフションが通っていたイェシヴァの校長先生に弔辞をお願いし、そして参加者全員に、神が私たちのすべての祈りを聞き私たちのすべての涙を集めてくれたと言ってくれるよう頼んでいました。息子を葬るにあたり夫が一番心配していたのは、人々の信仰が揺らぐのではないかということだったのです。それで彼はラビに頼み、参列者に次のことを言ってほしいと頼みました。それは、父親は子供のすべての願いを叶えてあげたいと思うが、それを拒否しなければならない時があること、そして子供にはその理由が分からないことがあること、同様に、天にいます父なる神は私たちの祈りを聞いてくださるが、私たちには理解できない理由で、私たちの祈りが受け入れられない時があるということです。

国中の人々が私たちと悲しみを共にしてくれました。子供を失った親を慰めるのは不可能ですが、何千もの人が慰めに来てくれました。イスラエルのラジオは、毎日の放送を次のように始めました。「イスラエルの皆さん、おはようございます。私たちは皆ワクスマン家の人々と共にあります」。食事や飲み物が休みなしに我が家に届けられ、哀悼の意を表するためにやって来る人々を乗せたタクシーやバスの運転手も、車から降り、人々と一緒に我が家を訪問してくれました。私たちにあふれるほど注がれた一体感や連帯感、親切心、共感そして愛は、私たちに力を与え、私たちの心を同胞への愛で満たしてくれました。

服喪期間《シヴァー》※の終わる七日目は、私たち家族にとって、立ち上がって前進する時でした。

その朝私は、イスラエルに休暇で来ている親しい友人から電話を受けた。「カルマン、君はワクスマン家と親しいんだろう。母親と会えるように調整してくれないか。彼女と彼女の夫は、神の名を聖ならしめた高貴な魂だ」。「家族は今、服喪から明けたばかりなんだ。今は訪問する時じゃない」と私は答えたが、彼はどうしても電話してほしいと言う。私が電話すると、エステルは会うことに同意した。「でもあなたが頼むからよ、カルマン。別の人に頼まれても会わないわ」と彼女は付け加えた。

私は彼をワクスマン家に連れて行った。疲れて重苦しい様子のエステルは独り家にいた。「ワクスマン夫人、あなたとご主人はイスラエルの英雄、高貴な魂です」。続けて彼は驚くべきことを言った。「シャルヴァは発展して、今入っている二軒繋がりのアパートでは狭くなりました。独立したもっと広いセンターを建設する必要があります。それを『ナフションの家』と名付けることを許可してほしいのです」

エステルは泣き出した。「あらゆる場所でナフションを記念してくれると思いますが、『ナフションの家』は最も意義深いものとなるでしょう。それは私たちの息子が生きた証しになるし、もう一人の息子にとっては発達と成長を助けてくれる第二の家になります」

私は衝撃を受けた。いずれシャルヴァに自前の建物が必要になることは明らかだったが、私の友人がエステルに依頼したことは、事前に合意するどころか話し合ったこともない方向に、私たちを駆り立てていった。このことに友人は全く気がついていないようだった。ホテルに送って行く途中、彼はエステルのメッセージを入れた「ナフションの家」に関するプロモーションビデオを作ることなどを話した。

まだ悲しみの癒えないエステルに新たな依頼をするのは気が引けたが、彼女が快く引き受けてくれた時は、ほっとした。彼女は数日後、凝り固まった心も溶かすような感動的な四分間のメッセージを収録した。

第28章　「カルマン、これは明白よ！」

開園から五年が過ぎ、シャルヴァはとても手狭になっていた。世話になりたいとやって来た家族の入園を何十人も断らなければならなかっただけでなく、すでに預かっている子供たちにも、やりたいと思うプログラムを提供することが困難になってきていた。

シャルヴァの拡張を検討してより大きな場所を探してみたが、適当な物件は見つからなかった。私たちが世話するような子供たちに場所を貸したくないという人が多かったのが、大きな理由の一つである。

私はエルサレム市の関係者に、子供たちのために適当な公共の場所がないか相談してみた。市の社会保障局は私たちのことをよく知っており、資金援助はしてくれていなかったが、シャルヴァに敬意を表してプログラムの価値を認めてくれていた。シャルヴァの名前は少しずつ知られるようになり、前年にはイスラエルのエゼル・ワイツマン大統領が、マルキと私に大統領ボランティア賞を授与する立派な式典を公邸で開催してくれていた。大統領は、二国家科学基金で会った私をよく覚えていた。

母と父も祝いの晩餐会にカナダから駆け付けてくれ、父は感激した面持ちで「マルキとおまえは私に限りない喜びを与えてくれた。明日死んでも幸せだよ」と言った。幸運なことに彼は死ななかった。

社会保障局上層部の担当者はシャルヴァをとても褒めてくれ、広くて清潔な施設が最近空いたことを教えてくれた。担当女性はその施設の鍵を持っている職員に電話し、私たちが内見できるよう指示した。そこに到着した私とマルキは、それが大きな防空シェルターであることを知ってショックを受けた。私が車から降りて見てみると、施設への入り口は、巨大なコンクリートの階段を地下二階まで降りて行ったところにあった。「これはシャルヴァには使えないわ」とマルキが言った。「子供たちのプログラムを地下室でしたかったらそれもいいけど、これは駄目だわ」。私がその女性職員に「せっかくですが結構です」と返事をすると、彼女は答えた。「どうしてそんなに文句を言うんですか？あなたのところのような子供たちに違いは分からないでしょう。せっかく使用できる場所があるのに」。「申し訳ありませんが、私たちのところのような子供たちだからこそ、彼ら自身と彼らの家族が尊厳を感じられるような場所が必要なんです」。彼女は理解できないようだった。私たちは、自分で探さなければならないことを悟った。

長い一日が終わったある晩、マルキと私は座ってコーヒーを飲みながらいつものようにシャルヴァが抱える問題について語り合った。彼女は一息つくと、事もなげに言った。「カルマン、これは明白よ！私たちがこのアパートから引っ越せばいいのよ。そして隣のシャルヴァと繋がっている庭のフェンスの一部を取り払うの。そうしたら、隣り合った二件のアパートで必要な広さが取れるわ」

マルキにとっては明白だったのかもしれないが、私の考えでは、自宅でやっていた活動を外に移すことはあるかもしれないが、設立者の家族を外に追い出すことはあり得ない。私はそれを強くマルキに訴えた。彼女の返事は簡潔で反駁できないものだった。「あなた自身が口で言うだけでなく行動で示さなかったら、他の誰がいったいそれをしてくれると言うの？」

三週間後、一九九五年の過越祭《ペサハ》の少し前、家族にちょうど良い物件が見つかった。それはエルサレムのキリヤット・モシェ地区にあってヨシの学校には近かったが、私たちがそれまで一〇年間住んで、友人やシナゴーグや馴染みの店がある便利なハル・ノフ地区ではなかった。

アパートは広く、きれいなキッチンがついていた。さまざまな準備が必要な過越祭が一〇日後に迫っており、私たちは早く住むところを見つけなければならなかった。この物件に決め、賃貸契約を交わすことになった。しかし不動産屋が持ってきたのはその物件の隣で、キッチンがとても小さかった。私たちがここじゃないと指摘すると、「あら、本当にごめんなさい。あれは間違ってお見せしたんです。あちらはもう契約が決まっていて、今貸せるのはこれだけなんです」と言われた。

そのキッチンは私たち大家族にはあまりにも小さく、動揺したが、他に行くところはなく、契約書に署名するしかなかった。

引っ越しの週は大混乱だった。私たちは八人の家族と家具の一切合切を運び出した。空き家になった家をシャルヴァのために掃除し、その後新しいアパートで荷をほどき、「過越祭の七日間、パン種の一かけらも家にあってはならない」（出エジプト記一二章一五節）という聖書の戒めに従って家中を掃除した。

エジプトからの慌ただしい脱出と同じように、私たちの引っ越しも何とか事なきを得て完了した。祭りの前夜となり、疲れ切った家族はローソクを手に、パン種で膨れたパンの欠片が家の中に残っていないか探す儀式を行なった。それは私たち家族にとって、新しい家で絆を深める素晴らしい機会だった。ローソクを片手に、パン屑を集める伝統的なスプーンと羽を持って床を探している時に電話が鳴った。まだ聞き慣れない新しい家の呼び出し音だった。

「ハイ、カルマン！」楽し気な声が聞こえてきた。「ゴードン・ダイヤモンドだよ。今イスラエルに来ているんだけど、すごく短い滞在なんだ。今時間があるので、君とマルキに会いたい。これからキング・デヴィッド・ホテルに迎えに来てくれないか。夕食を一緒に食べよう。急な話で申し訳ないけど、他に時間がないんだよ」

「やあゴードン。連絡してくれて嬉しいよ」私は答えた。本当に嬉しかったのだが、今はとても外出できないと思った。「ちょっと待ってくれる？」私は手で受話器を覆うと、マルキに状況を伝えた。彼女は迷いもなく「これから行くと言って」と答えた。マルキは引っ越しと過越祭の準備で疲労困憊《こんぱい》しており、いずれにせよ子供たちとパン屑拾いを始めたばかりで、あと一時間は必要だった。「マルキ、冗談だろう。これから一時間はどこへも行けないよ」と私は囁いた。「行きましょう」と彼女は言って、いつものお決まりの言葉を付け加えた。「心配しないで。私が何とかするわ。パン屑拾いは後でしましょう」

私たちはゴードンと会い、コーシェルの中華料理レストランで美味しい食事を味わった。いつものとおり彼との時間は楽しく、ゴードンはシャルヴァの状況を知りたがった。シャルヴァが倍の広さになったことを説明した私たちは、彼のさらなる質問に仕方なく答える形で、自分たちが住んでいた隣のアパートから出てシャルヴァのスペースを広げたことを告げた。ゴードンは感激し、食事の後に拡張したシャルヴァを見に行きたいと言った。それで私たちはハル・ノフまで運転して、二つのアパートを車の中から見せた。ゴードンは感極まっていた。「君たちがしたことに感動したよ。子供たちを助けるために、君たちの家を明け渡すなんて本当に偉い。シャルヴァが自前の施設を持つことになった時は、必ず僕の所に相談に来いよ」。彼をホテルに送り届ける頃には深夜になっており、家にたどり着いてパン屑拾いを終わらせたのはさらに遅い時間だった。私は疲れ切って寝床に入ったが、心は喜びに満たされていた。

一週間の過越祭が終わるとすぐ、シャルヴァの子供たちのためにセラピー専用の場所を設けた。部屋は、運動能力の発達を促して子供たちに刺激を与えるようデザインされ、器具が配置された。どの部屋も鮮やかな青、活気に満ちた赤、輝く黄色、艶やかな緑で彩られ、生き返ったようだった。そしてスポンジで覆われた器具は、魅力的なあらゆる形でできていた。

私たちはシャルヴァを拡張する前から、効果が立証された音楽セラピーを実施していた。そして今度は、専門家によるさらに組織だったプログラムとして、話せる子供にも話せない子供にも、フラストレーションや不安、喜びなどのさまざまな感情を表わせるコミュニケーションの方法を提供できることになった。

そして、子供たちに効果的なもう一つのセラピーは「スヌーズレン室」と呼ばれるものだった。それは、エルサレムでシャルヴァが初めて導入した複数の感覚に刺激を与える装置で、「スヌーズレン」はオランダ語の「探検してまどろむ」という意味の言葉である。その部屋に入るのは、まるで巨大な蚕《かいこ》の繭《まゆ》に足を踏み入れるような感じだった。良い香りが漂い、薄暗く、穏やかな音楽が流れていて、光ファイバーがパターンを変えながら白いビニールの壁と天井をリズミカルに照らし出している。床には、さまざまな形と高さのマットレスやウォーターベッドが敷きつめられていた。ガラスの筒の中では泡が膨らんだり縮んだりを繰り返し、クッションとふわふわした動物の縫いぐるみはとても柔らかく触り心地がよかった。安全で簡単に利用できるこの魔法のような部屋は、シャルヴァの子供たちが、そして時にはストレスを抱えた彼らの親たちも、安全な環境で触覚、味覚、嗅覚、聴覚、視覚など可能な限りの感覚を駆使して自分の周りを探索し、心身共に安らぎを得ることを可能にしていた。

隣り合ったアパートのどちらも、今や完全に備品や器具が整備されて利用可能な状態になり、一見すると、元々このように作られた施設に見えるほどだった。

数カ月が経過し、私はバンクーバーに出かけるために二週間の休暇を申請した。ゴードンと他の数人が親切にも私と会うことに同意してくれていた。ゴードンと会う前の晩、私は共通の親しい友人を訪ね、明朝ゴードンに会った際にシャルヴァの自前センター建設を援助してくれるよう頼むつもりだと話した。「二五万ドルをゴードンに出してほしいというのは頼み過ぎだろうか」私が聞くと彼は質問で答えた。「いくら必要なんだい？」「エルサレムの不動産価格の現状を考えれば、一〇〇万ドルは必要だと思う」「もしそれが必要な額なら、そう頼むべきだ」彼は穏やかに言った。「君が頼まない限り、どうやってその額を集めるんだい」。「でもそんなには頼めないよ」私が答えると彼は言った。「いいかい、ただ必要額を知らせるんだ。ゴードンが自分の基金を通して支援したいと言うなら、あとは彼に決めさせたらいいんだよ」

彼はそれから、私が持参したエステルのビデオを観たいと言った。彼は深く感激し、椅子から飛び上がって叫んだ。「信じられない！」「明日の会合は忘れろ。僕はニューヨークの全米ネットワークテレビの社長を知っている。これを放映するよう彼に提案してみるよ。君が必要とする資金があっという間に集まることは間違いない」それを聞いて私も興奮してきた。こんな機会が巡ってくるなど誰が想像しただろう。

両親の家に帰り、私はマルキにこの驚くべきニュースを伝えた。しかし彼女は「そんなことしたら駄目よ」と不可解な返事をした。私は衝撃を受け、「いったい何を言ってるんだい」と抗議した。マルキは頑なだった。「ナフションの悲劇を利用しないということ、彼の名を冠したセンターは作らないということよ。あなたがしようとしていることはそれで、人々もまさしくそう見るわ」。私は、彼の悲劇を利用するのではなくて、彼がかわいがっていた弟やその他多くの同じような子供たちのために、大切なものを提供するのを助けてもらうことなんだと説明した。しかし彼女は頑として譲らなかった。個人のグループに見せるのはいいが、寄付を募るためにテレビを通してそれを使うのは絶対に不適切だと言い張った。私が彼女の主張に納得したと言えば嘘になるだろう。それどころか、最高のチャンスを奪われたと感じていた。

それで私は当初の計画に戻り、翌日ゴードンの事務所を訪ねた。嬉しいことに、彼の父親のジャックも同席していた。ジャックはタフで真面目な人物で、他人への思いやりの深さで知られていた。彼は他の誰よりも、コミュニティのさまざまな施設のために気前良く寄付をしてきた。

私はワクスマン家に起こった出来事を説明し、ビデオを見せた。彼らは深く感動した。そして常に単刀直入なジャックが尋ねた。「それで、いくらほしいんだい」。私は大きく息を吸い込んで何とか口に出した。「センターを建て器具を設置するのに一〇〇万ドルかかります。その額を検討していただきたいんです」。沈黙の瞬間が続いた。明らかに怒った様子のジャックは席を立つと、部屋中に聞こえる声で「彼はたわ言を言っている！」と言うなり、勢い良く部屋を出て行った。ゴードンが慌てて彼を追いかけた。独りになった私は完全に取り乱していた。ジャックは全く正しい。いったい何ということを私は言ってしまったんだ。ゴードンが部屋に戻って来るまでの二〇分間、私は針の筵《むしろ》に座り続けた。「父にあんなふうに額を指定しちゃだめだよ」と彼は厳しく言った。「でも彼が君に言ったことは謝るよ」。それから長い沈黙が続いた。「一〇〇万ドルは無理だ。いくらほしい？」。私は何とか「七五万ドルならいいかな」と返事をした。「それは駄目だ。でも二五万ドルなら出せる」。カナダドルは米ドルの七三％なので、私は勇気を振り絞って「米ドルで二五万ドルにしてもらえるかな」と聞いた。

「いいよ」とゴードンは答えた。「どうして僕たちが寄付するかというと、君たちが子供たちを助けるために自分の家を諦めたからだよ。それをとても尊敬している」。私は再び部屋に独りにされた。ゴードンは三五万カナダドルの小切手を手に戻ってきた。「これは父と私たち家族からだ」と言った。

私はこれほど高額な小切手を見たことがなかったし、私の父もこれほど多額の慈善寄付を見たことがなかった。いつも思慮深い言葉を使う父は感激し、「お前が人生を捧げていることをとても誇りに思うよ」と言った。

もちろん私はこの信じ難いニュースを電話でマルキに伝えた。私たちは興奮し、シャルヴァのさらなる発展に向けて、二人が新しい挑戦に挑もうとしていることをはっきりと認識した。

第29章　ナフションの家

新築ビルを建てる時に起こりがちな厄介な問題やコストの高騰などを警告されていた私たちは、改造できそうな中古の物件を探し始めた。知り合いの不動産会社に頼んで適当な物件を紹介してもらい、数カ月の間に数えきれないほどの場所を見に行ったが、相応しいものはなかった。現実は、私たちの持ち合わせが二五万ドルで、良い場所に移るにはその数倍かかるということだった。これにはすっかりまいってしまい、時間が経つにつれ、ゴードンに寄付を返すのが一番いいのではないかと私は思い始めていた。

四階建てで内装がまだ完成していないタウンハウス〔集合住宅の一種で、数件の住宅が連なっている長屋〕を見つけた時、私は再び寄付を募る旅に出かけることを検討した。現在のシャルヴァから数ブロック離れたその物件は道の行き止まりにあり、眼前にはユダの山地と渓谷が見える素晴らしい風景が広がっていた。家の前には建設資材が散らかっていて、それはまだ単なるコンクリートの入れ物という感じだった。山肌に建てられているため、最上階から出入りするようになっていた。入り口から下二階は同じサイズで、その下はずっと小さなフロアになっており、細い廊下が防空シェルターと裏口のドアに繋がっていた。建物の裏にまだ土砂の山が残されていたが、そこは裏庭になる予定だった。総面積は約二八〇平米で、家族用の四階建ての家だった。

マルキと私は、細い階段を下りて各階を見学し、窓がなくて閉所恐怖症を起こしそうな一番下の階に着いた。私が見たのはコンクリートと岩の塊だったが、マルキには全く違う光景が見えていた。「カルマン、見て。私はこのフロアーにキッチンと食堂、そして中庭を作るわ」。「このフロアーは狭すぎる。それにどっちにしろ、この物件は僕たちには手が届かないよ」と私は答えた。

彼女は、後ろに山があるために補強されたコンクリートの壁を見て、ここは広くて美しい部屋になると言う。

「君が何を見ているのか分からないね。でも君は夢を見ている。ここを購入することなんかできないんだよ」。マルキは私を見て微笑むと、静かに言った。「今、私の心の中でバイオリンが奏でられているの。そんなことは滅多に起こらない。でもそれが起こった時、私はそれが本物だと分かるのよ。私はあなたにここを買ってと言ってるんじゃない。でも私はこの場所以外はもう探さないわ」。私はたまらなくなって泣き出してしまった。「マルキ、お願いだからやめてくれよ」

「私はあなたに対して何もしないわ。あなたは自分で思うところを決めればいい。でも私はここに決めたの」

今やこれが唯一の選択肢となったことは分かったが、いったい私たちがどうやってここを買えるのか、そして今私が見ている物件が本当に生まれ変われるのか、見当がつかなかった。それは簡単なことではなかった。

私たちは、抜け目のなさそうな二人のビジネスマンを紹介された。彼らがこの物件の所有者だった。私は数人から、この取り引きには関わらないほうがいいとアドバイスを受けていた。この二人は資金を出した側と建設した側で、途中で問題が起き、法廷で争っているとのことだった。

物件は七五万ドルで、それは建物だけの値段だった。それに加えて内装に二五万ドルはかかるだろうと私たちは見積もっていた。私たちの弁護士も交えて面談すると、彼らは、私たちの所持金を大きく上回る頭金を要求してきた。それで終わりだと思ったが、私は彼らに言った。「お二方、よく考えてみましょう。あなた方は今、法廷で互いを相手取って争っているんですよね。このままでは訴訟経費がかさみ、いずれの側も、これまで投資した額を取り戻せなくなりますよ。私がお二人を救って差し上げましょう。シャルヴァの子供たちに素晴らしい家を提供するために、私のパートナーになってください。忍耐強く少し待っていただけるなら、投資した額を取り戻せるはずです」。さらなる値切り交渉の後、彼らは二四万九〇〇〇ドルの頭金に合意した。誰よりも私の弁護士が驚いていた。

私はマルキに向かって囁いた。「信じられないほどいい話だけど、所持金をすっからかんにする契約に署名はできないよ」。彼女は「あなたの額《ひたい》にそれしかお金がないと書いてあるわけじゃないわ。これは素晴らしい取り引きよ。進めましょう」と答えた。実際、彼らがそれを知らないからこそ、契約が成立したのだった。そして今や私は、その契約から抜け出せない状態に陥ってしまった。

私たちには建築家や建築会社を雇う予算がなかったので、マルキは、知人の電気技師で市からも仕事を請け負っているムハンマドに頼った。物件を詳細に調査した彼は、興奮した声で電話をかけてきた。「あなたたちは宝くじに当たったよ。家の周りは岩盤じゃなくて土砂だ。僕が小さなトラクターを入れて取り除けば、敷地内に建物を増築できるよ」

マルキは大喜びでそれを承諾した。しかし私は、自分たちには資金がないと警告した。彼女は怯まなかった。「カルマン、これは一生に一度のチャンスなのよ。そして今決断しなくちゃならない。あなたがバンクーバーの豪華な家で、車を何台も持ってゴルフクラブの会員でもあるような家庭に育ったのは嬉しいわ。私の母はアウシュヴィッツの生還者よ。私はこれ位の困難では怯まないわ」

今や、追加資金がどうしても必要だった。エステル・ワクスマンは、私と一緒に一週間ニューヨークへ行くことに同意してくれた。私は彼女を、投資会社のパートナーで心優しい友人であるハリー・フロイドとジェイ・ゴールドスミスに紹介した。彼らはエステルに会えるのを誇りに感じ、彼女の話を詳しく聞いてくれた。彼女が「ナフションの家」の夢を語りその重要性を伝えると、ジェイが私のほうを向いて尋ねた。「それを完成させるにはいくらかかるんだい」「五〇万ドルだ」。「おい、ハリー」彼は言い放った。「僕たちで集められるよね」。そしてまた私に向き直って「僕たちが何とかするよ。あと二〜三カ月したらまた来てほしい」。ジェイとハリーは、エステルに会えて光栄だったと感謝した。私たちは励まされはしたが、どんな展開になるのか分からないまま彼らと別れた。

エステルに会いたがる人は他にもいた。エステルとイェフダの名前は、息子を失った悲劇に直面して示した尊厳と信仰心の故に、その悲劇と同様に広く知られていた。私は、尊敬するラビ・アブラハム・ヤコブ・ハコヘン・パムから、エステルに会いたいというメッセージを受け取っていた。謙虚で優しい語り口のラビ・パムは、深い尊敬を集めるタルムード学者で、御年は九〇歳を超えていた。ブルックリンの「トーラー・ヴォダアス」イェシヴァで六〇年間教えてきた校長である。エステルと私は彼の自宅を訪問した。

ラビはエステルと会い、深く感動していた。彼は、彼女の夫が一九歳の息子を葬る際、ナフションのラビを通して伝えた言葉を忘れていなかった。「ご主人のメッセージは、ナフションの無事を祈った何万人もの人を感動させました。確かに、すべての祈りは聞き届けられます。でもこの時は否認されました。私は、あなたにお目にかかり直接お礼を申し上げたいと思っていたのです」。そう言うと彼は、年老いた指で一字一字を丁寧に綴りながら、エステルとイェフダへのメッセージをしたためた。

二カ月後、私は再びニューヨークのジェイとハリーの事務所を訪れた。そこには他に五人が集まっていた。ジェイが、このプロジェクトを支援することの大切さを語り、自分が寄付する額を表明した。その後彼は部屋中を回り、人々に寄付を促した。彼は全く臆することなく寄付を迫り、ジェイとハリーは約束どおり必要な額を三〇分で集めてくれた。私はただ茫然と立ち尽くした。

マルキは一生懸命働いた。彼女は建築や設計、インテリアデザインを学んだことはなかったが、子供が何を必要としているかを知っていた。自らが望んでいるものを明確に認識している彼女は、私たちが雇った建築請負人ニール・シェヘルの率いる献身的で優秀な専門家たちと、緊密かつ効果的に働くことができた。

マルキと息子のヨハナンが目を光らせる中、改修は進んでいった。当時ヨハナンは学生で、この建物のことで頭がいっぱいだった。遊び部屋、運動部屋、セラピーの部屋、図書館、キッチン、食堂、寝室、音響室、保育室、独立支援室、アート・クラフトの部屋と次々にできていった。軒下の傾斜した屋根裏部屋の下に、小さな運営事務所も作った。マルキは頻繁に現場に出かけては、「この部屋をあと六〇センチ広げて」とか「もっと深く岩盤まで掘って」などと作業員に指示していた。建設作業は延々と続き、かなりの時間を要した。

それは一九九八年の初めだった。私たちは七年の間に六人の子供を授かり、末っ子のシュロモも一六歳になっていた。私は四七歳、マルキは四四歳だった。彼女はコーヒーを飲みながら、テーブルの向かいに私を座らせた。私は建築に関する重要な報告かと思ったが、今回は少し違った。

「あまり気分がよくないの」と彼女は切り出した。

「鎮痛解熱剤を一錠あげようか」と提案すると「それは助けにならないわ」と言う。「分かった。じゃあ二錠あげよう」「それでもだめ」「いったい何のことを言ってるんだい」と私は戸惑いながら尋ねた。「妊娠しているの」

私は嬉しいと同時に、マルキが以前の妊娠で何度も問題を抱えたことを思い出して不安に襲われた。それを察したのか、マルキは私を安心させるように「心配しないで。この妊娠は違うわ」

最初の六人の子供が生まれた頃、超音波検査などはなかったが今はそれがあり、私たちは間もなく女の子に恵まれたことが分かった。大きくなった子供たちに、母親が彼らの妹を妊娠していると告げるのは不思議な感じで素晴らしいことだった。彼らは名前を提案し始めたが、私は、神のご加護で健康な子が生まれてくるまで待とうと言った。それで彼らは、その子を「お母さんの小さな王妃」と呼ぶようになり、「王妃《ネスィハー》」がニックネームになった。

高齢出産となることから、お腹の子供にダウン症の心配があった。といっても心配していたのは医師と私だけで、マルキは全く気にせず、生まれて来る女の子を全力で育てようとしていた。私たちは、三五歳以上で出産するマルキには、ダウン症の可能性を調べる羊水検査を受ける資格があることを知っていた。私がその検査のリスクについて聞くと、それはごく小さいということだった。しかしその夜、私がインターネットで調べて分かった内容は、少し違っていた。子宮に針を刺し、胎児を包んでいる羊水を採取する過程において、二三五人に一人の割合で流産が起きるというのだ。

マルキは翌日医師に宣言した。「もし神が、高齢にもかかわらず私の胎に命を宿してくださったのなら、私はそれを失うような危険は冒しません」。医師は私たちの友人で、検査の重要性を説明したが、私は答えた。「もし子供がダウン症だったとしても、私たちは中絶などしないのですから、検査をしても何も変わりません。生まれた時には分かるんですから」

一九九八年の夏はとても暑かった。建物の完成に向け、壁にさまざまな色を塗ったり本物のディズニーランドのような壁画を描いたりと、大きなお腹を抱えながら細部に至るまで仕上がりを指揮するマルキの姿は、ちょっとした風景だった。

開園式典は一〇月の仮庵祭《スコット》の週に行なわれ、イスラエル国内からも海外からも多くの友人が出席した。それは歓喜に満ちあふれたイベントで、私たちにとっては奇跡以外の何物でもなかった。私はまだかなりの負債を抱えていたが、センターは完成し、子供たちが入園してきた。スタッフは新しい建物の広さに驚いたとマルキに告げたが、彼女は笑って「一年したらあなたたちは、広さが足りないと言うようになるわよ」と言い返した。そして実際にそうなった。

マルキにはもう一つ仕事が残っていた。出産である。シャルヴァの開園式からわずか二週間後、四七〇〇グラムの美しく健康な私たちの娘サラが生まれた。ヘブライ語で「サラ」は「王妃」の意味でもある。彼女の誕生は家中に大きな喜びをもたらしたが、誰よりも喜んだのはヨシで、彼は最初に会った瞬間からサラを溺愛した。マルキは、サラが生まれる前からヨシの手をお腹にあてさせ、ヨシは赤ん坊が中からお腹を蹴っているのを感じて喜んでいた。

マルキは産後すぐ仕事に戻り、費用がまだ準備できていないのに、ビルにエレベーターを取り付けることを決めた。信じられないことに、彼女は、子供たちの活動を邪魔しないようにしながら、エレベーターの設置を完了させてしまったのである。斜面を削り始めた頃、彼女はさらに二階分を掘り下げるよう依頼し、そこに水治療法《すいちりょうほう》用のプールと多目的スペース、そしてシナゴーグを作ることを決めてしまった。

「シャルヴァ――ナフションの家」は独自の本領を発揮し、障がいがある子供たちを助けるための断新なアイデアと新たな手法が導入され、改良され、そして実行されていった。

サービスを受ける子供たちの数は増え続け、数百人にも達した。シャルヴァは、高校を卒業して非戦闘の兵役義務を選ぶ若者たちが任務を果たす場所として軍から許可を得た。彼らの人数も増え、さらに若いボランティアの数も増えていった。私たちは再び、入園希望者を断らなければならない事態に直面していた。毎日の種々のプログラムは、センターのあらゆるスペースを使って行なわれたが、活動の質を下げることなく続けられていた。

建物は子供たちが迷わないよう階毎に違う色で彩られていた。お泊りの部屋は、それぞれが壁画からカーテンからベッドカバーから電灯まで違ったテーマと色でまとめられていた。これ以上明確にできないというほど、マルキのデザインは「シャルヴァは単なる障がい児の福祉施設ではなく、子供たちの家」であることを体現していた。

私たちがプロジェクトを始めた際に掲げた寄り添う気持ちと希望、そして愛は、私たちの思想であり続け、家族が質の良い生活を送りつつ障がい児を家で育てることを可能にしていた。シャルヴァの規模は拡大の一途をたどっていたが、その根本の価値観は変わらなかった。

第30章　お母さんと一緒

新しいセンターに入居して二年が過ぎ、すべて順調に運営されていた。放課後教室は子供たちが到着する午後一時から始まり、夕食を済ませた彼らをバスで家まで送る夜六時までだった。息抜きプログラムのお泊りに参加する子供たちは、友だちと楽しい時間を過ごしながら大事な技能を学ぶ。一泊した後、翌朝七時半に自分の学校のスクールバスに乗って学校に行く。

ある日私が二国家科学基金の仕事から帰ってくると、マルキは泣いていた。「どうしたの、マルキ」。私は何か悪いことが起きたのかと不安になった。彼女は落ち着くと、少しずつ説明し始めた。「私はこんなふうには生きられない。シャルヴァで私たちは午前中何もしていないのよ」「なるほど、それはとっても正常なことだよね。私たちのプログラムは一時から次の日の朝七時半まで続くんだよ。一八時間半だよ。毎日一八時間も子供の世話をする学校や地域センターが他にあるかい。それに午前中の時間は建物の中を掃除して、きっちり清潔に保たれているかどうか確かめたりする大事な時間だよ。だからセンターは二四時間利用されているのと同じだよ」

「違うわ」彼女は答えた。「これだけじゃ十分じゃない。掃除は何とかできるわ。障がいのある子供を産んだばかりの母親や、医師に子供が通常どおりには成長しないと告げられた母親のためのプログラムが必要なの。その瞬間から母親は機能しなくなるからよ。打ちのめされ、何が起こったのか理解できず、誰に頼ったらいいのかも分からない。鬱状態になって孤独に苛《さいな》まれるの」マルキはそこで一息ついて続けた。「孤独は耐え難いものだわ。私は決して忘れない。今でも感じることができる。確かに医者は素晴らしい医学的支援をしてくれる。でも感情面での支援が絶対必要なのよ。そしてそれが得られる場所はどこにもないの」

「分かったよ。それでどんなことを考えているんだい」私は優しく聞いた。マルキは語り始めた。「ハンプティ・ダンプティの歌があるでしょ。塀の上に座っていたハンプティ（卵）が落ちて潰れたけど、王様の馬も家来もハンプティを元に戻すことはできなかったという歌」「じゃあ誰ならできるの」私は聞いた。「同じような状況にある母親だけよ」と彼女は答えた。「母親たちのグループが、日曜日から木曜日まで交代で自分の赤ちゃんと一緒にシャルヴァに来て、いろいろなセラピーを受けたり子供と一緒に泳いだりする。そして何より、三〇分位スタッフが席を外し自分たちだけでコーヒーとケーキの時間を持つような、そんなプログラムをやりたいの」

「それじゃ週一日のプログラムなんだね」「ええそうよ。一つひとつのグループはね。五つのグループを作るから、私たちは毎日やることになる。そこでは言語聴覚療法、理学療法、作業療法、水治療法などなんでもやるの。でもプログラムは子供にセラピーを提供するだけじゃない。週の残りの日は家でどんなふうに子供に接したらいいか、母親にも教えるのよ」

「素晴らしいプログラムのようだね」と私はコメントした。「ちょっと聞かせてほしい。今僕たちの年間予算は百万ドル近いけど、提供するプログラムへの参加費用は一切徴収していないよね。君の提案に出てくるセラピストは専門家だろうから、彼らには報酬を支払わないといけない。この高価なプログラムのために、誰が資金を募るんだい」

「あなたよ！」マルキは当然のように答えた。私は深く息を吸った。マルキは今や哲学的な語り口になり、イディッシュで話し続けた。「愛しのカルマン、今度こそ分かってよ。世界でお金が不足することはないけど、健康が不足している人々はいるのよ。また一週間の旅に出たら、神の助けによって、あなたは必要な額を手にすることができるわ」

私の計算では、このプログラムを一年間続けるのに必要な経費は一四万五〇〇〇ドルだった。今回のような前例のないプログラムに、イスラエル政府からの支援は得られないだろう。これまでも政府から援助をもらったことはなかったが、このプログラムに関しては最初からそれが期待できないことは明白だった。つまりいつものように、私が必要な額すべてをどこかから見つけて来なければならないということなのだ。

この構想を共有した一人は、ニューヨークの良き友人アンディ・ローウィンガーだった。彼と初めて会ったのは一〇年ほど前に自宅に招かれた時で、障がいのある子供がどれほど大切か、そして彼らが私たちの生活をどれだけ豊かにしてくれているかを、彼は延々と語った。私は、彼の感受性と洞察力に感服したものだ。彼はその後、献身的で思慮深い私のパートナーとなったが、問題に対して常に深く取り組む人物だった。その後の年月で、私は彼の高齢の母親エディス・ローウィンガーに会う光栄に浴した。彼女は、アンディの父親で今は亡き夫モリスと共に、ホロコーストのさなかにブダペストのゲットーで何万人ものユダヤ人を飢餓から救った人物だった。崇高な人道的精神を持つ彼女が、ハンガリーアクセントでさまざまな話題について喋るのを、私は興味津々で聞いた。

私は、マンハッタンのアンディの事務所で「お母さんと一緒」プログラムについて説明し、二人で一緒に計画を練った。私は彼に、既存のプログラムへの寄付を募る私の能力を超えてしまうという懸念を正直に伝えた。自分としては少しずつ進めたいところだが、マルキは、十分な人数の母親の参加を得てフル稼働でスタートしたがっている。アンディはマルキの意見に賛成だった。「正しい方法で始めるべきだ。内容を薄めて小出しにやったら成功しないよ。そして君がそれに成功しなければ、このようなプログラムの実施は無理なんだと君が証明したようなものだから、今後誰もそのようなプログラムに挑戦しなくなる。だからやるなら正しいやり方で始めるんだ。でなければ、やらないほうがいい。そして君が正しい方法で実施して大きなインパクトを与えれば、政府も資金援助することになるよ。私は、スタート資金を出す用意がある。しかし支援者の数を増やさなくちゃならない。君がこのプログラムをスタートしたら、それはあっという間に拡大していくだろうから。そして一番大事なことだが、私は君に宿題を出すよ。君が私の支援をほしかったら質問に答え、君がどんなに真剣かを見せてほしい」

イスラエルに帰った私は、アンディから出された宿題をこなすため、質問への返答を作成するのに長い時間を費やした。彼は次から次にさらなる質問を出してきて、私はその度に返答したが、いつもそれで十分ではなかった。その後も私がニューヨークに出かけて何度も会い、その度に彼は新しい詳細と情報を要求するのだった。私は、自分がどんなに一生懸命答えても、その度にゴールポストを動かされて決してそこに到達できないような気持ちになっていた。一〇カ月が過ぎ、今回もまたそんな面談になるのだろうと思いながら、ニューヨークからマルキに電話した。「カルマン、自尊心があるならもう会いに行くのはやめなさい」。「面談は今日なんだよ。金曜日の正午だ。もし彼が今回またゴールポストを動かしたら、これで終わりにするよ」

アンディの広々とした重役室での面談で、彼は予想どおり、新しい問題について一時間近くも語り続けた。私は立ち上がると、息を整え、こう言おうとした。「あなたのことは好きだし、私たちはこれからも友人です。でももう『お母さんと一緒』プログラムについて話し合うのはやめましょう」。しかし私が立ち上がるのと同時に彼も立ち上がったので、私はそれを言うことができなかった。彼はポケットに手を入れると、封筒を取り出して私に手渡した。「開けてみて」と彼に言われ、封筒を開いた私はショックを受けた。そこには一二カ月分の小切手が入っており、その総額は、プログラム一年分の運営費用一四万五〇〇〇ドルだった。「これはスタートするための資金だ」彼は淡々と言った。「将来的には、また別の寄付を探すんだね」。私は胸がいっぱいになり、巨大なテーブルの周りを歩いて彼に近づき、抱きしめてお礼を言った。シャルヴァにまた奇跡が起こったのだ。イスラエルでは安息日《シャバット》が始まっていたので、ニューヨークの土曜日の夜までマルキとは話せなかった。やっと話せた時、彼女はふざけて言った。「私は、あなたの自尊心のなさをどう尊敬するかを学んだわ」

私はその後一年、その他にかなり高額の寄付を得るために頑張ったが、うまくいかなかった。時間切れとなり、私は再びアンディを訪ねた。「カルマン、約束したよね。僕は一年分だけ出すと言った。残りは君が別のところから探してくるんだね」

彼が手ごわいビジネスマンであることは疑いなかった。しかし彼は手ごわい息子ではなかった。私が部屋を出ようとした時、私を敬愛してくれている彼の高齢の母親がドアの側に立ち、私たちの話を聞いていた。彼女は迷うことなく、優しい口調で息子に語りかけた。「アンディ、彼はとても良い人で一生懸命努力しているのよ。彼にもう一度寄付しなさい」。アンディは私を見ると、「もう一年分を渡すよ。その分は母に感謝してくれ」と言った。

「お母さんと一緒」プログラムは大成功だった。それは新たな分野を切り拓き、「幼児教育の分野における最も刺激的な新しいプログラム」として名誉ある国家賞が授与された。その後、政府はこのユニークで新しい試みを称賛し、一部の経費を負担してくれることになった。それは、障がいのある子供を産んだ直後の母親を支援するイスラエルで唯一の心理療法モデルとなった。自分と同じ状況に置かれた母親たちのグループの一員となることは、彼女たちを力づけ、衝撃と不安に苛まれて無力感の中で動けなかった状態から、数週間もしないうちに自分を取り戻すことができた。彼女たちは、その気持ちをよくスタッフへの手紙に綴っていた。

私は、息子が生まれた時、完璧に打ちのめされました。彼は私の最初の子供で、このようなことになるなど全く予想していませんでした。私は彼を抱くことも見ることもできませんでした。彼と五分間一緒にいることさえ、耐えられなかったんです。私は、自分が息子のことを恥じていたのを恥ずかしく思っています。そうした気持ちがすべて変わった瞬間を思い出します。水治療法のため、彼と初めてプールに入った時でした。水の中で抱いていた息子に対して、自分の中から突然ほとばしるような愛情を感じたのです。その瞬間に理解しました。あなたは私の息子で私はあなたを愛していると。突如として今まで感じていた大きな負担が私のうちから取り除かれ、かけがえのない贈り物として息子を大切にするようになりました。

別の母親は書いている。

彼は三カ月以上の早産で生まれました。体重は一キロにも満たなかったんです。彼は生きることを選びましたが、その世話をするのは一日二四時間週七日の仕事でした。生後数カ月の時私は、ミルクや衣服やおむつを持って彼を医者に連れて行きました。「今日の予約はありませんよ」と言う看護師に私は告げました。「分かっています。予約があってきたのではありません。連れてきたのは、もう私にはこの子の世話ができなくなったからです。ここにこの赤ん坊を置いていきます。あなた方が彼をどうしたらいいのか決めてください」。医師が理解を示してくれ、シャルヴァの「お母さんと一緒」プログラムを紹介してくれました。藁をも掴む思いで電話し、そこを訪ねました。その場所を一目見た瞬間、私は救われました。それがどれほどの助けになったか、言葉では言い表せません。プログラムは、この子に違う夢を見ることを可能にしてくれました。他の子供とは違うけど、彼は私の息子です。私は、健康な他の子供を愛するのと同じように、彼を愛することを学びました。彼を大切にし、誇りを持って世界に見せます。以前のことを思い出すと、自分の中に起きた変化が信じられないほどです。

かつてマルキと私も同じように辛い日々を過ごし、自分たちの頭上に空が落ちてきたような衝撃を味わっていた。私たちは、そのような家族が支援を必要とし、子供を助ける方法を学べる場所が必要であることを知っていた。そして両親にとって、自分たちの子供が想像していたのとは違っていても神が授けてくれた子供であり、大切にされ愛されるべき存在であると教えられることがいかに大切かも認識していた。

ヨシは、障がいのある子供が家族全員に強い影響を与えることや、逆にその子供自身も家族全員から強い影響を受けていることを私たちに教えてくれた。そのことは、「お母さんと一緒」プログラムにも組み込まれ、父親や兄弟姉妹そして祖父母による支援グループも作られた。参加した一六歳の子供が私に教えてくれた。「私たちは、障がいのある弟が生まれるまで五人家族でした。それが突然私たちは一人家族になってしまったんです」。私たちの目標は、彼らを普通に機能する六人家族に戻してあげることだった。

このプログラムに関して、テルアビブ大学教育学部の学部長でイスラエルで最も名誉あるイスラエル賞を受賞したマルカ・マルガリート教授が、数回の研究を実施した。学習発達障がい分野の権威として認められていた彼女の研究結果は、有数の学術誌に掲載された。以下は彼女が書いた論文の一つからの抜粋である。

シャルヴァの特異性は、学習障がいや発達障がいといった子供が抱える問題だけでなく、いかにして親を力づけ、家族全体がよりよく取り組むことができるかに、同様な焦点を当てていることである。特別なニーズを持つ子供は、家族の幸福や生活の質に継続的な大きい挑戦を強いるかもしれない。すべての子供を世話する親の苦労は絶え間なく過酷なものである。そのような危機的状態にあって、多くの家庭が孤独の中にいる。このことが強調される大きな理由は、シャルヴァが、自らも障がい児を持つ両親により、同様な状況に置かれた他の親たちを助けるために開設されたからだろう。

シャルヴァは、乳幼児から青年まで、障がい児が必要とするニーズに応えるため、最も安定した最新の国際カリキュラムを提供する。どの親も、多くの挑戦に直面する自分たちの子供が、潜在能力を最大限まで発達させることを望んでいる。どの親も、子供の障がいの深刻さや家族の経済状況に関係なく、あらゆる最新のセラピーとあらゆる教育方法を利用して、子供を助けることができると知る必要がある。

私たちが「マルカ」とファーストネームで呼ぶようになった教授は、自らの洞察を私に教えてくれた。「私は、教授としてのアカデミックな学位は持っていますが、『お母さんと一緒』のようなプログラム、さらに言うなら、シャルヴァの行なっているあらゆるプログラムを作り出すことはできませんでした」。「なぜですか」と私が尋ねると、「まず第一に、障がい児を育てるという挑戦に直面した母親が必要だったからです。そしてイスラエルやニューヨークで得られるサービスには何が不足していて、それをどのようにカバーできるのかを理解する賢さが必要だったのです。その他にも重要な要素がありました。仮に私が『お母さんと一緒』のような素晴らしいアイデアを考えついたとしましょう。私は大学の有力者にそのアイデアを伝えたでしょう。彼らが関心を示したとして、次の質問は『どうやって予算を付けるのか』だったと思います。私はおそらくこう答えていたでしょう。『私はある基金から、最初の二年間にかかる経費を寄付してもらえることになっています』。彼らの次の質問は『それで、三年目の経費はどこから来るんですか』です。もし私が『まだ分からない』と言ったら、『それではプログラムを開始すべきでない』と告げられるでしょう。あなたの愛すべき奥さんにはそんな心配がなかった。彼女にはあなたのような〝愚直な〟夫がいて世界中を駆け回り、自分の夢を実現させるのに必要な資金を集めてくれたので、『お母さんと一緒』のようなプログラムを開設することができたのです。彼女は問題を認識し、それを解決するための明確なヴィジョンを描き、その二つを繋ぐ夫を持っていたんです」

彼女の分析に感心させられ、マルキは微笑み、私は吹きだした。

第31章　二足のわらじ

五〇歳に近づいた私は、医者や救急病院を訪れることが多くなってきていた。それはいつも同じ症状によるものだった。肩から上半身にかけて、蟻がはい回るような感覚に襲われるのだ。常に微熱があり、医者も私自身も原因は分からなかった。時間が経つにつれ、どこが問題なのかという私の不安は深まっていった。ある日症状が特別に酷《ひど》くなり、また救急病院に行くことにした。いつものように検診を受けたのだが、その後の医師との話し合いは思いがけない方向に進んだ。

その医師は、これまで私が診てもらったことのない北欧アクセントの強い長身で色白の男性だった。「あなたは同じ症状でこれまでもこの救急病院に来たことがありますね」と彼は話し始めた。「ストレスからきている可能性はありませんか」。私は笑って答えた。「そう言えるかもしれませんね」。「どんなお仕事をなさっているのか話してください」と聞かれて私は説明した。「コンピューター関連でフルタイムの仕事に就き、その他に一〇年以上前に妻と一緒に設立して拡張し続けている非営利団体を運営しています」。彼は、コンピューター関連と非営利団体での仕事内容、それらに関わる時間と責任などについて詳しく尋ねた。頷きながら私を見つめていた医師は、重苦しく聞いた。「お子さんはいらっしゃいますか」「はい」「何人ですか」「七人です」「そのお子さんたちが結婚するのを見届けたいですか」彼は続けた。「はっきり言わせてください。あなたが今のような生活を続けるなら、それは叶わないかもしれませんよ。私の意見では、あなたの症状はストレスによるものです。ストレスはあなたの健康を脅かし、最終的に命を奪うかもしれません。そのようなケースは多くあります。あなたは直ちに生活様式を大きく変えなければなりません」

私は衝撃を受けた。こんな形でずっと働き続けることはできないと感じてはいたが、そのストレスが症状の原因だというなら、自分の生活を変えなければならない。二国家科学基金でフルタイムで働きながら、寄付集めの旅行も含めて責任が増え続けるシャルヴァ運営が、この状態にまで私を追いつめていたことは間違いなかった。プレッシャーは何らかの方法で取り除かなければならない。どちらかを選ぶ時だった。

私は、医師からの警告をマルキに告げた。「マルキ、僕はこんなやり方を続けることはできない。だから二国家科学基金は辞めることにする。すべてをやれなくなる時は来るんだよ。その現実を受け入れなきゃいけない」。私はもはや、自分の健康と家族の将来を危険に晒《さら》すことはできなかった。

二国家科学基金を辞めるのに一年かかった。その間私は、すべてのコンピューターシステムを記録した。一旦そこでの仕事を辞めると、一日の働く時間は変わらないのに、私の病状はあっという間に改善し、再発することはなかった。今や私は、二つの仕事の責任の間で引き裂かれることなく、一つの目標に向かうことができた。あの医師が言っていたことは当たっていたのだ。

第32章　ボルボ

仮庵祭《スコット》の最終日のこと、トーラーの祝典《スィムハット・トーラー》でシナゴーグは歌やダンスで大賑わいだった。子供たちも大喜びだった。いつものように私はヨシと踊り、それから座って休憩していた。そうすると、私たちの後ろの列に座っていた杖を持った老人男性が、どうしても聞きたいといった様子でやさしく声をかけてきた。「息子さんの話を聞かせてください」。私は、ヨシが見ることも聞くこともできないこと、足どりがおぼつかないので休憩しなければならないことなどを説明した。ヨシは私が後ろを振り向いて話しているのを感じて、自分も振り返り、手を差し伸べ老人の手に触れた。一瞬の沈黙の後、二人の間に絆ができたようだった。彼はさらに尋ねた。「彼の言いたいことをどうやって理解するのですか。彼とどうやってコミュニケーションするのですか。私は畏敬の念を抱きます」

それからはヨシの番だった。「お名前は何とおっしゃいますか」「アムノンです」「どんなお仕事ですか」「薬剤師です」「どんな車に乗られていますか」「ボルボです」

それを聞いただけで十分だった。ヨシは、ボルボが自分のお気に入りの車であることを説明した。

その老人は、「でもいったいどうやって、彼はボルボがどんな車か知っているのですか」と私に聞いた。「彼はドアハンドルを触るだけで車を当てるんです」私は何でもないように答えた。アムノンはショックを受け、ひと時の沈黙が流れた。彼が口を開いた時、今度は私がショックを受ける番だった。「聞いてください。あなたの息子さんには心底感心しました。彼がスウェーデンのボルボ工場を見学できるよう手配してみます」。彼が語り続けるのを、私は信じられない思いで聞いていた。「昨年、私はスウェーデンのロータリークラブの会合に参加して、地元のロータリークラブの会長を務めるボルボの社長と知り合ったんです。何も約束はできませんが、彼は優しい人だから、私がヨシを招待してくれるようメールで頼んでみますよ」

六カ月が過ぎ、何通ものメールをやり取りした後、ヨシと弟のアヴィと私は、ボルボの社長のゲストとして、スウェーデンのヨーテボリにあるボルボの工場と本社を訪ねることになった。その前に私たちはアムステルダムで二日を過ごすことにした。

旅行から帰った後、ヨシはその体験を詳しく日記に綴った。以下は、彼の点字ブログからの抜粋である。

朝早く起床。父とアヴィと僕は早朝午前二時に起きた。僕は母とヨハナンと王妃《サラ》をハグした。僕たちは二つのスーツケースを持ち、メルセデスのタクシーに乗って空港に向かった。僕たちは朝五時発のオランダ航空の飛行機に乗り込んだ。

フライトアテンダントの名前はモニカといって、とても優しい人だった。彼女は乗客にパン、きゅうり、マヨネーズ、ツナ、ケーキ、オムレツ、すいか、メロン、ブラックコーヒー、冷たい水を持ってきてくれた。僕は、クリントン大統領のモニカにまつわる冗談を言った。僕たちのモニカは「そんなことに結びつけないで」と言った。僕は飛行機の前部に行ってパイロットと会い、話をした。

飛行機を降りると、運転手のラハミムが九二年型の古いフォードで待っていた。彼は僕のために車椅子を用意してくれていて、花がいっぱいの有名な庭に連れていってくれた。僕たちは村に行き、オランダの民族衣装を着た。僕は手伝ってくれた女性とマネジャーのヤンにお礼を言った。それから僕たちは木靴を作っている所とチーズ工場を見学した。オランダにはドイツ車がたくさんあった。アウディA4、A6、そしてBMWだ。

僕たちはエルサレムという名のレストランで、フレンチフライ、シシカバブ、ラム、ポテト、ケチャップ、そしてフムスを食べた。僕は健康のためにアムステルの白ビールを飲んだ。それからレストランマネジャーのサミーに会った。僕たちはシェラトンプラザホテルに泊まった。激しい雨が降ってきてがっかりした。ホテルからルツに電話した（彼女は五年前にエルサレムの盲学校でボランティアをしていたオランダ人女性で、彼女が大好きだったヨシは電話番号を保管していた）。ルツは、僕に会えなくなり寂しかったので電話をもらってとても嬉しいと父に告げた。彼女は一カ月後にイスラエルに来るそうで、連絡を取り合うことになった。

僕たちは、アンネ・フランクの家族がナチスから隠れていた家を訪問した。ナチスの名前が永久に消し去られることを願う。僕はそこでとても悲しくなった。次に王宮のベンチに座ってハトに餌をやった。それから四〇〇年前に建てられたシナゴーグを見学した。そしてラハミムが、スウェーデン行きの飛行機が出る空港まで送ってくれた。僕は、一緒に過ごした時間が楽しかったとお礼を言った。スウェーデンでは、ジャナという運転手が、二〇〇〇年型ボルボV70という立派なタクシーで僕たちを待っていた。彼は時速一五〇キロで走ってホテルに向かった。

僕は翌朝七時に起きると、ボルボの会社を見学するために綺麗な服に身を包んだ。

私たちは、ボルボの社長と一〇人あまりの重役から丁重な歓待を受けた。ヨシは全員と握手して、スウェーデン語でこんにちわと挨拶をした。会話が始まった。私は、ヨシの言葉をヘブライ語から英語に通訳し、彼らの言葉をヘブライ語の手話でヨシの手のひらに綴った。最初は驚いていた彼らもすぐ会話に加わった。ヨシは早速、質問がありますと言った。「今回フォード社がボルボを買収しましたが、誰がデザインの責任者になるのですか」。彼らは突然沈黙し、困惑した表情を浮かべた。「ヨシが言ったことの何がそんなに不思議なんですか」と私は聞いた。若い女性がやっと口を開いた。「フォード社がボルボを買収したことはまだ広く知られていません。そして交渉の中で一番問題になったのは、フォード社がデザイン部門を自分の管轄下に置くことを要求したことなんです。ボルボは、もしデザイン部門がフォードに取られてしまうなら、その車はフォード車になってしまうと主張しました。でもいったいどうして、彼がそれを知っているんですか」

私たちの見学は周到に計画されていて、先ずボルボ社のデザイナーがそれぞれの車種の完璧なモデルをヨシに見せ、その違いを説明してくれた。それから私たちは原版のメタルシートを見せてもらい、ヨシはそれに触ることを許され、彼はこの材料から車が作られることを理解した。それから彼らは、製造コンベアをそれぞれの過程で停止させ、ヨシがそれらのプロセスを触って感じられるようにしてくれた。

ボルボ社のホストは、私たちのコミュニケーションのリズムに慣れてきて、いつの間にか自然な会話ができるようになっていた。工場の中を歩いていた時、ヨシが突然立ち止まり、言いたいことがあると私に知らせた。私たち全員が立ち止まると、ヨシははっきりとした声で話し始めた。「僕は、ホロコーストの時代にスウェーデンの人々がユダヤ人のためにしてくれたすべてのことに、感謝したいと思います」。私たちのホストは深く感激し、ヨシの気配りに感心した。

ヨシは立つことも、ぎこちなくだが歩くこともでき、今度は主流セダンであるボルボS80にダッシュボードを取り付ける箇所に来た。私はヨシの後ろに立ち、彼が電動スクリュードライバーを使ってダッシュボードをボルトで固定するのを手伝った。それから彼が横にあるボタンを押し、ソフトウェアが種々のシステムに挿入された。ヨシは振り返って私を見ると、「彼らはこの車を売るの？」と聞いた。私がそれを通訳しなかったので、彼らは当然「何と言ったんですか」と尋ねた。「彼は、皆さんがこの車を販売なさるのか知りたがっているんです」「もちろんですよ。でもどうしてそれを知りたいのですか」。私はヨシの手のひらに「皆さん、なぜ君がそれを尋ねるのか知りたがっているよ」と綴った。彼はにやっと笑うと、「皆さんはバイヤーに、品質管理に関して何と言うのかな」と答えた。私がそれを通訳すると彼らは大笑いし、女性は化粧が崩れるほど涙を流して笑った。六カ月後、私がこのエピソードをニューヨークの安息日《シャバット》の席で紹介すると、私のホストは大真面目で宣言した。「カルマン、君は僕に今あることを証明してくれたよ。僕は最近ボルボS80を買ったんだけど、驚いたことに最初の日から故障続きなんだよ。ヨシの車に間違いないね」

室内見学に続き、今度は、工場近くの丘陵地帯や森の中を六キロほど走るボルボ社のテストコースに出かけることになった。マッツという大柄の青年がさまざまな型式のボルボにヨシを乗せ、コースを駆け抜けた。それから彼は、アクセルを数百メートル踏み続けた後、突然ハンドブレーキをかけ車を一八〇度スピンさせるという、ハリウッドスタイルのスタントをやってみせた。乗っていたヨシは大喜びで歓声を上げた。最後の一周が終わり車から降ろしてもらった時、ヨシは、コミュニケーションの問題がありながらも打ち解けたテストドライバーのマッツと、一緒に写真を撮りたがった。「皆さん全員が大変よくしてくれたけど、マッツが一番だった」とヨシは私に手話で教えてくれた。それから彼はマッツを抱きしめ、頬にキスして、「あなたを愛しています」とヘブライ語で言った。マッツは涙をこぼしながら突然自分の帽子を取ると、ヨシの頭にしっかりと被せ、二人はまた抱き合った。みんなが泣いていた。それ以来一週間、ヨシは、寝る時も帽子を決して脱がなかった。ヨシは私たちのホスト一人ひとりに丁重に別れの挨拶をして、スウェーデン語で「タック（ありがとう）」と言った後、「私は今日、王様になった気分です」と付け加えた。

パリからのフライトがかなり遅れたため、帰宅した私たちは疲労困憊《こんぱい》していたが、ヨシは点字機の前に座って、今回の訪問の記録を何時間もかかって打ち続けた。

第33章　ヨシの成長

ヨシは、人を惹きつけるかわいい少年から、魅力的でカリスマ性のある青年に成長していった。彼はハンサムで、ハッピーで、いつも笑顔で、常に小綺麗な服装をしていた。そわそわしたボディーランゲージも、彼のエネルギーと生きる意欲を表していた。彼は相変わらず、かけると集中できるというスタイリッシュな眼鏡をかけ、耳の裏には最近手術で埋め込んだ電子渦巻管を付けていた。通常の聴覚プロセスを迂回させるよう設計されており、肌の下に埋められた精巧な外部マイクが中耳の中に入れられた電極（渦巻管）にシグナルを送り、それが神経を刺激するという仕組みだ。私たちは、ヨシが聞くことができるようになり、話し言葉を理解できるようになると大きな期待を抱いた。しかし残念なことに、何カ月も優秀なスピーチセラピストと共に努力したが、彼は口頭でのコミュニケーションを理解できないという結論に達した。インターフォンや電話の呼び出し音といった大きな音は聞こえるようになり、それは大きな助けとなったが、ヨシの毎日のコミュニケーションは依然として、彼の手のひらに綴る手話を通して行なわれた。

そしてヨシは、何と驚くべき手を持っていることか。手で軽く触れるだけで、私たちが通常見過ごしているようなものにも気づいた。出会う人物の人となりに関しても、背が高いか低いか、肥満か痩せ型か、女性の場合は美人かなどはもちろん、内向的か外交的か、繊細か興奮しやすいかなど、鋭い洞察力を度々示した。彼に礼儀とポリティカル・コレクトネス［人種、宗教、性別などの違いによる偏見や差別を含まない、中立的な表現や用語を用いること］を教えるには、時間を要した。

ヨシは人が大好きで、一対一であれグループ面会であれ、出会う人から好かれなかったことはなかった。彼は自分に集まる関心をよく心得ており、聴衆を喜ばせる方法を知っていた。人が集まっている部屋に入り、自分がいることによって作り出される一騒動を楽しんでいた。彼の嗅覚は最も優れていた。弟たちが何メートルか離れたところでコーラの缶を開けると、彼は漂ってくる匂いを嗅ぎつけ、叫んだ。「僕もコーラがほしい」。一〇代になると、悪友たちが吹かすいろいろな煙草のブランドを、マルボロ、ケント、ラッキーストライクなどと簡単に当てた。彼はよく、近づいて来る人物が誰であるか、独特な匂いやお気に入りの香水、アフターシェーブローションの香りからそっと教えてくれた。そしてコートが何着あっても匂いで嗅ぎ分け、正しいものを兄弟やクラスメイトに手渡すことができた。ヨシは、その瞬間瞬間を楽しむ能力に恵まれていた。彼にとって人生の喜びは、はかなく過ぎ去るものではなかった。友人と良きワインと煙草を与えられれば、彼は、完璧にそして深くそれを楽しんだ。

彼には何百人もの友人がいて、知り合いは何千人にも及んでいた。彼らとの交流は、直接の訪問を通してだけでなく、読んでもらって口述で返事する毎週のブログ、電子メール、そして携帯のメールを通して続けていた。ヨシの電話は先ず自分が喋るところから始まり、その後彼の補助役が相手の言ったことを彼の手のひらに手話で綴り、会話は続けられた。

ヨシの記憶力は驚くほどで、自分が話した相手を詳細に至るまで覚えていた。彼は訪問者が一〇年前どんな車に乗っていたかを当て、彼らの子供たちについて、さらにずっと以前に離婚した前夫や前妻についても尋ねたものだ。

それを経験したある訪問者が笑顔で語った。「聖書には、『あなたたちが自分の心と目の欲に従わないためである。……あなたたちが記憶するためである』（民数記一五章三九～四〇節）とある。ヨシは、見ることも聞くこともしないから、彼の記憶は惑わされることはないようだし、実際彼はよく覚えているよね」

彼の背が伸びるに従い、おぼつかない足取りはさらに悪くなり、バランスを取るのが難しくなっていった。人口渦巻管を入れた後の数カ月間、バランスを維持する苦痛はさらに深まっていた。彼は自信を失い、さらにおぼつかない足取りで歩くようになった。時間が経つにつれ、彼はほとんど歩かなくなり、わずかでもそれを維持するために一生懸命に努力した自立を、永久に失ってしまった。車椅子に座ることを受け入れた息子は言った。「人生で初めて、自分が障がい者なんだということを実感するよ」。ヨシは、自分のことを盲目者とも聾者とも呼んだことがなく、弱視者と難聴者だと言っていた。今回も彼は、自分が座る椅子を車椅子と呼ぶことができず、弟のヨハナンが「小さなジープ《ジーポン》」

と名づけるまで座ろうとしなかった。彼は格好をつけたがる普通の男の子だったのだ。

歩けなくなったヨシは私たちの車で行動するか、友人と外出する時はよくタクシーを使うようになった。次第にタクシーの乗り降りにも時間がかかってしまうようになり、忍耐強く待ってくれる運転手ばかりでなく乗車を拒む者もいた。私はどうやって助けてやったらいいか分からなかったが、マルキが解決策を思いついた。ヨシに車を買ってやり、その時その時彼のそばにいる誰かに目的地まで運転してもらうというものだ。

その後私は、障がい者が相応しい車を購入する際は、政府が法外な税金を免除してくれることを知った。私は、ヨシの視聴覚障がいと運転ができないことを理由に、それを申請したが、説明を受けることもなく何度も拒否された。私はフラストレーションを覚え、その役所で会った人物に強く抗議した。すると担当者は「息子さんが歩く能力を全く失ったという理由だけで申請してみてください」とアドバイスしてくれた。それに従うと申請は通った。ヨシは突然、障がい者に相応しい車を所有する権利を得、自らの生活の質を変えることになった。今や彼はビールを飲みに出かけたり、別の市に住む友人を訪ねたりすることができるようになったのだ。それは彼に尊厳を与え、素晴らしい成果を生み出した。

ヨシは物事を早く理解し過ぎるがために、それが往々にして彼をいらつかせた。彼はすぐに物事が実行されるのを好み、さらに正しい順番で実行されることを要求した。ＡＢＣはＡＢＣの順でなければならず、それがＡＣＢの順で行なわれることを許さなかった。私はこの件について親しい友人に話したことがあった。数日後の夜、彼がやってきて私を座らせ、『レインマン』を観るよう主張した。ダスティン・ホフマンが主演するその映画では、自閉症スペクトラムのサヴァン症候群で特殊な才能を持つ人物について描かれていた。私はその映画を通し、レインマンがどんな日常の行動でも一切順番を変えることを許さない、悲しくも滑稽な場面に笑ったり泣いたりした。それは私にとって大きな助けとなり、それ以降ヨシを待つ間にフラストレーションを感じた時は、「レインマン」と言ってくすっと笑うようになった。

ヨシは、世界を色とりどりの鮮やかなものと感じ認識していた。それでマルキはこんなことを言っていた。「もしヨシが実際にこの世界を見ることができたら、たぶんがっかりするでしょうね」

ヨシが直面していた挑戦は、障がいの故に、どうにも身動きが取れない場所に取り残された気持ちに襲われることだった。ヨシは社交的で友好的な性格だった。彼の頭脳はいつも知識に飢え、自らの人生から最大限のものを得ようとしていた。見ることはできないが、彼はジェットコースターのスリルを愛し、自転車に乗ることも、プールに飛び込むことも、自分が知らない場所を歩いてみることにも怯まなかった。何度もあちこちにぶつかったが、それでやめてしまうことはなかった。ヨシにとっての他の選択肢とは部屋の隅に座って引きこもってしまうことで、それだけは絶対に受け入れられなかったからだ。しかし同時に、彼の抱える複数の障がいは次第に厳しいものになり、四六時中支援を受けなければ通常の生活ができないようになってきていた。

ヨシは、決められた一日のルーティーンを守っていた。毎朝、彼は鏡を覗き、冷水で丁寧に洗顔し、歯を磨き、髭を剃り、朝のコーヒーをクッキー数枚と楽しむ。それからテフィリンを巻いて大切な祈りを捧げ、他の者のために神に慈悲を懇願する。それから朝食を取り、一時間はその日の新聞を読む。それは彼が大量の一般知識を得る場となっていた。週末版のクロスワードパズルを楽しみ、政治が好きで、あらゆることに対して自分の意見を持っていた。私がイタリアのある女性大臣の訪問を受けた際、ヨシが話に入ってきて、何人かのイタリアの政治家について彼女と深く論じた。私が名前も聞いたことのないような政治家についてだった。ヨシは一瞬黙ると、笑って訪ねた。「ところで、私の友人であるベルルスコーニ氏はどうしていますか」。彼女はお腹を抱えて大笑いした。ベルルスコーニは話題の多い億万長者で、当時のイタリア首相だった人物である。

ヨシの一日は忙しかった。成長した彼は、視覚障がい者のための就労支援施設で働き始めたが、その後、イスラエルの電気自動車会社ベタープレイスで働く機会に恵まれた。車が好きで、車に関するあらゆる雑誌を読んでいた若者にとって、これはあまりにも熱狂させられる機会だった。ヨシが会社の人事部長に紹介された時、私が通訳を務めた。ヨシは私の手を取って何かを囁いた。私が微笑むと、その紳士は何か自分がおかしいことを言いましたかと尋ねた。最初は言わないつもりだったのだが、彼が知りたがるので、「息子は、あなたがマルボロを吸っていると言ったのです」と伝えた。驚いた彼は「いったいどうして彼にそれが分かるんですか」と尋ねた。私がそれをヨシの手のひらに綴ると、彼は「僕と握手した時に匂いました」と答えた。その場にいた全員が感心し、笑いに包まれた。ヨシは雇われることになり、彼の集中した仕事ぶりは他のスタッフにも良い刺激となった。

ヨシは自尊心にあふれ、自らの価値を知っていた。ベタープレイスが閉鎖された際、イスラエルの有料高速道路「六号線」を管理するデレフ・エレツ社の副所長オスナット・ミハエリ氏が、ヨシを雇ってくれた。彼の仕事は、本社で「パスカル」と呼ばれるデジタル認証設備〔車載型で日本のETCのようなもの〕を組み立てる作業だった。一年働いた後、ヨシは昇給を求めてCEOのウディ・サヴィヨン氏との面会を依頼した。ウディは自分のオフィスにヨシを招待し、美味しい昼食でもてなした。そしてその後話し合いに入った。ヨシは、自分の生産性が一日六〇〇セットにまで増大したので昇給の資格があると説明した。ウディは同意し、昇給額を提示した。ヨシは平然として、その額では足りない、その二倍はほしいと応答した。ウディは彼の落ち着いた態度と自信に感心して告げた。「ヨシ、君には十分その価値があるよ。君の仕事の生産性が高いからだけでなく、ここで働くみんなの大きな刺激になっているからだよ」。ウディは後に私へ電話してきて、このエピソードを教えてくれた。「ヨシは、ここに仕事をするために来ている。それに尽きるね。無駄話をしないし、関係のない電話をしたりメールやネットに夢中にならないし、トイレに行く時間は自分の労働時間から差し引いている。彼は集中力を維持でき、その生産性は素晴らしい。昇給を要求して当然だよ」

ウディの友情は、六号線の仕事をヨシに斡旋するだけに留まらなかった。彼はシャルヴァの重要なパートナーとなり、最終的にシャルヴァ友の会のイスラエル会長に就任した。

盲学校の先生の一人ハギートとは、ヨシが学校に行かなくなってからも長い間交流を続けていて、彼女はヨシの人生にとって欠かせない存在となった。彼女はヨシについて語っている。「彼はとても賢くて、優秀で、幸せにあふれて生き生きとしています。彼は忠実で愛情深く、どのように愛するかを知っていて、自らも愛情を受け入れる必要性を知っています。そして彼はとても意志が強く、いたずらっ子で、彼の行動がもたらすあらゆる反響を把握しないまま、やり過ぎてしまうこともあります。長い年月、沈黙と暗闇の中で生きてきたことが彼に及ぼした影響もあるでしょう。彼は謎めいていて、才気煥発で、勇気と恐怖、思慮深さと子供っぽさが不思議に入り混じっています。彼に毎日新聞を読んであげる時、私たちは時々、彼を心配させたり怖がらせたりするニュースは除くことがあります。彼は物事に深く感じ入って、テロ事件の報に接すると何日も考え込んでしまうんです。それで私はいつもヨシに、ポジティブなことに焦点を合わせ、自分らしく限りない楽観主義者でいなさいと励ますようにしています」

第34章　フォレスト・ガンプ

二国家科学基金を辞めてからの私は、成長する「シャルヴァ号」を浮かばせ続け、支援者の基盤を広げるために、以前より頻繁に海外へ渡航するようになった。ニューヨークでの知人の結婚式で隣に座った良き友人は、私がなぜ自分独りで活動しているのか、なぜ担当責任者を雇ってマンハッタンにシャルヴァ事務所を開設し、次の段階に進まないかのかと聞いた。私は、そのような人物が失敗してそこから回復できなくなるリスクを負うことができないのだと説明した。「もしうまくいかずに、集めた寄付よりもその人間に払う給料のほうが高くついてしまったら、どうするんですか」「先ず、最初に会った人物を雇わないことだね」と彼は答えた。「君はその人物をよく調べるんだ。次に、僕が君にセーフティネットを供給するよ」。私は不思議に思い、その意味を尋ねた。「もしうまくいかなくて、その人物が集めたお金よりかかった経費のほうが大きくなってしまったら、彼をクビにするんだ。僕がその差額を支払うよ」。私はすっかり感激し、彼を抱きしめた。親切な申し出によって、彼はシャルヴァに新しい時代を開いたのだった。リオ・クレインを見つけるのに一年かかったが、それ以来彼はシャルヴァ友の会で傑出した米国代表になった。

私の子供たちは、違いがあり過ぎる私とリオのことを「奇妙なカップル」と呼んだ。しかし実際には、リオは私と同様あまり宗教的ではない家庭で育ち、大学に入ってから信仰に目覚めた人物だった。私たちはどちらも六〇年代の申し子で、スポーツや趣味への興味も同じだった。面会を取りつけた先方に一緒に出向く際、リオは古いロックを流すラジオ番組を聴くのが好きだった。「オーケー、カルマン、この曲は知っているだろう。何というバンドだい」。私はすぐ、六〇年代のバンドを言い当てることができた。もし私が分からなければ、それは一九七〇年六月以降の曲に違いないと答えた。その時を境に、その後一〇年以上私がそのような音楽を聴くことはなかったからだ。時々リオは、これは六〇年代の曲だよと言って私に挑むことがあったが、しかし私はきっぱりと否定した。すると彼は六〇年代に育った別の友人で、やはり信仰に回帰したが流行音楽を聴き続けた人物に、電話で尋ねるのだった。そしてその人物は「残念でした、リオ。いつものとおりカルマンが正しいよ。それは一九七一年一月に出た曲だ」などと答えた。

リオはマンハッタンに事務所を借り、事務員を雇った。私はこれから起きることに備えた。彼が、〝英雄の口から直接話を聞きたがっている〟篤志家がいると言っては、たくさんの人々と私を引き合わせようとするので、私は多くの時間をニューヨークで過ごすようになっていた。その時点まで、私がニューヨークに滞在する際にはブルックリンの友人宅に泊まっていたのだが、もやは一時間かけて朝と夕に電車で事務所を往復するのは意味がなかった。そこで、週日は事務所から数百メートルの所に見つけた格安ホテルに泊まり、安息日《シャバット》には何人かの友人の家に滞在させてもらうことにした。

そんなある時、リオは、ハンプトンにあるアンドレアとハリー・クラコフスキー夫妻の素晴らしい別荘で、寄付を募る夏のパーティを企画した。クラコフスキー夫妻は、私がニューヨークのどこに滞在しているのかとホテル名を尋ねた。

「いったいどうしてそんなところに泊まっているの。信じられない！」とアンドレアは叫んだ。「ロケーションと料金がちょうどいいからです」と私が答えると、「次にニューヨークに来る際は、私たちのホテルに泊まりなさい」彼女はきっぱりと言った。「ご親切は有り難いのですが、私は頻繁にニューヨークに来て長く滞在しますので、それをお受けすることはできません」「次はいついらっしゃるの」「九月に一〇日間来ます」「その時は、私たちのホテルに泊まってみてください」「よろしければ、どこにあるかお尋ねしてもいいですか」「八一番通りとコロンバス通りの角よ」彼女はそう言うと、別の客と話し始めた。

私は席を外すと友人に電話し、今あるイベントに来ていて親切なホストが自分たちのホテルに無料で泊まるよう誘ってくれたこと、そしてそのホテルはニュージャージーに半分くらい向かったところで八一番通りとコロンバス通りの角にあることを伝えた。彼は笑って教えてくれた。「それはアッパーウエストサイドのことだよ。セントラルパークから数ブロックのところだ。そのホストは君の問題を解決してくれた。その辺りには、君を喜んで安息日の夕食に呼んでくれる友人がいて歩いて行けるから、もう安息日の度毎にホテルをチェックアウトする必要はないよ」。そしてその年の九月から、ニューヨークでの長期滞在を快適に過ごせるようになり、私の健康にも大いに役立った。

リオは、さまざまな新しいコミュニティに私を引き合わせてくれ、素晴らしい人々に出会うことができた。ロングアイランドの美しい屋敷で行なわれた寄付を募る会が終わりに近づいた時、一人のゲストが私に話しかけてきた。「ラビ、あなたがゴルフのシングルプレイヤーだと聞いたんだが、正直言って信じられないんだ」「誰がそう言ったにしろ、それは恐ろしく古い情報ですよ」と私は答えた。「バンクーバーで一八歳の若造だった頃は、私のハンディはシングルでしたが、一九七〇年五月にバンクーバーを後にして以来、何年も前に一度父とプレイした以外はクラブに触ったこともありません。最近の私が知っているハンディキャップとは、私が世話しようとしている子供たちのそれだけです」

彼は苦笑いした。「ラビ、次回あなたが来る時は、一緒に一八ホールを回りましょう。あなたが本当にシングルプレイヤーだったことがあるのか、見たいんだ」。私は、間違いなくご覧になれますよと笑顔で返事した。イスラエルに帰った私は、笑い飛ばしてしまってすっかりこの件を忘れていた。しかし彼は忘れていなかった。彼は何度もリオにしつこく聞いたという。「いつになったらラビがまた来て、私と一八ホールをプレイするんだい」。リオは、私が彼と一緒に回ってプレイすることが大事だと感じ、昔のようにプレイできるよう練習することを強く勧めてきた。

電話で調べてみると、イスラエルには二箇所のゴルフコースがあることが分かった。家から車で八〇分のカイサリアに一八ホールのフルコースがあり、ヘルツェリアの北で家から六〇分ほどのガアシュに九ホールのハーフコースがあるようだ。ガアシュには打ち放しの練習場もついていて、私にはそれで十分だった。金曜日の朝そこに行ってみたが、いつものように白いシャツと黒いズボンを着ていたので、かなり人目を惹いた。昔のようには体が動かないことに気づくのに、時間はかからなかった。苛立《いらだ》たしかったが、助けが必要だった。私は中にある店で大きな麦わら帽を被った六〇代のバジルと出会った。南アフリカ訛《なま》りの彼が言うには、イスラエルに来る前は南アフリカでゴルフショップを経営していたのだと言う。そうなのだ、この人物はプロ選手でさえなく、ゴルフショップの経営者に過ぎないのだ。他に選択肢がなかった私は、次の金曜日の朝にレッスンを予約した。

しかしバジルは素晴らしいインストラクターであることが分かり、私たちは良い友人になった。最初あちこちに飛ばしていた私にバジルは勘を掴ませてくれ、次第にリズムを取り戻すことができた。その後五回の金曜朝の練習で、私のゴルフはより安定し、自信もついてきた。

練習が終わったある日、私は砂にまみれて帰宅した。まだ小さかった娘のサラが私を見て驚き「お父さん、いったいどうしたの」と聞いた。バンカーからボールを打ち出す練習のために、その朝何百回もウェッジショットを繰り返したことを、私はどう説明したらいいのか分からなかった。

ロングアイランドに戻り、私はリオと一緒にゴールドストリーム・ゴルフクラブで、新しい友人と会った。私は素晴らしいペースで回ることができ、驚いたことに八〇代のスコアを出した。「いいかい、カルマン」リオが考えながら言った。「僕は君のことを理解していたつもりだったが、今日、本当の君を見たよ。ゴルフコースに溶け込んで、とても幸せそうな少年の姿が本当の君だ」。「六歳の時にプレイを始めたから、その少年はいつも自分の中にいるんだよ」

娘のネハマも、私の中にいる少年のことを語ったことがあった。彼女はフォレスト・ガンプの映画を観たばかりで、私にも観るよう強く勧めた。「ネハマ、お父さんが映画を観る暇がないことは知ってるだろう。だからどんな映画なのか教えてよ」「お父さんが観なくちゃだめ」「どうして観なくちゃいけないの」「だって、お父さんはフォレスト・ガンプだからよ」

それから少し経ち、ベルギーに向かう飛行機に乗っていた私は、隣席の乗客のモニターに「フォレスト・ガンプ」のタイトルが流れていることに気づいた。それで私もモニターを付け、それを観始めた。トム・ハンクスの素晴らしい演技が光る主人公フォレスト・ガンプは、身体の障がいと純真な性格の持ち主のために友人たちにからかわれ、成長する中で数々の困難に直面するが、非凡で充実した人生を送ることになる。

私が大笑いしたり大泣きしたりするので、気の毒な隣席の乗客は、いったいどうなっているのかと思ったことだろう。フォレスト・ガンプの中に、私は愛するヨシを見ていた。彼は人々に多くのものを与え、期待を大きく上回ることを成し遂げた。しかし彼自身の努力や私たちのあらゆる努力にもかかわらず、障がいが妨げとなって普通に暮らすことができない。

帰宅した後、私はネハマと話し合った。「確かに、ヨシにはフォレスト・ガンプ的なところがあることは分かったよ。多くのユニークな共通点があるからね。でもなぜ君が、お父さんはフォレスト・ガンプだというのか分からないな」

「お父さん！」彼女は言った。「映画の一番最初に出てくる大事な言葉に気づかなかったの。いじめっ子たちがフォレストを攻撃しようとしたとき、ジェニーが叫んだでしょ。『走れ、フォレスト、走るのよ！』。その瞬間から彼は決して止まらなかった。そして走ることは、彼の人生の核心になったのよ。お母さんには夢があって、お父さんに言った。『走れ、カルマン、走るのよ！』。そしてお父さんは決して止まらなかった。それがお父さんの人生を決定し、私たち家族全員の人生を彩ってくれたのよ」。私はそれに何も言い返せなかった。

このことをニューヨークのリオに話した時、彼は言った。「お嬢さんは正しいよ。君はフォレスト・ガンプだ。走るからというだけじゃない。映画の最初と最後に出てくる羽に似ているからでもある。あの羽のように、君は風に飛ばされるままいろいろな場所に赴いた。子供のようにどこにでも出かけたんだよ、カルマン。そしてそこで待ち受けていたどんなことをも受け入れ、それから何かを作り出そうとした。それが、君がこれまで普通ではない人生を送ってきた理由だよ」

第35章　ネットワーク拡大を目指してさらに前進

何年もの間、マルキはシャルヴァの経営に成功し、またシャルヴァの建物や内装についても手腕を発揮してきた。それらの能力がどこから来ているのか、私は不思議に思っていた。「マルキ、僕は高校を卒業したばかりの一八歳の君と結婚したわけで、君はこうした分野の経験は皆無だ。その後七年の年月で、君はヨシを含めて六人の子供を産んだ。いったいどうしてやって来れたんだい」「カルマン、私に特別な才能があるわけじゃないわ。ただ自分自身は、シャルヴァの子供たちが生きるべき素晴らしい世界を作り出すためのパイプだと感じているの」

マルキが描いていたシャルヴァのヴィジョンに対して、当初の私が抱いた型どおりの反応は、「僕はこれを実現できるような人間じゃないよ」というものだった。しかし振り返ってみて、私自身が学び体験した多くのことが、この仕事に取り組む準備をしていたのだと気づくようになった。

もちろん、父親としてヨシを育てることにより、私には理解力とモチベーションが与えられ、それは今も私にとっての活力となっている。しかし私自身の人生も、宗教心のないところから始まり、スポーツの団体競技や個人競技への参加、学生運動、週末の仕事、そしてタルムードの集中した学び、コンピューター技術の訓練とその仕事に就くまで、一切が型にはまらない準備の一部だったようにも見える。

八年生の時の生徒会長、その後カナダの州最大の高校で三年生の時に生徒会副会長を務めたのは、組織力や指導力を養うための特訓コースだったとも言える。靴屋でのアルバイトは謙虚な体験で、販売するための技能や一生懸命働くことの大事さを教えてくれた。子供の頃から熱中したスポーツでは、いかにして勝つかを教えられたが、時には全力を尽くしても敗北が避けられないこともあるという人生で大切な教訓を学んだ。スポーツはまた、自己鍛錬と目標に向かう際の忍耐力の大切さ、そしてチームで闘うには自分より全体を考えるべきことを教えてくれた。タルムードの学びに何年も没頭し、系統立った論理論法を一心不乱に学んだことは、母国語の英語の他にヘブライ語やイディッシュ、そしてフランス語を少し身につけられたことも含めて大変役に立った。私のコンピューター技術は、自宅で幾夜もかけてシャルヴァの巨大なデータベースを作り上げることを可能にし、それによって私たちは、センターの参加者と支援者に関するすべての情報を管理することができた。当初のデータベースは、後に専門家と合同で開発することになるより洗練されたシステムの基礎となった。

私の母は「いろいろな違いがあることは、人生の香辛料のようなものよ」とよく言っていた。実際私は、異なる信条や価値観を持ちながらシャルヴァを支援するために集まってくれた世界中の善人に会い、一緒に働くことを心から楽しんでいる。

マルキと私の間での責任分担は、自然に行なわれてきた。彼女は舞台裏でシャルヴァの子供たちとその家族と緊密に働き、プログラムやスタッフを監督してきた。私は表に出てシャルヴァの顔となり、継続的な資金確保の責任を負ってきた。マルキが表に出ないことは徹底していて、シャルヴァを何度か訪ねたことがあるもののマルキに一度も会っていなかったある支援者は、私にこう言ったことがある。「カルマン、君は今世紀最大の賢者ではないかもしれないが、一度だけ天才的な閃きがあったとしたら、妻がいるという作り話を考えついた時だね」

私はそもそも覚えが早かった。シャルヴァを開設したばかりの頃、シャルヴァの話ならいくらでもできた。にもかかわらず、知人や見知らぬ人に寄付を頼むのは苦手だった。その手始めとして面談の依頼を電話することは、もっと苦手だった。拒絶されることも頻繁にあったが、全体的に見ると、私の粘り強さで結果を出すことができ、その過程で多くの素晴らしい人々に出会うことができた。そのうちの何人かは、支援する機会を与えてくれてありがとうとさえ言ってくれた。

アドバイスはたくさんいただいた。最初の頃、地域活動によく携わっている人物から、私が時間と労力を無駄にしていると言われたことがあった。「カルマン、君のやり方には問題があるよ。君は潜在的な支援者一人に会うために自ら走り回り、まだ決まっていない目的のために寄付を取りつけようとしている。でも僕が関わっているイスラエルの病院は、ニューヨークに大勢のスタッフを置いて、一度に大勢に働きかけられる大きなイベントを開催するんだ。それでかなりの額の基金を集められるほどの名声を維持しているんだよ」

私は迷うことなく返事した。「私のやり方に問題があるって？　私に言わせたら、彼らのやり方に問題があるんですよ。彼らはほとんど事務所にいるんでしょう。その間、私は駆け回ってさまざまな善人と出会い、一人ひとりと丁寧に人間関係を築き上げているんですよ。時間の問題ですよ」。何年も経った後、彼がシャルヴァの理事になり大きな寄付をしてくれるようになってから、彼はこの会話を覚えているかと尋ねた。

私は、慈善活動のいろいろな形について随分学んだ。ある者は直接的に早い成果をもたらすプログラムに焦点を合わせ、ある者は確立された投資計画に従うことを好む。私には、早い時期から頼みもしないレクチャーをしてくれる大企業経営者で著名な篤志家の知り合いがいた。彼は本物の紳士で、私を丁寧にもてなして親切に接してくれ、私の話を忍耐強く聞いてくれた。

「あなたの話に感動しました。支援したいです。五〇〇〇ドルの小切手を切りましょう。でも私はこの額を再び寄付することはありませんよ。なぜだか説明しましょう。私の家族は長い間ビジネスで成功してきました。そして私たちにとって慈善活動はビジネスと同じスタンスです。最小限の投資をもって最大限の見返りを求めるんです。しかしとても残念なことに、あなたたちへの寄付は全く逆です。最大限の投資で最小限の見返りです」

私はその言葉に衝撃を受けたが、すぐに自分を取り戻して答えた。「慈善活動にいろいろな思想があることは承知しています。あなたがどこに寄付なさっているか、お尋ねしてもいいですか。どこで最小限の投資から最大限の見返りを得ていらっしゃるのですか」。彼は「医学部への奨学金です」と答えた。「私たちは医者を作り出すことに投資します。するとその後四〇年間社会にそれを還元するんですよ」

「シャルヴァの子供たちは、あなたの医者にはならないでしょう」私は説明した。「でも、シャルヴァに支援することで、彼らの両親や兄弟姉妹が医者になれるかもしれないんです。私たちのプログラムは、家族の一人ひとりの潜在能力を伸ばすことに役立っているんです」。その人物は笑って私の洞察に敬意を表したが、彼の考え方には何の変化も起こらなかった。

私は名前を伏せた上で、このエピソードを情熱的でビジネスに成功した年配の友人に話してみた。彼は憤慨し、彼らしくない罵倒を繰り返した。「どうしてそんなに憤慨するんですか。彼のお金なんですから彼が好きなように使えるんですよ」と私がなだめても、友人の怒りは収まらなかった。私は続けた。「私の印象では、彼は誠実な善人で、とても寛大な人物だと思います。ただ彼は、障がい児に対して、私たちとは違った意見を持っていただけですよ」。彼は私の説明には納得せず言い返した。「人間の価値はその人間が社会にどれだけ貢献できるかで計られるという功利主義は危険な考え方だ。障がい児から始まって、次は介護費用が高くついて社会に貢献できないアルツハイマー病の老人に移っていくんだよ。この考え方こそは、僕が第二次大戦で戦った敵なんだ」

時折私は、思いもかけない方法でアドバイスをしてくれる人に出会うことがあった。そんな一人が、アメリカの大きな慈善団体の上級顧問を務めるヒレル・ウェインバーガーだった。彼と夫人のエレインは、エステル・ワクスマンの友人で、私を彼らに紹介してくれたのはエステルだった。

寄付金を集めるためニューヨークに行き始めた最初の頃、最終日の午後に彼に会った。雷が鳴り稲妻が走る豪雨の日で、ローズ社のヒレルのオフィスに着いた私はずぶ濡れだった。面会は三時きっかりに始まったが、そこから私が地下鉄でブルックリンに戻り、荷物をまとめてイスラエル行き飛行機に乗るには、たった一時間しかないことを意味していた。最初に見たのはヒレルの背中だった。彼は、株式市況のデータを映し出す三つのコンピューターに向かって座っていた。そして私たちの面会中、楽しいお喋りをしながらも、彼は私に背中を向けたままだった。

お互いを紹介し合った後、私がシャルヴァについて説明しようとする前に、彼は自分が熱心に活動している団体について長々と話し始めた。「私たちは、経済的理由から中絶を迫られている女性を助けているんですよ。往々にして、女性が中絶をするのは経済的理由からだけで、私たちが金銭的かつ精神的に支援をするだけで、それをせずに済むんです」「ではあなたは赤ん坊を買っているのですか」私は言った。「いいえ、全く違います」と彼は答えた。「私たちは、彼女たちが苦境に陥った時に平等な状態を作ってあげるんです。いったん赤ちゃんが生まれれば、彼女たちは幸福感に満たされます」。私の時間がなくなっていく中で、彼はますます詳しい説明を続けた。土砂降りの中を地下鉄の駅に向かって走り出すまで、私がシャルヴァについて話すことができたのは、ほんのわずかな時間だった。ブルックリンに戻る間、空港に行くまでの間、そして飛行機の中でさえ、私は考え続けた。彼はいったいどうしたんだろう。私はシャルヴァのことを話すために行ったのに、彼は自分のプロジェクトのことばかり話した。

マルキがベングリオン空港に迎えに来ていた。お帰りなさいの挨拶もそこそこに彼女はまくしたてた。「カルマン、ソーニャの赤ちゃんを助けて！」。ソーニャは、最近ロシアから移住して来た女性で、毎週火曜日に家の手伝いに来てくれていた。それ以外に、私はマルキが何を言っているのか分からなかった。家に向かいながら、マルキが説明した。「ソーニャが、来週の火曜日は中絶手術をするから来られないというのよ。何が問題なのと私が聞いたらこう言ったの。『胎児には何の問題もないけど、もう子供は二人いるし、夫の母親も一緒に住んでいる。もう一人子供を持つには部屋もお金もない。夫は、子供を始末しなかったらカラシニコフ銃で私を撃つと言っているの。あなたには信じられないかもしれないけど、これがロシアでのバースコントロールのやり方なの』」マルキは続けた。「私は、あなたが帰って来るまで一週間だけ待ってと言ったの。そしたらあなた自身で彼女に話せるから。彼女はもう妊娠三カ月になろうとしていて、来週の火曜日が中絶できる最後の日なんですって。だからすぐ彼女に会って！」

私は厳かにマルキに宣言した。「心配するな。その子は中絶させないよ」。そして私がヒレル・ウェインバーガーと交わした不思議な会話のことを話した。あの面会の理由とメッセージは今や明確だった。

家に帰り着くとすぐ私はソーニャに電話した。「カルマン、この子を欲しくないと言っているのは私じゃないの」と彼女は言った。「ボリスなの。彼は怒り出して私の話を聞こうとしない」。私たちはボリスを知っていた。ソーニャと同じロシア系帰還者※で、町のスーパーマーケットで配達の仕事をしていた。カラシニコフ銃のことが心配で、私は彼の配達ルートで待つことにした。そして彼のバンの助手席に乗り込み、私は注意深くこの件を持ち出した。彼は突然道路の脇にバンを停め、私に向かって言った。

「よく注意して聞いてくれ」彼はロシア訛《なま》りのヘブライ語で怒鳴った。「ソーニャと話して中絶を思い留まらせようとしたことは知ってる。だがそうはいかない。母親と住んでいるからできないんだ」。私は穏やかな口調でボリスに話しかけた。「ボリス、君が経済的に困窮していて、子供をもう一人養えないことは分かるよ。でも、それは誕生しようとする子供の命を絶つ理由にはならない。私は君に五〇〇〇ドル援助します」。それを聞いたボリスの目は涙で潤んだ。「僕はロシアでは有能なエンジニアだったんだ。でもイスラエルでは言葉の壁があってただの配達員だ。あなたが私に何をしてくれると言うんですか。お金だけの問題じゃないんです。子供をもう一人養うことができないという事実に耐えられないんです。あなたのお金なんかいりません」

明らかに、私は問題の本質を理解していなかった。しかし諦めるわけにはいかなかった。私は、いらいらさせられたヒレルとの面会が偶然だったとは思えなかったのだ。ボリスとの話し合いを続けていくうちに、彼も落ち着いてきた。どこに住んでいるのか尋ねると、彼は小さいアパートだが、賃貸ではなく所有していることを誇りにしていると教えてくれた。「ローンはあるの？」と聞くと、「ローン？　三つもありますよ」と彼は大声で答えた。

「大きなローンなのかい。毎月いくら払っているの？」私は尋ねた。もう友人同士の会話になっていた。躊躇しながらも、ボリスは溜息と共に額を教えてくれた。「僕がローンを引き受けるよ。これから弁護士のところに行って契約書を作成してもらおう」。ボリスは泣き崩れた。「あなたと一緒に弁護士のところに行くですって。冗談でしょう。僕がこの子を本当に欲しがってないと、あなたは思ってるんですか。他に選択肢がないんですよ」。私はボリスの手を取って話しかけた。「ボリス、今の君には選択肢がある。僕と一緒に君の銀行に行こう。君たちのローンを私が引き受けるよ」。彼は葛藤しているようだった。長い沈黙の末、私たちは銀行に向かった。

六カ月後、ソーニャはかわいい男の子を生んだ。その子の割礼式※は、私がそれまで出席した中で最も喜びにあふれ、集まった多くのゲストの中で最も幸せに見えたのはボリスだった。次回ヒレルに会った時、前回教えてくれたこととその後何が起こったかを説明した。そして付け加えた。「あの子を救ったのはあなたですよ」

シャルヴァには新しい支援者が次々と加わっていった。ヒレルは、彼の上司でありローズ社の社長であるジム・ティッシュを紹介してくれたが、彼と夫人のメリルは大切な友人となった。ある時ジムは、大統領夫人のヒラリー・クリントンがスピーチするユダヤ団体の晩餐会に誘ってくれた。「ニューヨークの慈善活動晩餐会がどんなものか、君も来て見たらいいよ」と彼は言った。

それは本当に豪華な晩餐会だった。私はいつものダークスーツに白シャツとネクタイで出席したが、他の誰もがイブニング用の正装で、男性はタキシードを着ていた。ゲストたちはカクテルを片手に、人々の間を動き回っていた。ジムが横のドアから入ってきて、私を見つけた。「どう思うかね」と彼は聞いた。「良いニュースと悪いニュースがあります」と私が答えると、「悪いニュースを先に教えてくれないか」と彼は言う。「見たところ何百人もの著名人が参加しているようですが、私は誰一人知りません」「それで良いニュースとは」「寄付をしてくれそうな人が大勢いることです」。そしてそれは本当だった。その後の年月で私は新しい友人を作り、彼らがさらに友人を紹介してくれた。最終的に私は、ジムとメリルの自宅でシャルヴァのためのレセプションを開いてほしいと頼む度胸もつけていた。彼らは同意しただけでなく、それを毎年恒例の格調高いイベントにまで発展させてくれた。

ニューヨークに行き始めた最初の頃、二週間の最終日は大雨だった。数年前に自宅でパーティを開いてくれたトミー・ローゼンタールが、近隣の人との面談を設定するから夜の八時に来てほしいと言ってきた。私が到着すると、トミーはコーヒーとケーキはどうかと親切に尋ねた。「トミー、時間が迫っているんです。最初はどなたに会うんですか」と返事した。「ああ、まだ何も決まっていないんだよ。でも友人のモルデハイ・ハゲルに電話をしてみる」と言う。私はがっかりしたが、一五分後にはモルデハイの自宅を訪れていた。

私が開設して四年が経つシャルヴァについて説明するのを、モルデハイは熱心に聞き入っていた。そして持参した短い動画を彼の書斎で観ると、大声で夫人を呼んだ。「ロイス、ちょっとおいで！」。夫人は「今忙しいから駄目」と二階からやはり大声で返事した。「ロイス、おいで。君にこれを観てほしい」。ロイスは、書斎のドアの外に立って観ていたが、その後、モルデハイがダイニングテーブルに座ってシャルヴァのために気前のいい小切手を書いている時には、一緒にいてくれた。私が彼に何度もお礼を言うと、彼は付け加えた。「君にはこの小切手以上のものをあげるよ。僕の妻だ」

私は驚いたが、ロイスはそんな夫のユーモアを分かっているようで、笑っているのに気づいた。モルデハイは夫人に向かって「ハニー、彼を有名にしてほしいんだ」と言った。「何をすればいい？また晩餐会をしましょうか？」と彼女は聞いた。「ロイス、この人物は本物だよ。彼の助けになってほしい」きっぱりと彼は言った。「オーケー、どんな方法がいいか少し考えさせて」と彼女は答えた。

私がエルサレムに戻った一週間後、私とマルキは夜中の一時に入ったファクスの音で目が覚めた。そのファクスは私たちが見ている間に四二頁にもなった。一頁に二〇語程度が太いマーカーで手書きされていた。それはシャルヴァを有名にするためのロイスの詳細な計画だった。マルキは信じられないといった面持ちで、「いったい彼女は何物なの。ゼネラルモーターズかイスラエル国防軍のマネージャーになるべきね」と言った。計画は、四カ月後にニューヨークで晩餐会を開くというものだった。ロイスが親しい友人に頼み、その友人のコネで、五番街にある格調高いユダヤ人博物館の恐ろしいほど高額な使用料を無料にしてもらうことができたのだという。

これ以上素晴らしい会場は他になかった。ちょうど大人気のシャガール展が開催されており、人々はそれを観ようとビルを囲んで行列を作っていた。ロイスは、イベントの一環としてシャガール展の見学も組み込んでいた。その夜は各人に決まった席を設けず、人々が歩き回って多くの人と交流できるビュッフェ形式で始まった。シャルヴァの説明は映像を含めて一五分で、その後は展示を見学できるようになっていた。興味を惹く場所でビュッフェを行ない、シャルヴァについて簡潔に紹介するというこの形式は、その後ニューヨークで恒例となったシャルヴァ晩餐会の定型になり、後に他の組織が寄付を募るために開くイベントでもスタンダードになった。シャルヴァは、まさにニューヨークでも知られるところとなったのである。

その晩餐会で、私はレオン・ワグナーに紹介された。「レオン・ワグナー？」私は考え込んだ。「お名前をどこかで伺ったような気がします」。「どこでかね」と彼が聞いた。「ずっと昔の記憶をたどるなら、きっとそれは私が子供時代に夢中になった野球かアメリカンフットボールに関係していると思います」。「そのとおりだよ」レオンは告白した。「僕と同じ名前のプロ野球選手がいてね、クリーブランド・インディアンスでプレイしていたんだ」「そうでした」と私は続けた。「そして彼は確かサンフランシスコ・ジャイアンツでスタートしたんでしたよね。大きくて頑丈な黒人で、左きき選手で、生涯打率は二・七〇でした。私は彼のベースボールカードを持っていました」。レオンはショックを受けたようだった。「そんなに覚えているなんて信じられない。君には参ったよ。この場で五〇〇〇ドルを君に寄付しよう。そして君の団体の活動に僕も加わるよ」そして実際に彼はそれを実行した。

私が初めてノーム・アルパートに会ったのは、レオンの家だった。ノームも私と同じ熱狂的なスポーツファンで、彼が愛するボストン・レッドソックスやボストン・セルティックスやニューイングランド・ペイトリオッツの話をするうちに、私たちは意気投合した。共通点を見出だしたところで、彼と夫人のジェーンはシャルヴァに関する私の説明を熱心に聞き、その後最高の友人になった。最終的にノームは、シャルヴァ友の会の米国会長を引き受けてくれた。

第36章　専門家と共に

頭痛ならアスピリンを飲めば楽になるが、詳細な診断と治療が求められるさらに深刻な状況には、それだけでは十分でない。それを提供するため、シャルヴァは子供とその家族が直面する種々の挑戦に包括的なプログラムを構築し、彼らがより質の高い生活を送られることを目指した。

シャルヴァ創成期の頃、ある専門家が、子供を毎週五日間六時まで預り夕食を食べさせて就寝するばかりの状態で自宅に送り届けるのは、親を甘やかしすぎだと指摘した。「あなたは、ご自分が言っていることの意味を全く理解していませんね。あなたが障がい児の親でないことは明白です。彼らの日々の苦労を思えば、私たちができるどんなこともやり過ぎなんかにはなり得ないんですよ。これらの子供たちが六時半に帰宅した時、両親や兄弟姉妹にはまだまだすることがあるんです。私たちの目標は、彼らがそれに対処でき、できるだけ質の高い時間を持てるようにしてあげることです」

夕食までの長い預かり時間と毎週一回のお泊りプログラムの組み合わせは、それぞれの家族に大きな影響を与えていた。彼らは単に持ちこたえるというだけでなく、成長することができたのだ。

子供たちへの熱意と愛に包まれた楽しいお祭りやお祝いを提供すると同時に、シャルヴァは、障がい児ケア分野の専門的な基準に従うことにも焦点を当てていた。先ず中心に据えたのは、子供たちが日常生活で使う技能の向上を目指したセラピーだった。これは、彼らが家族と普通の暮らしができてコミュニティの中に溶け込めるよう、自分でできることを最大限まで伸ばそうとするものだった。

学会の指導者たちも、シャルヴァの活動に加わって助言してくれた。教育部門でイスラエル賞を受賞し、シャルヴァの母子プログラムに関して著名な学術誌に論文を発表したマルカ・マルガリート教授や、"ミスター障がい者"と呼ばれるほど障がい者政策研究で有名なアリエ・リーメルマン教授などだった。アリエは度々、障がい者政策に関する政府高官や委員会の顧問を務めていた。彼は、障がい者の社会参加に関する国際的な専門家で、そのテーマで数々の著書を出版していた。

シャルヴァはまた、エルサレムのヘブライ大学ハダサ病院と提携し、毎年三月二一日の「世界ダウン症の日」に、合同会議を開催してきた。三月二一日というのは、ダウン症の人が二一番目の染色体が通常の二個ではなく三個持つことに由来していた。会議の参加者は、医療関係者をはじめソーシャルワーカー、心理学者、地方と国の政治家、教育者、学生、親、そしてダウン症の子供たちを世話する人々など毎回数百人を数えた。司会を務めるのはいつも、ユーモアのセンスにあふれた話し上手のエフラットとラファエルというダウン症の二人の若者だった。彼らはシャルヴァに何年も通い、その後エフラットはシャルヴァの幼稚園、ラファエルはシャルヴァのカフェに職を得た。

ハダサ病院との提携で、興味深い人物がシャルヴァを訪ねて来ることもあった。国連平和維持軍アイルランド部隊のジェリー・ケーシー大尉は、一年間の赴任に備えるためイスラエルを訪れていた。四人の子供の末っ子でダウン症と心臓障がいのある一六カ月のレイチェルの世話をどうするかハダサ病院に相談した彼は、「シャルヴァに行くべきです。彼らが助けてくれますよ」と告げられた。

ジェリーが電話してきた数週間後、レイチェルと母親のテレザはシャルヴァの「お母さんと一緒」プログラムを開始した。最初の日、迷彩色のユニフォームと皮のブーツ、緑の国連ベレー帽に身を包み、国連の大型ジープ・ハマーに乗ってエルサレムの住宅街を駆け抜け、シャルヴァに到着したジェリーの姿はちょっとした見ものだった。

ケーシー一家は、あっという間にシャルヴァの家族の一員となった。テレザは他の母親たちとすぐに親しくなり、レイチェルは水治療法、マッサージ療法、理学療法、多感覚療法、言語療法を開始した。彼女自身が目に見えて発達しただけでなく、テレザとジェリーもまた多くを学び、一年が終わる頃にはレイチェルを手助けするための能力を身につけていた。

彼らは、イスラエルに滞在した一年間、シャルヴァの世界に組み入れられたが、イスラエルを発つ前、シャルヴァを彼らの世界に招いてくれた。ジェリーは、国連休戦監視機構の代表や何十人もの外交官をシャルヴァでのお別れ昼食会に招待したのだ。レバノン、シリア、エジプト、そしてガザからやって来る彼らには、イスラエルに入国するための特別な書類が必要だった。イスラエルの外務省は当初発行できないと言っていたが最終的には許可され、彼らは来ることができた。昼食会の席で、ジェリーとテレザは、彼ら自身と子供の将来に基盤を作ることになったシャルヴァでの実り多い一年に謝意を表明し、泣きながら感謝の言葉を述べた。

第37章　打率一〇割

歳月が流れる中で、私は、息子が健康被害を受け、その結果家族全員で取り組まなければならなかった挑戦を受け入れたことにより、思いがけない衝突にも冷静に対処することができるようになっていた。

寄付を募るために渡航していたある時、美しいニューヨーク郊外の家で友人たちと安息日《シャバット》を過ごすことになっていた。しかし金曜日の午後に彼らの家へ着くと、急用で今から出かけることになったとのことで、近所に住む若いラビのお宅に私が滞在できるようお願いしたと告げられた。安息日の晩餐に集まった多くの人の中には、中年夫婦と二〇代前半の息子がいて、その大柄な若者には明らかに発達障がいが見受けられた。私はその三人の向かいに座ったが、父親は息子を何とか静かにさせようとかかりっきりだった。父親と私はすぐに打ち解けて言葉を交わした。若者にも話しかけてみたが、対話が成り立たないことにすぐ気づいた。息子のことを全く語らず、面倒な存在のように振舞う両親に私は少し不愉快だったが、彼のことは話したくないという彼らの明らかな意向を尊重することにした。

翌日、彼らは再び昼食のゲストとしてやって来た。食事の後、私たちはコーヒーとケーキを頂くために客間に移動した。若いラビは父親に向かって話しかけた。「マイク、まだ話していなかったと思いますが、カルマンにも発達に問題のある息子さんがいるんですよ。欠陥ワクチンで健康被害を受けたんです」

その場の空気が一瞬にして変わった。マイクの身体はこわばり、私は自分がコブラにでも睨まれているような気持ちになった。彼は私を睨みつけると、攻撃的な口調で言い放った。「それは嘘だ。これまでワクチンで健康被害を受けた子供なんて誰もいない」

気まずい沈黙があり、ラビはショックで青ざめていた。私は怯むことなく動揺もせず、「あなたがそんなふうに言うとは興味深いですね、マイク」と答えた。「僕は、息子のためにイスラエル政府を相手取って九年間も損害賠償訴訟を争いました。イスラエルには感情的な議論で説得できる陪審員はいませんから、すべては裁判官の専門的判断にかかっていました。彼は当初、私たちの訴えに疑問を呈していましたが、最終的には完全に納得し、政府に対し和解するよう命じたんですよ」

マイクは激しく私に言い返してきた。「それじゃ、君の国の司法が嘘つきということだ」そして妻に向かって「マージ、帰るぞ」と言った。従順な妻と驚いた様子の息子を両側に従え、激昂したマイクは通用口の網戸をバタンと開け、霧がかかった夏の戸外に飛び出して行った。

ラビは動揺した様子で「本当にすみません。こんなことになるなんて思ってもいませんでした。これまであんな彼は見たことがありません」と謝った。私は「心配しないでください。マイクは小児科医だと理解しています」と答えた。ラビは唖然として私を見ると「どうして知っているんですか」と尋ねた。「このような反応を以前も見たことがあるんですよ。これほど極端ではなかったですが」

その時網戸が再び勢いよく開き、マイクが再び姿を現した。「ラビ」彼は私に向かって言った。「謝ります。あなたへの個人攻撃ではないことをご理解ください」「もちろん、分かっていますよ」私は答えた。それを聞くと、明らかに妻が命じた謝罪の言葉を言い終えたマイクは去って行った。

「カルマン、一つ尋ねさせていただきたいのですが、彼が言ったことが正しいということもあり得ますか」と若いラビは尋ねた。

「いいえ」私は答えた。「ワクチンで健康被害を受けた子供が一人もいないなどと主張するのは、馬鹿げています。ワクチンは何百万もの人に接種されていますが、他のあらゆる医療行為と同様、リスクがあります。車を運転する時、私たちはリスクが伴うことを認識しています。私たちは、自分自身や同乗者、歩行者や他の運転者を負傷させるリスクがあることを知っています。そしてそのことが、運転に出かけるか家に居るかという決断に影響を与えています。一方で、たくさんの人が行き交う交差点を歩いて渡る時、同様のリスクがあることを知ってはいますが、毎日の行為ですのであまりそのことを意識しません。ワクチンも同じなのです。幼い時に受けるので、ほとんどの人は特に考えることもありません。彼らは一人ひとりの乳児がワクチンに異なる反応を起こすことも、その反応の度合いが違うことも知りません。百日咳は、世界で乳児が死亡する大きな原因の一つでした。ワクチンはその発症を劇的に減らし、数え切れないほどの命を救いました。それは大きな祝福でした。しかし、すべての神経科医と小児科医が認識しているように、極々少数の乳児に深刻な神経性の副反応が起こります」

「じゃあなぜそんなリスクを冒してまで子供にワクチンを接種させるのですか」と彼は聞いた。

「公衆衛生関係者が、それを取るに値するリスクだと判断しているからですよ」私は続けた。「ワクチンの利益はリスクをはるかに上回っているのです。問題は、私たちのようなケースでは、ヨシに起こったことの悲劇に加えて、医学界の権力層が、私たちを被害者から加害者に変えてしまうことなんです。私たちの息子は、政府が命じた医療行為で回復不能の健康被害を受けました。しかし私たちがその件を知る医師たちに質問をすると、彼らは突然沈黙し、私たちを攻撃するだけなんですよ」

「ヨシの悲劇の後、あなたは百日咳のワクチンに反対ですか」次に彼はそう質問した。

「ヨシに接種されたワクチンの束に問題がありました。そのため、一生治らない神経障がいが起こる確率が通常よりはるかに高かったんです。ですからその例外を基に判断することはできません」

ラビはまだ困惑していた。「じゃなぜマイクはあんなふうに言い返したのでしょう。彼はいつも理性的な人物だと思っていたのですが」

「ワクチンが他の薬と違うのは、それが社会全体を守ることを目的にしている点です」私は説明した。「私が、頭が痛くてもアスピリンを飲まなかったからといって、それは私以外の誰にも影響しません。でも私がワクチンを拒否したら、私は他の市民を危険に晒《さら》すことになるでしょう。問題は、私が考えるに、両極端の二つの意見にどうバランスをとるかということです。ワクチンはどんなことがあっても避けるべきだという意見と、私たちの友人マイクが言うようにワクチンは完全に無害だという意見です。

　有名な顧客を持つ投資アドバイザーの友人のことを話させてください。数年前、顧客が次々と彼のところにやって来て、なぜ彼が、異常なほど成功しているバーニー・マドフという大型投資家に投資しないのかと尋ねたり苦情を言ったりしたそうです。なぜマドフを使わないのか。他のみんながそうしていて、マドフは彼らに大儲けをさせてやっていると。

　私の友人は、なぜ彼に投資しないか説明しました。彼はマドフに会ったことがあり、その会話の中でマドフは株で一度も損をしたことがないと言ったそうです。私の友人は確認するために『これまで一度も損をした年がないんですか』と聞きました。『ええ、私は一度も株で損したことはない』というのが彼の返事でした。友人は私に言いました。『カルマン、それはオールスター野球選手が、生涯打率が一〇割だと言っているのと同じことなんだよ。僕たちはそれが不可能なことを知っている。打率が三割三分三厘なら、その選手は殿堂入りだよね』」

「ラビ」私は言った。「この問題に関して、あなたの友人マイクや彼のような人々は、マドフのような心理状態にあるんです。マドフの主張は人を騙す作り話だったと判明しました。誰も一〇割を打つことはできないんですよ」

「分かりました。カルマン、あなたを苦しめるようなことを聞いてすみませんでした。でも、小さな子供を持つ父親の私にとってこの問題はとても大事だということを、分かっていただけますね」と私のホストは言った。

「もちろんです。お気遣いに感謝します」私は答えた。そして付け加えた。「私たちが礼儀に叶ったやり方で、こうした繊細な問題を話し合えるのは素晴らしいことですね」

第38章　爆弾と爆弾発言

シャルヴァのナフションの家は、何百人もの子供とその家族、スタッフ、ボランティアを有し、かなりの年間予算で運営される事業になっていた。一〇年以上が経過し、私たちの暮らしもようやく落ち着いてきていた。私は五〇歳を超え、今や家族の支配者のようになった末娘のサラをかわいがり、子供たちは配偶者を迎え、孫を持つという素晴らしい喜びを見出だしていた。ヨシ自身と彼の生き方は、私たちの誇りの源だった。私は二国家科学基金を辞め、自分の持つ全活力をすべてシャルヴァに注ぐことができた。二人の息子もシャルヴァの運営にフルタイムで関わるようになり、ヨハナンは法律の面からアヴィはビジネスの面からシャルヴァを導いていた。マルキの約束と私たちが共有した夢が実現したことは、計り知れないほど意義深いことだった。

しかしこの短い静寂を破る出来事はすでに起こり始めていたのだ。メナヘム・モスコヴィッツという青年が、私たちの生活に飛び込んで来ようとしていた。彼が生きていてそれをしようとしていること自体が奇跡だった。

私たちが彼に出会う八カ月前、二〇〇一年八月のある暑い日の午後二時少し前、彼はエルサレム中心街のヤッフォ通りとキングジョージ通りの交差点を渡ろうとしていた。スバロという人気のピザ店の前を多くの人が行き交っていた。自爆テロリストがピザ店に入り、釘やネジなどを詰め込んだ二二キロの爆発物を爆破させたのは、その瞬間だった。スバロ・ピザ店は黒焦げになって煙をあげ、付近の通りは死体や負傷者で埋め尽くされた。その夏の日の昼下がり、一人の妊婦と七人の子供を含む一五人が死亡し、さらに一三〇人が瀕死の重軽傷を負った。

メナヘムはその一三〇人の一人だった。数日前の二四歳の誕生日に自分で買った時計は無事だったが、その金属ベルト部分が彼の皮膚と骨に突き刺さっていた。腕と頭に爆風を受け、意識を失い、血にまみれて横たわっていた彼は、遺体袋に入れられる寸前だった。

メナヘムはボランティアの衛生兵だった。仲間の衛生兵が立ち止まって跪《ひざまず》き、引き裂かれたメナヘムの身体を見つけた。彼はすぐさまメナヘムを蘇生させようと試みたが、駄目だった。何度も何度もメナヘムに息を吹き込んでいると、突然微かな反応があった。救急車がちょうどそばにいて、彼は遺体安置所ではなくハダサ病院の救急病棟に送られることになった。金属片やネジが体中に食い込んでいたが、彼にはまだ命が残されていた。

メナヘムがその午後スバロ・ピザ店の前を通り過ぎようとした時、彼はシャルヴァについて聞いたこともなかった。繋がりができたのはその数カ月後、彼がその後妻となるシャルヴァの秘書ヤエルと交際し始めてからだった。

私たちは、シャルヴァで行なわれたイスラエル独立記念日のパーティで、ヤエルが連れてきたメナヘムに初めて会った。彼はそれまでにいくつかの非営利団体を見知っており、シャルヴァも特に新しいことはないだろうと思っていたようだ。救急車のチーム、災害援助組織、重病の子供に楽しいイベントを提供をする非営利団体などでボランティア活動をしたことがある彼は、確かに多くを見ていた。シャルヴァは完全に彼を魅了した。「こんな場所、見たことがありません！」と彼は感嘆した。「何年もボランティア活動をしてきましたが、どうしてこれまでシャルヴァのことを聞いたことがなかったんでしょう」。私は、〝カルマン流〟と彼が後に命名した説明で答えた。「君が私たちのことを聞いたことがなかったのは、私たちの資源はすべて子供たちの世話のために使われ、広報には使われていないからだよ」。すると彼は〝メナヘム流〟の返事で返した。「なるほど。でも僕は、もっと多くの人にシャルヴァについて知ってもらえるよう尽くしたい」

最初に会った時から、メナヘムはシャルヴァのことを深く気にかけてくれた。ヤエルに会いに来る時にはいつも、前触れもなく私の事務所に顔を出した。「ここはもう限界まで混雑していますね」彼は一度そう言ったことがある。彼の言うとおりだった。数年前に引っ越してきた時は本当に広く感じたナフションの家もすでに定員に達しており、プログラムに入りたい子供が入園待ちの長い列を作っていた。「そのとおりだ。でも今のところどうすることもできないんだよ」と私は答えた。

「もっと大きなビルを建てないんですか」と彼は尋ねた。「提案は有り難いけど、建てることはできない。それに市はそんな土地を提供してくれないしね」。私はその頃すでにイスラエルに住み始めて三〇年が経っていたが、秩序正しく物事が進むカナダで育った私の考え方はまだそのままだったのかもしれない。メナヘムは一笑に付して言った。「カルマン、ここは中東ですよ。土地はありませんと言われたからといって、それは土地がないという意味じゃないですよ。それは土地を手に入れるための手始めです。空きがなくてシャルヴァのサービスを受けられない子供たちがいるんですよ。もし僕が土地を見つけてきたら、建てますか？」

私はメナヘムが本気で言っているのかと驚き、彼を見つめた。どんなに情熱があっても、二〇代の彼にそんな力がないことを私は知っていた。ずっと以前、崖に作られた防空シェルターをシャルヴァにどうかと市役所に提示された時のことを今も覚えており、今でも腹を立てていた。それでメナヘムに言った。「分かった。それじゃあこうしよう。君が市の中心部に大きな土地を見つけてきてくれるなら、私はそれを神からの贈り物と見なし、そこにシャルヴァを建てよう」。小躍りして部屋を出ていく彼に私は付け加えた。「そんなに慌てないで。私はこの話に全く関心がないことを覚えておいてほしい。君が土地を探すのに無駄な時間を費やす前に、マルキと話してごらん」

メナヘムは彼女を見つけると同じような会話をして、同じような反応を得た。メナヘムがとんでもなく広い土地を見つけた上で、マルキがそれを神が与え給うた挑戦と受け止めない限り、その話には乗らないというものだった。

メナヘムはそこから動き出した。彼が最初に発見したのは、市の土地割当委員会は裁判所からの規制があり、ここ数年開かれていないということだった。それに臆することなく、彼はこの件に詳しい市の役員と懇意になり、公共のために使用できる土地について問い合わせた。現在、エルサレムの都市計画地図はデジタル化されており、コンピューターやスマートフォンやタブレットなどでウェブサイトにアクセスすれば、美しいカラー画面に映し出される。しかしその当時はまだエルサレム市庁舎の忘れ去られたような半地下の資料室に、大きな紙の地図として保存されていた。メナヘムは、誰も真似できない彼独自の方法で、この規制された部屋に入る許可を得た。そしてそれから数年にわたり、仕事が終わった後の時間を使い、巨大なカラー地図を棚から降ろして広げ、シャルヴァの条件をすべて備えた土地がないかくまなく調べたのだ。そして、彼の常軌を逸した調査は最終的に報われることになる。

「見つけましたよ！」彼は興奮を隠せない声で告げた。「七エーカーです。市の中心地にあって、シャルヴァの活動に使える地域です。そして眺めは最高！　エルサレムを眼下に望む場所ですよ」

それは二〇〇四年の終わりだった。私たちは早速行動を起こした。裁判所は、市の土地割当委員会に何年かぶりで会合を開くことを許可し、私たちの申請は最初に検討される案件の一つとなった。許可のプロセスは、もはや政治的判断のみによるものではなく、二段階に分けられていた。先ず、すべての土地使用申請は五人からなる専門家委員会に提出され、彼らの推薦を得て初めて市議会に諮《はか》られるというものだった。専門家委員会は、私たちの申請書とシャルヴァの経営を詳細に調査し、全員一致で許可した。彼らはその後、私たちが申請した場所をシャルヴァに使わせることに反対する者がいた場合、その機会を与えるために四五日間情報を公開した。反対はすぐやって来た。メナヘムは怒りをぶちまけた。「僕が人生の数年をかけて、息の詰まりそうなゴミだらけの書類倉庫の地図にあったこの土地を探したのに、突然現れたこの人物が、自分もこの土地のことをずっと知っていて今回使用申請を提出したなどと、誰が信じられるんですか！」。本当に苛立《いらだ》たしい展開だったが、専門家委員会は全員一致で私たちの申請を推薦した。

二〇〇五年九月二九日、私は日記にこう記した。

もう真夜中で疲れ切っているが、この驚くべき展開をどうしても書き留めておかなくてはならない。メナヘム・モスコヴィッツは、エルサレムの中心地にシャルヴァの敷地を確保するという救世主的な約束を果たした。あらゆる悪条件にもかかわらず、市の専門家委員会は、シャアレ・ツェデク病院近くの土地を無条件で私たちに使わせることを全員一致で決定した。政治的な影響力が全くない私たちにとっては奇跡だ。私たちがすべきことは建物を建設することである。あとは、市議たちの許可を待つばかりである。

二〇〇五年一一月二四日、三一人のエルサレム市議会議員は、その時点で市内に残っていた最大の非営利団体用区画をシャルヴァに与えるという、前例のない決定を全会一致で下した。それは、心身障がい児たちを一人も残さず助けてきたシャルヴァの稀有な努力を市が明白に認めたということで、私たちに寄せられた大きな信頼を示していた。

私たちは、シャルヴァのために世界レベルのセンターを建てられる一流の建築設計者を探し、いくつかの建築事務所と面談を始めた。彼らは、プロジェクトに対するそれぞれのヴィジョンを示したが、私は少し不安になった。彼らには自分たちの能力に対する自信とエゴがあり、何が必要かに関して明確なアイデアを持つマルキとうまくいかないのではないかと思ったからだ。

「ある日電話が鳴った」多くの賞を受賞している建築設計会社コルカー・コルカー・エプスタインのランディ・エプスタインは述懐する。「電話口の男性が、シャルヴァを代表してかけていると自己紹介した後、建築家を探していると言うんだ。僕は『シャルヴァ？　誰だいそれは』と返事した」

だがランディは私たちと会う前に下調べをしていた。「僕は、ヘブライ大学の社会学部長を含む何人かにシャルヴァのことを尋ねた。彼らの意見は全員一致していた。障がいがある子供たちの発育に関して、最も良い枠組みを提供しているということだった。そしてそれから僕も以前に聞いたことがあったのを思い出したんだ。息子のエランは、ナフション・ワクスマンが所属していたイスラエル軍のエリート部隊であるゴラニ部隊の隊長だったが、二年前、彼の死から一〇周年の式典がシャルヴァのナフションの家で開かれた時、軍を代表して出席していた。私は、エランが、シャルヴァの建物の美しさと温かさを熱心に語っていたのを思い出した」

私より三歳年上のランディはニューヨーク生まれで、クーパー・ユニオンで学んだ。入学が許可された全員が奨学金を得て学ぶ有名な芸術・建築系の大学である。私たちが出会った時、彼はイスラエルに住んで三〇年を経ていた。彼が手がけた輝かしい作品の中には、「個体と空間、塊と隙間、光と影を織りなした」として五年前にカナダの建設デザイン優秀賞を受けたイスラエル外務省の新庁舎があった。

「障がい児についてどんなことをご存知ですか」と私たちは彼に聞いた。「何も知りません。でも私は良い生徒です。もし私が設計者として選ばれるなら、シャルヴァで二カ月を過ごし、プログラムのすべてを詳しく観察して学びます。私の教授は、良いデザインというのは手のようなものだと教えました。手は美の対象ではありませんが、目に見える以上の機能を持っています。それぞれの指は独立して動かすことも他の指と一緒に動かすこともでき、手の働きを驚くほど効果的にします。私は美しい建物をデザインしますが、最重要点はそれが完璧に機能的であることとです」

私は彼の姿勢を聞いて安心した。「あなたが誠実なのか、単に売り込みがお上手なのかは分かりませんが、お話を伺い感心しました」。ランディの前向きで謙虚な姿勢を感じ取ったマルキはすぐに彼を気に入り、私たち全員が意気投合した。彼女は自分の意思をはっきりと彼に説明した。「私たちは施設でなくて家庭を作るんです。もしあなたが施設を建設すると思っているなら、どうぞこの仕事は受けないでください。建物の規模は大きいかもしれませんが、心から落ち着ける場所でなければならないんです」。ランディは微笑んで返事した。「それこそが、私がデザインしようと思っているものですよ」

最適な土地と最適な設計者を得て、計画を前進させる時が来ていた。しかし、資金がない中でどのように前進させることができるだろうか。

第39章　経費の支払い

思い起こせば一九九二年、マルキと私は、三カ月以内にシャルヴァの四万ドルの借り入れを返済できなければ閉鎖もやむなしという状態だった。そして今度は、シャルヴァの新しいセンターを作るために何百万ドルもの資金が必要になった。

エルサレム市議会がシャルヴァへの土地の寄付を許可したとメナヘムが電話してきた時、私は感動したが、それから先のことを考えると無力感と不安で押しつぶされそうだった。無一文の私がいったいどうやってこれを進めていけるのか。これまでシャルヴァを支えてきてくれた六人の親しい友人たちにメールを送り、私の思いを共有した。そんな一人からの応答は予想もしないものだった。

イスラエルのある夕方、私はユダヤ教育と慈善活動で有名な友人のダニー・シーゲルが、ワシントンから持ち帰った衣服を、貧困家庭に配るために選別するのを手伝っていた。私の携帯が鳴った。丁寧な言葉使いの声が「カルマン・サミュエルズ様ですか」と尋ねるので、そうですと答えると、「ローランド・アーナル氏があなたと話したいと申しております」

ローランドは一九三九年にフランスで生まれ、ホロコースト期間中は匿《かくま》われて生き延び、六歳で終戦を迎えた。戦後ロサンゼルスで貧しく育った彼は、その後ビジネスで大きく成功し、ついには駐オランダ米国大使に任命された。地域活動も積極的に行ない、その一つはロサンゼルスのサイモン・ウィーゼンタール・センターの共同設立者の一人となったことだった。そこで彼は、サイモン・ウィーゼンタール・センター理事の一人であるゴードン・ダイヤモンドと知り合った。そして二年前、私はゴードンを通して、彼と一緒にイスラエルに来たローランドとダーン夫人に会った。ゴードンが電話してきた。「レズリーとエルサレムに来ているんだけど、いつものように時間がないので駆け足で巡っているよ。二人の親しい友人に、僕が支援したプロジェクトを見せたいんだ。三〇分後に行くから、マルキとそこにいてくれ」。二人の親しい友人というのが、ローランドとダーンだったのである。

センターを見学してヨシに会い深く感激した二人は、アメリカに帰ってからかなりの額の寄付を送ってくれた。私は彼の会社に電話してメールアドレスを尋ね、心からの感謝をメールで伝えた。それにダーンが返事をくれ、その後のメール交換を通して友情が育まれていった。ローランドとダーンは、シャルヴァのことを本当によく理解してくれるようになった。彼らはシャルヴァがいかに必要とされているか、そしてシャルヴァがさらに育っていかなければならないことを理解していた。

それでその夕方電話がかかってきた時、私はベランダに出てローランドが出るまで数分待った。

「カルマン！　ダーンと私は、君が土地を確保したことをとても誇りに思うよ。シャルヴァの重要さはよく知っているから支援する。建物はどれ位かかるんだい」「まだ分からないんです。市役所に建築事務所の暫定的な計画を出したばかりなんで」「分かった。でもだいたの額だけでも教えてほしい」再び私は躊躇した。「計画はまだ大まかなもので、私も分からないんですよ」。明らかに苛立《いらだ》った様子のローランドは繰り返した。「いくらなんだ、カルマン」

野球チームでキャッチャーをしていた頃の「三振でアウト」を突然思い出した。そして私はもう少しで三振するところだったのだ。それでおずおずと「一八〇〇万ドルかかると言われました」「分かった」ローランドは口調を変えることもなく言った。「ダーンと私が一八〇〇万ドル出そう。そして君と一緒にミニヤン※（一〇人のグループ）を作るんだ。誰か入れそうな人を知っているかね」「はい、何人か知っていますが、そんな高額な寄付をしてくれるか自信はありません。そんな金額は私も扱ったことがないんです」「オーケー」彼は続けた。「僕たちが何人か探そう。君も何人か探してほしい。それで仕事は完成だ」そう言ったかと思うと、さよならと言ってローランドは電話を切った。

あまりの衝撃に、私は座り込んでしまった。本当にこれが今起こったのか？　一八〇〇万ドル？　私は家に飛んで帰り、これをマルキに伝えた。私たちは恐れおののいた。

数日後、ダーンがメールを送ってきた。もうすぐニューヨークのビジネス関係者と夕食をする予定があるので、彼らもグループに入って寄付してくれることを期待していると知らせてきた。これらのことが本当に起こっているのか信じ難い思いだった。会食の後、ダーンから再びメールが届いた。「彼も加わるそうよ。これでセンター建設のために三六〇〇万ドル集まったわ。ゴードンとレズリーはどう。彼らにも同額出すように頼める？」「もちろん。でも彼らが同じ額を出してくれるか疑問です」「じゃあ私たちに任せて。ダイヤモンド家とは友人だから、機会を見つけて話してみるわ」。それから六週後、彼女からメールがあった。彼女とローランドは、レズリーとゴードンを訪ねてきたばかりで、彼らもミニヤンに加わることに同意したという。信じ難いことだが、私たちは五四〇万ドルを集めたのだ。

確かな資金の基盤ができると、他のシャルヴァ支援者たちも寄付し始め、また建物への意見を述べるようになった。そんな友人の一人ジョンは大企業の会長で、頭脳明晰な筋金入りの世俗派だった。彼はいつも自分の考えを率直に語り、私たちの会話は勢い挑戦的だったが刺激的でもあった。

この時期に寄付を募るためニューヨークへ渡航した折り、私は彼のオフィスを訪ねた。新しいセンターについて語り、彼から大事な支援を確保したいと思ってのことだったが、彼は少し前にテレビに出ていたラビに腹を立てていた。「あのインタビューは馬鹿げている」ジョンは決めつけた。「神を信じるなんて不合理だ」と言うと、彼は私に向かって繰り返した。「とにかく不合理だ」。私は、彼が特別な宗教の教えについて言っているのか、それともこの世に創造者がいるという信条そのものについて言っているのか尋ねた。「どっちもだよ!」彼は言い返した。「どっちも不合理だ」

これがジョンにとって微妙な問題であることをよく知る私は、どうしようか一瞬迷ったが、続けることにした。私の腕時計をテーブルに置いて尋ねた。「正確に時を刻み他にもいろいろな機能を持つこの時計は、設計されたものではないと思いますか。誰かが材料をいじくりまわしている間に偶然生まれたのでしょうか」「そんなふうに考える人物は、この通りの先まで行くべきだね」と言って、彼の事務所からほど近い有名なベルビュー精神科病院の方向に顔を向けた。

私はアイパッドをテーブルの上に置いた。「時計が偶然できたのでないとしたら、ハードウェアと何層ものソフトウェアが入っているアイパッドはどうですか。これは偶然に生まれたのでしょうか」

「あの病院には空き部屋がたくさんあるよ」とジョンは笑って答えた。

「じゃあ、こういうことですね。時計やアイパッドに関する限りは、設計されたものと考えるのが合理的です。ではなぜ、もっと無限に複雑な宇宙について論じるに当たっては、そこに設計者がいたかもしれないと発言することを、不合理だと思われるのですか」。彼は少し考えた後、驚いたことに「分からないな」と言って認めたのである。

「それなら、こう説明できるかもしれませんね。時計とアイパッドの設計については私たち個人には直接関係はありませんが、宇宙が設計されたものであるという考え方は、そこに目的があるかもしれないことを暗示しています。そしてその設計に目的があるなら、それが何であるのか私たちは理解する努力をするべきなのです」私がそう言うと、ジョンは見るからに不快な様子を示したので、私はそれ以上彼を追い詰める気にはならなかった。気を悪くさせるつもりはなかったと私が言うと、「いやいや」と彼は私を安心させた。「とても興味深い会話だったよ」

このような会話を通して私たちの友情はさらに深まり、私たちは心から会話を楽しんだ。私がいとまを告げようとした時、彼は、私が持っていたＩＳＯ（国際標準化機構）のカタログのロゴに気づいた。それは、最高水準で品質管理を行なっている団体に与えられるものだった。

「何かね、それは」と彼が聞いた。「これはＩＳＯです」と言って私は説明し始めた。「それがＩＳＯ

なのは知っているよ。でも君はもらえないはずだよ。私は持っているが」

　私は明確に説明した。「あなたはあなたの会社がしていることが認められ、私たちも私たちがしていることが認められて認証されたんですよ。土地を提供してもらえることになった時、年々成長してきた私たちの団体がしっかりとした基盤の上に立つ必要性を感じました。それでISOから専門家に来てもらい、私たちのあらゆる活動やセラピーを最も効果的かつ専門的な形で実行するべく、監査を依頼したのです。当初、私たちのスタッフはそれをあまり喜んで受け入れず、新しいやり方を導入するのも大きな挑戦でした。しかし、全員が同じやり方で仕事をすることが重要だと考えた私たちは、少しずつそれに慣れていきました。今ではそれが私たちの不可欠なDNAの一部になっています」

「分かった」ジョンははっきりと言った。「君がISOを持っていると分かったからには、僕は君を支援したい。そのためには、もっと資料が必要だ」。彼は一〇種類以上の財務書類を読みたいと要求したが、そのうちのいくつかは私には何のことか分からなかった。イスラエルに戻り、経理担当者と一週間かかって彼が求めるすべての書類を集め、メールで送った。二カ月後、私は再びニューヨークを訪れてジョンに連絡し、私と会いたいか尋ねた。「来てくれたまえ」と彼は答えた。

「君が送ってくれた書類を全部見たよ」「ジョン、冗談でしょう。あれを全部読む時間があったのですか」私は尋ねた。「君も知っているとおり、僕は投資家なので、仕事の大部分は会社を評価することだ。僕は誇りを持ってシャルヴァを自分の資産構成に入れたい。でも任意団体ではそれはできないから、僕は君の新しいセンターに投資するよ」そう言うと、彼はかなりの額を約束した。

ベストを尽くして財務書類を準備したとはいえ、このような形の評価をもらえるとは期待していなかった私は、心の底から感激した。私たちのＩＳＯ認証が決め手になったのは確かだが、ジョンと私の世界観は違うままだった。

最後に彼が言った言葉は私を驚かせた。「いったいなぜ僕は君にお金を寄付するんだろう。それを言うなら、なぜ僕は君が好きなんだろう。僕たちは全く違う世界に生きているというのに」。彼は少し考えると、宣言した。「君が、神のなせる業をしているからだろうね。もし神が存在するならだけど」

「あなたが支援してくださるからこそ、私はそれができるんですよ」私は答えた。「ですから私たちは、どちらも神のなせる業をしているんです。もし神が存在するならですが」

ジョンは微笑んだ。それで私は、一九世紀のコックのラビ・メナヘム・メンデルについて話すことにした。「ラビが五歳の頃、ある老人が彼に近づきこう言ったそうです。『もし君が神のいる場所を見せてくれたら、一ルーブルあげるよ』。男の子は間を置かず答えました。『じゃあ、あなたが神のいない場所を見せてくれたら、僕は二ルーブルあげる』」

「カルマン」ジョンは言った。「君がその男の子に共鳴するのは分かるが、僕はまだその老人の側だな」

マルキも時折、難しい質問をする潜在的な支援者に応対しなければならなかった。私たちの新しいセンターに関心を持った大きな慈善団体の所長との最初の話し合いの席で、設計者のランディは、シャルヴァの食堂のテーブルに設計図を広げ、その詳細について説明した。ランディとマルキは、私と同年代のその所長が突然マルキに向かって質問するまで、説明に没頭していた。「若奥さん、私はあなたのアイデアには同意できませんね。上三階のすべての角に、あなたがパビリオンと呼ぶ突き出たベランダを四つ作ることで、大変な無駄遣いをしています。それがなかったらだいぶ安くなりますよ」

私は意気消沈し、これで寄付はなしだと思った。ランディは黙っていたが、私たちは大きな機会を逃したと思った。マルキは静かに立ち上がると言った。「申し訳ありませんが、私と一緒にちょっとこちらへ来ていただけますか」

彼女は、食堂の端の窓まで彼を連れて行った。そこからは渓谷を一望でき、さらにその先まで見渡すことができた。

「遠くにある大きな建物が見えますか」「はい」「何の建物かご存知ですか。あれはハダサ病院です。行かれたことはありますか」「はい」「あの病院に入院したことがありますか」「いいえ」「私はあそこに二回入院したことがあります。最初、私が入ったのは窓際のベッドでした。そしてそれは快適な体験でした。でも二回目の時は、自然の光も空気も入ってこない内側の部屋で、それは惨めな体験でした。ですから私は、子供たちのために地下牢は作りたくないのです」

緊張感のある沈黙が続いた後、その潜在的な支援者は言った。「なるほど、納得しました。分かりやすく説明してくれてありがとう」

私は胸をなで下ろした。面談は続き、結果的にかなりの額の寄付を得られることになった。

第40章　高くついた無料の土地

土地の広さとロケーションは理想的だったのだが、決定的な欠陥が明らかになるのに時間はかからなかった。試掘した地質専門家が有り難くない発見をしたのだ。木で覆われた公園となっているこの広大な傾斜地は、何十年も前に隣接地区の建設現場から出た何百トンもの圧縮瓦礫で埋め立てられたかつての窪地だったという。彼らは「建物の基礎を作るのに適していない土地」と宣言した。

建築に適する安全な土地にしてもらえるよう、私たちはエンジニアに依頼した。すると彼らは「埋め立てた瓦礫を完全に撤去すべきだ」と専門家の立場から意見を述べた。しかしそれは簡単なことではなかった。その谷を削ることによって、いくつかの大きな建物が建っていた上の縁に沿って地面が不安定になる可能性があった。専門家が考えついた解決策は、谷の側面に擁壁を建設して補強するという大工事だった。

私たちは掘削許可をもらい、少しずつ山肌を削って高さ二八メートルもの補強壁を作るという超人的作業に着手した。それはうまくいったのだが、建築開始を遅らせ、七〇〇万ドルのコスト増となり、未来のシャルヴァの建物の一側面には全く窓がないという事態になってしまった。

マルキは夜になると泣き「どうしてこんなことになったの」と嘆いた。「無料で譲り受けた土地の整備に何百万ドルもかかるなんて。そのお金があれば、エルサレム市内のどんな土地だって買えたわ」「きっと買えていたろうね」私は答えた。「でもこの土地に、僕たちはもっと大きくてもっと素晴らしいセンターを建てられるんだよ。結果的には、進めた価値があったということになるから、見ててごらん。それに、今はもう進めるしか選択肢はないんだよ」。彼女の嘆きは収まらなかった。

詳細な計画立案が始まると、六〇〇〇平米で約一八〇〇万ドルという当初の見積もりは、もはや過去のものとなった。格段に大きいセンターの建設には、さらなる資金が必要となった。そして追い打ちをかけるように、米ドルが突然暴落した。そのため、シェケル〔イスラエル通貨〕での予算は変わらなくても、ドルに換算すると三〇〇〇万ドルも跳ね上がることになった。同時にその頃、二〇〇八年に予定されている北京オリンピックの建築ブームによって建築資材の世界的な高騰が起こり、それがさらに当初の予算を三〇〇〇万ドル増加させる結果となった。私たちは今や、最低でも総額三五〇〇万ドルのプロジェクトに取りかかろうとしているのだ。

こうした中、私たちは新たな問題に直面した。市役所が突然ランディに電話してきて、こう告げたのである。「ちょっと厄介なことになりました。あなた方の建設予定地の上にあるホテルが、下の道からホテルに通じる新しい道路を建設するよう市に要請していて、あなた方の土地のど真ん中を通る計画なんです」。調べてみると、確かにそのような要請が出されていることが分かった。馬鹿げた話だった。高い支柱を立てた上に橋を架けるように道路を建設しなければならず、そのような高価な道路を作る者など誰もいないのは明らかだったからだ。しかしホテルのオーナーは近くに結婚式場や老人ホームも所有しており、彼らが私たちにとって手強い敵であることはすぐ判明した。

私たちは不動産に関する有能な弁護士ウリ・ヤミンを雇ったが、ホテル側は、この土地がシャルヴァの子供たちに寄贈されるのを妨害するため、国内屈指の弁護士事務所を三つ雇った。これはまさにダビデとゴリアテの戦いだった。彼らは、新しいセンターが著しい交通渋滞をもたらし治安上の問題を引き起こすとして、エルサレム市と内務省、そしてシャルヴァを相手取って土地贈与の許可取り消しを求める訴訟を起こした。私たちは専門家を法廷に呼び、もし実際に交通渋滞があるのなら、それはホテルと隣接する施設が原因であると証言させた。

七カ月後に出された判決は、原告側の敗訴だった。これで一件落着かと思ったら、彼らはさらに他の要求を持ち出し、法廷で争うのにさらに長い月日を要した。訴訟は次々と棄却され、彼らは、シャルヴァの子供たちがとにかく近くに来てほしくないだけで、私たちの施設をニンビー［Not In My Back Yard（我が家の裏には御免）の略語で、施設の必要性は認めるが自らの居住地域には建てるなとの主張］と認識しており、次々に新しい難癖をつけては提訴を続けた。

二〇〇七年八月、新しいセンターの起工式が華々しく取り行なわれ、寄付をした人々が世界中から集まった。数多くの公人が出席し、ホロコースト・サバイバーで米民主党の有力下院議員トム・ラントス氏が、基調演説を行なった。一〇〇〇人以上のゲストが集い、喜びあふれる祭典となった。近隣の老人ホームのオーナーが年老いた入居者を歩かせ、あるいは車いすに座らせて、鮮やかな色のプラカードを持たせて抗議デモを行ない、このセンターが自分たちの生活の質を破壊すると叫んだ。しかし有り難いことに、彼らの抗議が私たちの式典を台無しにすることはなかった。

その間にも、驚くような建物が、才能あふれた造園士のバーバラ・アロンソンの協力を得て、ランディの設計図に形を表していった。入り口はホテルの向かいにあり、通りに面した一階は広々として心地良いロビーや講堂、その他の部屋がある。四階から六階までは寝室、ラウンジ、食堂、厨房、独立訓練室、生活技能室などがある。地上階から階段状に作られた地下には、セラピー室、スポーツ施設、プールがあり、シャルヴァとロータリー道路を結んで作られる六エーカーの駐車場の背中合わせには、野外スペースが設けられることになった。

「この建物には流れがあり、独自の表現を用いている。このデザインを作り出せたことを誇りに思う」とランディは語った。マルキも、自分が必要としていることを理解し、意見を取り入れてくれる設計者と仕事ができることをとても喜んだ。まるで何年もの経験を積んだ専門家のように設計図を読み、マルキはランディとの共同作業に詳細へのこだわり、デザインへの理解、そしてシャルヴァの子供たちにとって何が必要かという本能的な洞察で貢献した。何かデザインを変える度に彼女はランディに謝ったが、彼はいつも笑顔でそれに答えた。「マルキ、これは過程なんだから心配しないで。完成できることは分かっているんだから」。それでも時折、緊張の瞬間がなかったわけではない。マルキは突然、建物の補強壁側に光と空気を入れたいので、建物全体を五メートル余り前に移動したいとランディに告げた。ランディは、そうすることで建物の前面側の広さをどれほど失うかを説明したが、マルキは意に介さなかった。彼女は、どんな場所であってもそれが牢屋のようになることを受け入れなかったのだ。ランディはいつもの笑顔で承諾し、それを実現させた。

同様な議論は、マルキの提案する広い廊下は建物の一辺に沿って重要な空間を奪ってしまうとランディが指摘した時にも起こった。マルキは、センターが単なる施設のように感じさせないことが一番大事なのだと繰り返し、それは単なる廊下ではなく、開放感を提供する生きた空間であることを説明した。

私たちは建設に必要な全資金を調達できていなかったが、寄付は順調に集まっていた。計画は完成し、私たちは胸躍るような気持だった。私たちは、建築許可をもらうためにその計画を市に提出した。そしてそれはすべてが崩れ始める時でもあった。

第41章　再び訴訟の迷路に

ホテル側はさらなる訴訟を起こし、私たちの建物に次から次へと反対を申し立てたため、計画に度重なる遅延をもたらした。私たちは、新しいセンターの計画や建設過程でいろいろな困難があるだろうことは予想していたが、日中を法廷で費やし、夜はその件で苦悩する日々が来ようとは夢にも思っていなかった。私たちはホテルの所有者と会い、建物を縮小するという妥協案を示そうとしたが、彼らが唯一合意するのは建設の中止であることは明らかだった。私たちは再び、公聴会への準備、控訴、さらなる公聴会という訴訟のジャングルに舞い戻り、建設作業は凍結状態となった。

センターを建てるために私たちが争ったこの数年の苦痛とフラストレーションは、言葉で言い尽くせるものではない。新しいセンターだけでなく、シャルヴァ自体の将来にもかかっていた。私たちは、最新設備が整った大きなビルの建築費用を支援者に依頼していたが、何年もの間、巨大な補強壁と大きな窪地に作った基礎しか、彼らに見せることができなかったのだ。私たちへの信頼が揺らぐことはなかったが、建設に反対しているグループに勝てるかどうかという疑問は正当なものであった。私を信頼してくれた大切な友人からの何百万ドルもの寄付をつぎ込んだものの、計画を実現することができずに終わるかもしれないという思いに、私は打ちひしがれそうだった。そしてホテル側の作戦は、勝訴しようが敗訴しようが訴訟を長引かせ、その間に私たちに寄付してくれる人をなくしていくことだった。そうすれば結局彼らは勝ったことになるのだ。

なぜこんなことが起こるのか、私たちには理解できなかった。私たちが望んだのはもっと多くの子供とその家族を助けることだけだった。そしてその必要性は日増しに増していた。

私たちは、いつ訴訟が終わるのかも分からないまま、さまざまな段階の一五の法廷を引き回された。私たちの敵には影響力があり、二世代にわたって政治的な人脈を持つ裕福な不動産一家で、常に市役所に圧力をかけていた。しかし、市の認可部門の責任者で建築家のヤエル・カルマは怯まず、控訴審で報告した。「私たちは、このプロジェクトを、社会面からも建築面からも誇りに思います。私見を申し上げるなら、この建物は地域の特性を踏まえ、そこに住む住人に求められる相応しい建築物としてあらゆる要件を満たしています。その上で、独自の建築様式を用いています。一般市民に公開される建物前の公共エリアはプロジェクトの不可欠な部分で、建築物の卓越性と配慮された計画を示すものです」。ホテル側の圧力にもかかわらず、彼らの反対は受け入れられなかった。

二〇〇九年初め、訴訟は建築規制問題の権威である高裁のモシェ・ソベル裁判官の手に委ねられることになった。それは彼らにとって最後の機会であり、私たちにとっては最後の難関だった。それ以上先はなかった。

シャルヴァと市役所とホテル、それぞれの代表が出廷した。私たちは緊張しつつ、それぞれの弁護士が弁論するのを待った。そこに裁判官が颯爽と入廷し、着席すると話し始めた。

「皆さん、おはようございます。私は時間をかけて本件を詳細に検討しました。この訴訟は余りにも時間をかけ過ぎています。それで私が今日決着をつけます。これから申し渡すことを妥協案として受け入れるか否か、一五分以内に決めていただきます。受け入れないとするなら、今後私の法廷でさらに数カ月争い続けることになりますが、私の立場は変わりません。ポイントは以下の三点です。先ず、この建物は、市役所と裁判所が許可した計画どおりに建てられます」

それを聞くとホテルの所有者は黙っておられず、それは不可能で同意できないと叫び出した。

裁判官はそれを無視して続けた。「次に、ホテルが訴え続けてきた騒音と交通渋滞の問題について、これは以前の法廷で反駁されていますが、計画されている建物への入り口はホテル近くの上の道路ではなく、建物の反対側の下部に移すこと」

私たちが椅子から飛び上がる前に、裁判官は急いで付け加えた。

「三つ目に、市はシャルヴァに、近くの道路からこの入り口まで公園を通り抜ける二〇〇メートルの道路建設を許可すること」

私たち全員が怒り狂った。裁判官は、シャルヴァにセンターを与え、ホテルの宿泊客が障がい児を見なくて済むよう慎重に調整したのだろうが、誰もがそれに不満だった。ホテル側は施設そのものを嫌悪しているわけで、どうしても仕方のない場合ははるかに小さな建物にするよう要求していた。市役所側は、公園を通り抜ける道路を作らせられるという〝危険な前例〟に激怒していた。そして私たちは、何年もかかって作り上げ、細部に至るまで完璧に仕上げた建物のデザインを完全にやり直すよう告げられたのだ。

ランディは椅子から飛び上がった。「裁判長殿、私たちの建設計画は許可されているのですよ。あなたは設計図を作製する最初の段階に戻れと言うのですか。これらの子供たちは、他の人と同じ権利を持っているんです！」彼は叫び続けた。「あなたは、ホテルや結婚式場や老人ホームやアパートには、人々が正門から入ることを許しています。なのに私たちの子供たちだけには、建物の尻から入れと言うんですか」

裁判官は厳しく言い返した。「エプスタインさん、そのような言葉を私の法廷で使うことは許しません。直ちに出て行ってください」

市の弁護士が続けて発言した。「裁判長、建築家や建設業者は、公有地を通る通路などを要求してくることが多いですが、私たちは通常そうした要求を断固拒否しています。あなたはその前例を作ろうとなさっていて、私たちは同意できません」

裁判官は繰り返した。「皆さん、この妥協を受け入れるかどうかを決めるのに、あなた方に一五分間与えます」

誰もが唖然とし、それぞれが弁護士と協議した。私たちはウリと相談した。「残念ですが、議論の余地はないですね」と彼はそっけなく言った。「裁判官がこのような行動を取った時、それ以上僕たちにできることはないんです。しかし実際、計画どおりの大きさで建設許可を得られたわけで、そこがまさに争点でした。今起きたことを受け入れられないかもしれませんが、説明させてください。本件は余りにも延々と長引き過ぎました。確かに、建物を設計し直してまた許可をもらうにはかなりの時間がかかるでしょう。そう命じられてショックなのも分かりますが、結果的に入り口はホテルからずっと遠くなり、将来きっと裁判官に感謝すると思いますよ」

法廷を出た私たちは、すべての選択肢について興奮して議論を交わした。「我々は降伏しないぞ」から「受け入れるしかないな」まで、さまざまな意見が出た。三〇分後には、裁判官は本気で自分の決断を最後まで変えるつもりはないと全員が認めざるを得なかった。というわけで、意思に反して、私たちはその妥協案を受け入れることになった。

その後の数カ月、マルキとランディは放心状態だった。別のデザインなど考えられそうにもなく、特にマルキは、子供たちにとって完璧な場所がなぜ許可されなかったのか理解できずにいた。

「四階からでなく一階から入るとなると、デザインを一新しなくてはならない」とランディは言った。「単に入り口のロビーをビルの最下層階に移し、それにすべてを乗っけていくといった簡単なことじゃない。シャルヴァ内のさまざまな場所とその機能、例えば寝室と食堂、入り口とセラピー室などが繋がらなければならない。それから面積の広い部屋をどうするかという問題がある。通常そうした部屋は建物の上層階にあり、下層階にあるたくさんの小さな部屋の柱によって支えられている。そうなると講堂は最上階になってしまうが、そこにあるべきじゃないんだ。それは訪問者のためなので、入り口の近くになきゃいけない」。入り口を動かすことで、意図したことすべてが無意味になってしまうのだ。すべてを考え直さなくてはならなかった。

　私たちの誰も、一からやり直す気持ちもエネルギーも持ち合わせていなかった。この状況を新しい視点から見て、最悪とも思えた事態を良い方向に導いたのは、ダーン・アーナルだった。「素晴らしい決断じゃないの」と彼女は言った。「よく考えてみて。他の公共施設や私設アパートの前の公道で降ろされるより、私たちの子供たちは、緑の公園の中の専用道路を通ってシャルヴァに通うのよ。公園を背景にシャルヴァが建てられるんじゃなくて、今度は公園がシャルヴァの入り口の一部になる。そしてシャルヴァは独自の校庭を持つことになるのよ」

　公園予定地として提供された六エーカーの土地は、障がい児も健常児も一緒に遊べる公園として一般の人々も利用でき、多くの人々が訪れるだろう。これはまさに、障がい者が社会に溶け込むという私たちの目指してきた包括的《インクルージョン》な思想の実現だった。裁判官が命じた入り口の移動、そしてシャルヴァに通じる二〇〇メートルの連絡道路の建設は、突然新しい現実を作り出していた。

　半年近くが過ぎ、ランディとマルキはやっと新しいデザインに取りかかることができた。市は新しい道路を「シャルヴァの道」と名づけ、ダーンは、今や校庭となったシャルヴァ入り口の広場と公園を、前年突然他界した愛する夫ローランドに捧げると決心した。

　丘の上に建てられるシャルヴァは、渓谷と交通量の多い道路を見下ろし、遠くからも際立ってよく見えるはずだった。さらに良いニュースがあった。トンネルを通ってエルサレムに入る新しい国道一六号線が建設されることになり、私たちの公園の麓が主要出入り口になったことから、シャルヴァは毎日そこを通過する六万台もの自動車をお迎えする「エルサレムの顔」になったのだ。当時のエルサレム市長ニル・バルカット氏がいみじくも言った。「エルサレムへの新しい入り口を彩るのが、政府機関でも軍施設でも博物館でもなく、〝私たちのうちにいる弱き者を助けよ〟という預言者の永遠のメッセージを実現させたシャルヴァ・センターなのは素晴らしいことだ」

私たちが最初にランディを雇った時、私は彼に告げていた。「この建物を建てていく間、君はきっと説明のつかない事象を見ると思うよ。天のなせる業だとしか言えないようなことを」。彼が、私にそれを思い起こさせたのはこの時だった。「僕は奇跡や神の手は信じないけど、でもシャルヴァを建てる過程で、説明のつかない何か素晴らしいことが起こったのは間違いないね」

私は、良い天使と悪い天使のストーリーを思い出していた。ヘブライ語の「天使《マルアフ》」には、「使者」という意味もある。そして私たちは長い間、終わることのない訴訟で、付与された土地にセンターを建てるのを阻止しようとしたホテル側の隣人を、悪い天使としてしか見ることができなかった。でも彼らの意地悪な反対がなかったら、誰も公園を通ってシャルヴァに通じる公道を作るよう市に命じることはできなかったろう。そしてそれがあったから、そこを校庭にするというデザインが可能になった。彼らは偽装した良い天使であり良い使者だったのだろうか。彼らに感謝の花束を贈るつもりはなかったが、その答えは明らかだった。

第42章　前進

私たちは建設許可を得るための法的障害を乗り越え、センター完成に向けて動こうとしていたが、件《くだん》の隣人はまだ諦めていなかった。信じ難いことに、彼らは有力な人脈を使い、建設許可の発行を遅らせるために訴訟を起こそうとしたのだ。このことは、信頼を寄せてくれている私たちの大事な支援者にも影響を与え始めていた。

息子のヨハナンとアヴィは、ホテルオーナーとの妥協の可能性を探り始め、マルキもそれに完全に同意した。その頃彼女はよく嘆いていた。「私は子供たちとその家族を助けたかっただけで、法廷の中で自分の人生を送りたいわけじゃない」。しかし土地を見つけたメナヘムと私にとってこれ以上の妥協は降伏を意味し、受け入れるわけにはいかなかった。私は、和解のために土地を引き渡して建物を縮小することではなく、和解のための和解でなければならないと考えていた。私がこれ以上彼らにつきまとうことはないから、彼らも私たちにつきまとわないでほしい。そんな私の気持ちに反して、息子たちは、争いを終結させ前進するには妥協する以外にないと強く主張した。そして彼らはホテルのオーナーと会い、まず信頼関係を構築した上で目的を達成していくという困難な試みを始めたのだった。

出口の見えない袋小路と先行きへの不安は、文字どおり私を苛《さいな》み続けた。ある日、息苦しさと激しい動悸に襲われた私は救急病院に搬送され、医師たちがあらゆる検査をしてくれた。心臓内の電気信号が正常に機能しておらず、電気ショックでも薬でも症状は良くならなかった。突如として二〇歳も歳を取ったように感じ、日常の仕事をこなすのさえ大変で、移動することもままならなかった。落ち込んでいる私を見た友人が、ラビ・エリメレフ・フィレルに相談してみたらと提案した。なぜそれを思いつかなかったのか、自分でもおかしかった。数日後の朝六時半、私は昔のクラスメイトに会いに、ブネイ・ブラクの診療所へ向かった。

待合室には大勢の人がいた。久々の挨拶を交わし、私は自分の健康問題について話した。彼は、焼《しょう》灼《しゃく》［病組織を焼いて破壊する外科的治療法］と呼ばれる治療を受けることを勧め、エルサレムの病院にいる心臓外科部長に紹介状を書いてくれた。家に帰ってその医師に電話し、ラビ・フィレルから紹介された旨を告げた。その一言だけで、私は翌日その医師から診察を受けることになった。検査の後、確かに私の症状には焼灼が最適だということになったが、他の病院の著名な医師たちからはその治療法について聞いたこともなかった。翌週、日帰りで手術を受けた私は、目が覚めた瞬間から奇跡的に正常に戻った。心配し過ぎるのはもうやめようと自分に誓ったが、延々と続く訴訟で工事が遅れる中、それは簡単ではなかった。

センター建設で苦労していたのは私たちだけではなかった。エルサレム市局長のヨシ・ヘイマンとそのスタッフは、建設許可を取るために一生懸命働いてくれていた。ヘイマンはこの状況に白黒をつけるべく、解決方法を見出だそうとしてくれていた。米国のシャルヴァ友の会とも緊密に連絡を取り、積極的に関わってくれた。大切な友人で理事長のアリ・ストーチとミッチ・プレッサーは、イスラエルまで飛んできて状況を査定し、それぞれの専門であるビジネスと法律の鋭い洞察力を発揮した。

二〇一二年の初めが最後の出廷日となり、私たちの敵は、ついに敗訴が現実となること、そして彼ら自身が法的問題を抱えていることを悟った。前日の午後、ウリ・ヤミンは、妥協して和解したいのでテルアビブに来てほしいという緊急の連絡を彼らの弁護士から受け取った。ウリは彼らを信用していなかったが、私たちに告げた。「これで勝訴したと思う度に、彼らは何かを持ち出して結審を遅らせてきた。だから彼らにそれをやめさせるためにも妥協すべきです。カルマン、彼らだって何年もこの訴訟を争ってきました。彼らが手ぶらで引き下がることはないという現実を、あなたは受け入れるべきです」

私はウリと一緒に行く気になれなかったが、ヨハナンとアヴィが行ってくれることになった。それはくたびれ果てる長い夜だった。計画していた最上階を建てないこと、そして新しい最上階の四〇％をホテルの視界を塞がないよう大きなベランダにすることで合意した。私はがっかりして憤慨したが、心の奥では選択の余地がないことを知っていた。それに対してマルキは、法廷での争いに終止符を打ち、ようやく工事を終えることができる安堵感に包まれていた。縮小させられたとはいえ、一二階建ての二万二〇〇〇平米の一大センターとなるのだ。翌朝の法廷では最終的な詳細を協議して決定し、妥協案に法的効力を与えた。予想したとおり、一連の過程は困難を極めたが何とか決着がつき、ついに私たちはセンター実現に向けて進めることになった。

第43章　エルサレムよ、われらの足はあなたの門のうちに立っている

建物を設計し直すのに丸一年を要したが、出来上がったデザインは素晴らしいものだった。費用を予算内に収めることが最も重要だったので、建設業者がさらに下請け業者を雇うという形にせず、私たちは有数の建設管理会社に依頼し、プロジェクトのために働く全員を直接管理することにした。そうすることによって、途中のデザイン変更も可能になった。息子のヨハナンとエルサレムに土地を見つけたメナヘムはどちらも弁護士だったが、緊密に協力し合って仕事を進めていった。ヨハナンは私たちの代表として毎日の工事を監督し、自分の法律事務所の仕事があるメナヘムは市役所から最大の支援を引き出し、そして妨害を最小限に抑えるよう目を光らせた。マルキは毎日現場に出て、自分が求める基準で仕事が進んでいることを確認した。建物全体の構造はコンクリートで、建設工程には長い時間がかかった。彼女は建設作業に関わるすべてを詳細に把握しており、同時に内装にも取りかかり始めた。専門家と一緒に働きながら、彼女は何年にもわたって活発な議論を交わしてきた。終わることがないと見えたその作業も、次第に内容が固まってきていた。

建物の最下層階に、最小限度の支柱と梁で支えられた大きな空間を作り出すには、工学的な解決策による複雑な設計が必要となった。地下一階のスポーツセンターは駐車場の二階上に当たり、フルサイズの体育館やフィットネスセンター、セラピー用とセミオリンピックサイズの二つのプールからなり、大きな窓から自然光が入るようにした。極めて複雑な設計によってこれが可能になった。プールの斜めの天井は、すぐ上の階にある三四〇席の講堂の床の部分になっており、プールは地下だったが外壁は二階建てなので窓を付けることができたのだ。

入り口のロビーは三階建ての吹き抜けで、広々とした空間に陽差しが降り注ぐようになっていた。各階には室内バルコニーがあり、そこからロビーを見下ろすことができた。その吹き抜けの空間が緩衝地帯となり、シャルヴァにやって来る子供たちがセンター内のいろいろな場所を移動するに際し、安心感を提供していた。

ある晩、私がうたた寝をしていると、マルキがテルアビブから帰る車の中から電話をしてきた。「カルマン、起きてる?」「もちろん」「吹き抜けのロビーをどうするか、アイデアが浮かんだの」彼女は興奮していた。「それはよかった。どんな計画だい」私は寝ぼけたままで尋ねた。「天井から巨大な蝶々のモビール〔針金に薄い金属片などを微妙なバランスで吊るし、空気の微動にも動くようにした造形作品〕を吊るすの」「いいんじゃない」私は呟いた。私の気の乗らない返事に気づいた彼女は尋ねた。「なぜ蝶々を選んだか知りたくないの」「もちろん知りたいよ」「さなぎの中で一生を始める蝶々は、カラフルで美しい羽を付けて飛べるようになるまで、自分で苦労をしなくちゃならないからよ。さなぎの時に繭《まゆ》から出してあげようとしても駄目なの。私たちの子供たちは人生の早い時期で苦難を強いられている。そして私たちが彼らに代わってその苦難を乗り越えることはできない。私たちの仕事は、必要なことを自分でできるよう、そして最終的には自分の最高の力を出して飛べるよう、適切な環境を作って刺激してあげることなのよ」

ここにきて私は完全に目が覚めた。「おお、それは素晴らしいね！」。マルキは続けた。「これを誰に作ってもらうのか分かる？　ダヴィッド・ゲルシュタインよ。彼を建物に招待しましょう。きっと創作意欲が湧くと思うわ」

翌週私たちはダヴィッド・ゲルシュタインを招待した。鮮やかなスチールの装飾美術家として世界的に有名で、六〇代後半のイスラエル人である。穏やかな語り口で繊細に立ち振る舞うこの芸術家に私たちは感銘を受け、直ちに親近感を覚えた。マルキが自らのヴィジョンを説明すると、ダヴィッドはたちまち気に入ったようだった。彼はシャルヴァの物語とセンターのデザインに深く感動し、私たちに協力したいと言ってくれた。予想もしていなかったことだが、これでモビールのヴィジョンは実現することになった。

その後の一年で、ダヴィッドは、高さ六メートル幅三メートルの雄大なモビールを完成させた。手塗りのメタルでできた蝶々の群れが、空気の流れで静かに揺れる。マルキはその上の天井に、さなぎから蝶々が生まれたことを象徴する鮮やかな色のオブジェを組み込んだ。ダヴィッドは有能な芸術家のチームを作り共同で作業したが、一つひとつの蝶々は自分で塗ると主張した。

正面の入り口から一階上がったところには、シャルヴァの子供たちが演技したり観劇したりでき、国内外の専門家がセミナーを開く三四〇席の講堂が作られた。その横には、一般にもオープンされる「カフェ・シャルヴァ」を作る計画だった。そしてそれは障がいのある若者に雇用の機会を提供する場所でもあった。

センターのセキュリティは非常に重要な案件で、私たちは超一流のコンサルタントに依頼して仕事を進めた。地下二階の駐車場と、スポーツ施設、メインロビー、講堂、カフェなどが入る地上三階は訪問者に解放されるが、その上のシャルヴァの子供たちだけが使う七階部分に関しては、厳重に施錠されセキュリティ証を持つ者だけが出入りできた。

巨大な建物の中でも家庭的な雰囲気を残すことは、マルキの大きな関心事の一つだった。そのために彼女とランディは、上層の各階に陽光と外気の入るベランダで区切られた五つのパビリオンを設計した。それぞれの階は独自の色に彩られ、それぞれに違うテーマや着目点があった。「パビリオンという概念が、さまざまな問題を解決してくれた」とランディは説明した。「たぶん一番大事なことは、大きな建物の中にあってそれぞれのパビリオンが親近感と家庭的な温かさを可能にしてくれたことだ。それればかりじゃない。それらはセンター内の異なるスペースを定義し、入館、食事、就寝、セラピー、活動、公共イベントなどシャルヴァで行なわれるあらゆることと適切な関係を確立させてくれる。さらに採光の問題と建物が地面に繋がることも解決してくれた。急斜面の崖に沿って建てられたセンターの各階にバルコニーを設置することにより陽光と外気を取り入れ、眺めを楽しめるだけでなく、セラピーやケアのためにも利用でき、非常時の緊急出口も提供してくれる」

マルキは設計の経過を、簡潔な一文で要約した。「私たちが参考にできる手引書は一切なかった。工事を進める過程で私たちがそれを書いていったようなものよ」

「マルキは僕の積極的なパートナーだった」とランディは言う。「彼女は自分の頭の中に完成された設計図を持っていて、何一つ忘れなかった。彼女にはいつも完全な一貫性があり、自分が正しいと信じる時は決して妥協しなかった。僕たちが全く疲れ切っていた時も、彼女は前進する力をくれた」

そんなエピソードの一つは、マルキが提案した建物正面の石の色だった。二〇世紀前半の英国委任統治時代からの法律では、エルサレムの建造物の外壁がエルサレム・ストーンで覆われるよう定められていた。それは市の景観の美しさに貢献していたが、同時に建設費用の増加も意味していた。エルサレム・ストーンとして知られる石灰石には、白色、黄色、黄土色、ピンクなどさまざまな色合いがあったが、ピンクは滅多に手に入らなかった。しかしセンターの外観がピンクでなければならないことに、マルキの迷いはなかった。「それは温かさを伝えてくれて、目立つでしょう」。ランディは、ピンクがかった石はほとんど掘りつくされており、いくらか見つかったとしても質が悪い可能性があり量も足りないだろうと、私を説得しようとした。

しかしランディも、他の多くの者がそうだったように、マルキが本気で求めるものを諦めさせることはできないことを学んだ。彼は探し続け、驚いたことに、質が良いピンクの石を十分の量で卸すことのできる業者を見つけたのだ。「分かるかい？」と彼は聞いた。「マルキは正しかったよ。ピンクの石を使うことで建物は背景から浮き上がるんだ。そして大量に使ったガラスが太陽に輝いて、建物は魅惑的に見えるんだよ」

第44章　ボローニャ

フロアーに敷くセラミックタイルを選ぶ段になり、マルキは温かく素朴な色合いを希望し、断じて譲らなかった。方々探した結果、彼女が望むようなものはイスラエルでは手に入らないことが分かった。建設管理会社は、早く選んでくれないと建築過程に遅れが生じコストも跳ね上がると、マルキに圧力をかけた。彼女が別の色でも仕方がないと同意した時、電話が鳴った。

「マルキ、ダヴィッドです。お会いするまでタイルの決断をしないでください」「失礼ですが、どなたですか」「まだお会いしていませんが、信用してください。あなたのお望みのタイルを見つけてあげます。今テルアビブにいるのですが、明日の朝エルサレムに行きます」「もう私はタイルを決めましたので、来ていただく理由はありません」マルキはきっぱりと答えた。「いいですよ。でもあなたとお会いしないといけないんです。どうぞ明日の朝、訪ねさせてください」。ダヴィッドは有無を言わせなかった。そしてマルキも彼に少し関心を覚え、会うことに同意した。

ダヴィッドは朝の一〇時にやってきた。四〇代で、最近宗教に目覚めたそうで、顎ひげを生やし黒いキッパを被っていた。彼には独特の個性があり、ヘブライ語で話す時も英語で話す時も活力にあふれ、会話に没頭した。彼は聞く者を興奮させ、魅了してやまなかった。

彼はタイル業界で二〇年以上仕事をしてきており、最大手の企業で働いた後、現在は自分の会社を持っているということだった。「マルキ、あなたは本当に欲しい物をイスラエルで手に入れられなかったそうですね。僕と一緒に二日間イタリア北部のボローニャに行きましょう。そこはセラミック業界の中心地なんです。そこでサッカー場より大きな工場を持っている僕の友人を紹介しますよ。彼なら、あなたが探しているものを持っているはずです」

マルキが、イスラエルのタイル会社の社長に、来週ボローニャに行ってくるまで注文を延期すると伝えると、彼は嘲笑った。「私たちはイタリア産のあらゆる色のタイルを揃えています。もしお気に入りの色があるなら、私たちも持っているはずです。マルキ、あなたは貴重な時間を無駄にしているんですよ」。建築チームも、早くタイルを敷きたいと急かした。しかしダヴィッドは、ボローニャに行くまで待つようマルキを説得した。彼はマルキが求めるタイルを必ず見つけるつもりだった。

それは九月のことだった。数日後マルキとヨハナンは、ダヴィッドと一緒にローマに飛び、悪天候の中そこから小さな飛行機に乗り換えてボローニャに向かった。痩せ型のイタリア人で片言の英語を話すロレンゾが、彼らを待っていた。ダヴィッドは彼をよく知っているようだった。ロレンゾは一行を歓迎し、少し離れたホテルまで送ってくれた。タイル工場見学は翌日だ。長い旅でマルキは疲れ切っていた。

ロレンゾは翌朝早く彼らを迎えに来て、巨大な工場に連れて行った。ロレンゾはそこで顔見知りのようだった。マルキはダヴィッドが言っていたことは本当だったと気づいた。工場は終わりが見えないほど延々と続き、いろいろと異なるタイルを見て回ったら、何日も過ごせそうだった。数時間タイルを見て回った彼らは、ここにはあらゆる色彩のタイルがあることを知った。例外は、マルキが探していた素朴な色合いのものだった。実際、それに近いものさえなかったのだ。

「心配しないで」ダヴィッドは彼女を安心させようとした。「これから、もっと大きな工場に行きます。そこにはあなたが望む色がありますよ」。このセリフはいくつかの工場で繰り返され、翌日にまで持ち越すほどだった。マルキは怒るにはあまりにも疲れていた。ダヴィッドとロレンゾは善人で、彼らのできる限りのことをしてくれたが、エルサレムのタイル業者が「自分のところに在庫がないか自分が知らなかったらそれはイタリアにもないということだ」と言ったのは正しかったのだろう。

ヨハナンとダヴィッドは何とかマルキを励まそうとしたが、ダヴィッド自身も希望を失っていた。彼らはホテルに戻り、翌日の飛行機で帰る準備をすることになった。ロレンゾはいたく申し訳なく感じ、「友人の所に行ってみましょう」と言った。彼らが訪ねたのは、タイルデザイン会社の最大手だった。ロレンゾはそこの社長に、マルキが、新設の障がい児センターに敷く特別なタイルを探してエルサレムから来たこと、しかし手ぶらで帰らなければならず意気消沈していることを説明した。

その男性はマルキを注意深く見ると、ロレンゾに向かって言った。「このご夫人は本当に献身的だ。私たちは企業にしかデザインタイルを卸さないのだが、とにかくいらっしゃい」。彼は大きなコンピューターのスクリーンが据えられた広い事務所に案内した。彼はデザイン責任者と見られる女性と少し話すと、マルキに彼女の隣に座るよう促した。ロレンゾは、マルキの話に感激した社長が主任デザイナーに望みどおりのタイルを作らせるのだと、マルキに説明した。そのイタリア人女性は英語を話せなかったが、マルキと彼女は十分にコミュニケーションすることができた。何時間かかけて、彼女とマルキはスクリーン上で色やスタイルを組み合わせながら、完璧なタイルデザインを作り上げた。

実際それは一枚のタイルではなく、同じ色だがわずかに異なるデザインから成る九枚のタイルで、それを広いスペースに敷き詰めると、単調ではなくそこに動きが出るのだった。

デザイナーは、高画質のイメージは複雑な印刷工程を経なければならないこと、イメージどおりの九個のタイルを作り縦横三個ずつ並べて見るまで数時間かかることを説明した。結果的にプリントされたものは幅三メートル高さ二メートルにもなった。二枚プリントされた同じものをマルキが点検し、注文を確認するために一枚に署名した上で送り返すことになった。

ホテルに戻った三人は、精神的には疲れていたが喜びに満ちていた。手ぶらで帰って「だから言っただろう」と言われることなく、彼女は自分が望んだタイルが製造されると報告できるのだ。

出発直前、ロレンゾがマスタープリントの入った長い筒を持ってホテルにやって来た。マルキはそれを見て素晴らしいと思った。しかし時間が迫っていたので、ロレンゾはすぐそれを筒に戻すと彼らを空港に送り届けた。

悪天候のためローマでの乗り継ぎが大幅に遅れ、マルキは疲れ切ってエルサレムにたどり着いたが、心は弾んでいた。帰宅すると、彼女は巨大なマスタープリントを居間の床に広げた。それは目を見はるほど素晴らしかった。しかしプリントを注意深く観察する彼女の顔は、喜びから心配に変わっていった。「信じられない」彼女は叫んだ。「よく見て。これは私と彼女が作ったタイルじゃない。ピンクがさらに足してある。私が去ってからデザイナーが変えたんだわ」

私自身もこんな成り行きは信じられなかった。マルキは、タイルの決定を延期してまでイタリアに行き、有名なデザイナーが彼女の求めていたタイルを奇跡のように作り出した。それがまた振り出しに戻るとは。イタリアに行かなかった私は議論する立場になかったが、かすかな違いに誰も気づかないよと、一生懸命彼女に伝えようとした。時間はどんどん過ぎ、国中が休みになるユダヤ新年の二日間が数日後に迫っていた。

マルキはこの状態を受け入れられなかった。求めたものと違うタイルをセンターに敷き詰めるために、わざわざボローニャに行ったのではない。彼女は、休日が空けたらすぐボローニャに戻り、デザイナーが正しいタイルを作ってくれるまで妥協しないと決心した。一週間後、新年の祝日が終わって贖罪日《ヨム・キプール》が来る前に、マルキとヨハナンとダヴィッドは再び北イタリアに向けて飛び立った。疲労とストレスは極みに達していた。

デザイナーと何時間も打ち合わせをした後、マルキは希望を持つことができた。贖罪日の直前に帰ってきたマルキは疲労困憊《こんぱい》し、それから二四時間の断食に臨み、今度こそ望んだとおりの色が出たことを示すプリントの到着を待った。やきもきしながら一〇日間ほど待つと、筒が届いた。私たちは再び居間の床にそれを広げたが、マルキはその瞬間にそれが自分の願ったタイルであることが分かった。色相もタイルの中の流れも正しかった。彼女はやっと自分の望んだセラミックタイルを手に入れたのだ。

私たちはすぐ署名したコピーを送り返し、二万二〇〇〇平米の建物に敷き詰めるタイルの製造が急ピッチで進められることになった。マルキは、イタリアの友人たちからこのタイルのデザインにどんな名前をつけたいかと聞かれた。冗談だろうと思ったが、彼らは本気だった。イタリア人デザイナーは「マルキ」を提案したが、本人は「シャルヴァ」と名づけた。製造過程は順調に進み、精度が高く高品質の「シャルヴァ・タイル」は、センターの建設日程を遅らせることなく、そして思ったより廉価で奇跡のように到着したのだった。

第45章　予期しなかった安全確保

私たちの目的に叶う大型施設建設に当たっては、熟考を重ねた緻密な計画をもって臨んだのだが、完成が間近になってからも変更や追加があった。

付与された土地が建設現場から出た圧縮瓦礫の山だったことが分かり、そのために大規模な補強工事が必要となった。その結果、私たちのセンターの下層部六〇〇〇平米は、巨大な擁壁で守られることになった。

これが発覚してからの工事、再設計、そして困難な建設作業などは、私たちにとって理不尽な負担のように思えた。ある日、市の社会問題担当副部長のギドン・シャロームが建設現場を訪れ、こう告げた。「あなた方がこれほど安全の確保された場所を持てたなんて、驚くべきことですよ。政府は、障がいのある人のために国立の緊急センターを作る必要があるんです。ここはそれにぴったりの場所です」

ここでもまた、一人のコメントと一つの新しい視点が、私たちの想像力を掻き立てた。それを指摘してくれたことにひたすら感謝する私に、彼は心底驚いていた。「あなたは、妻と私が何年にもわたって苦労したことに、新しい視点を与えてくれました。私たちがなぜ山を削ってシャルヴァの家を建てなければならなかったのか、やっと分かりました」

市民が警報を聞き慣れてしまうほど、イスラエルの国境付近は頻繁に攻撃され、保護された建物や防空シェルターに避難する訓練もよくできていた。「第二次レバノン戦争」と呼ばれた二〇〇六年の夏、北部の住民は三四日もの間、ミサイルを逃れてシェルター生活を余儀なくされた。私たちはその全期間を通して、イスラエル北部で生活する障がい児とその家族が不安と危険から逃れられるよう、彼らを「ナフションの家」に受け入れていた。

二〇一四年の夏に再びミサイルが降り注いだ。今回は南部のガザ地区からだった。警報がうなり声を上げると、ガザ近郊に住むイスラエル人は、一分以内にシェルターか安全な部屋に駆け込まなければならない。障がい者や自由に移動できない人にとって、そんな短時間で避難するのは不可能だ。そこでそうした人々は狭苦しいシェルターに移り住み、昼も夜もそこで過ごして食事をし、同じ場所で就寝した。外に出て太陽を浴びることもめったにできなかった。

私たちは再び、障がいのある子供たちとその家族を、エルサレムの「ナフションの家」に連れてきていた。しかし限られた数の子供しか受け入れられないことが心残りだった。

それでギドンの言葉に励まされた私たちは、労働福祉省の安全保障局やイスラエル国防軍と長い話し合いを持った結果、緊急時にはシャルヴァが障がい者の国立緊急センターに指定されることが決定した。国防軍により、緊急時に不可欠なあらゆる種類の備品がセンター内に備蓄され、自然災害であれ戦争であれ緊急事態が発生すれば、シャルヴァは二四時間以内に一二〇〇人の障がい児を受け入れられるようになったのだ。そしてその間、彼らはセンターで適切なプログラムやセラピーを受けることができる。もちろんそのような大型緊急事態が起きないことが私たちの願いだが、備えあれば憂いはないのである。

第46章　歯科と口腔衛生

ごく簡単な治療であってもヨシを歯科医に連れて行くのがどんなに大変だったか覚えている私は、障がいがある子供たちに、親と一緒に安心できる雰囲気の中で必要な歯の治療を提供するために全力を尽くした。これは何年も私の中で温めてきたことで、私はその必要性を確信していた。そして、この考えを共有できる相応しい人物をずっと探していた。息子のアヴィと私が、知人のレオンとリサ・ワグナーのマイアミでの結婚式に参加した時のことだった。レオンの友人が、人々で賑わうレセプションから私を引っ張り出し、短く白い髭を生やした頑丈な人物を紹介した。「あなた方二人は、きっと話し合うべきことがたくさんあるはずですよ」。私たちは静かな場所を探し、語り始めた。その人物の力強い人格に接し、私はたちまち彼と意気投合した。そして私たちの共通の関心事は歯の治療であることを発見した。その人物はスティーブ・ケスといって、巨大な歯科器材会社ヘンリー・シェインのロングアイランド本社の役員だった。そして彼の主な仕事は、会社の慈善活動を担当することだった。私はもちろん自分のヴィジョンを語ったが、スティーブは興味を示し、数日内にまた会ってコーヒーでも飲みながらもっと詳しく話し合おうと提案した。

ニューヨークに戻ったスティーブと私は、歯科プロジェクトについてじっくりと話し合った。その結果、彼は宣言した。「カルマン、私は、つまりヘンリー・シェイン社は、そのプロジェクトに参加するよ。イスラエルに帰ったら、私が同僚と共有できる計画書を完成させてほしい。そこから進めていこう」。私は、思いがけずも自分のもう一つの夢が実現したことに、有頂天になってエルサレムに戻った。

驚いたことに、私が興奮して伝えたこの計画はあまり共感を得なかった。ヨハナンは、そのようなプロジェクトが抱える複雑な問題を憂慮し、病院内の手術室や歯科設備をデザインし製造する専門家との話し合いの場を設けてくれた。彼は感じの良い人物だったが、歯科医療で用いられる麻酔や鎮静剤などの微妙な問題について一般論を語った上で、それらが知的障がい者に及ぼす影響という特殊な問題を冷静に説明してくれた。「これは、あなたが考えているよりずっと複雑なことなんですよ。そして一人ひとりの治療は、その子の完全な医療歴を基にその子にとってどの位の量の鎮静剤が適切かを見極めた後でしか、始めるべきではありません」と告げた。「鎮静剤が足りなければ治療中に大変な痛みを生じさせますし、多過ぎればさまざまな副作用を生み、死に至ることさえあります。私を信じてください。あなたの善意はよく分かりますが、これほど大きな責任やその結果新しいセンターが背負うかもしれない債務を、あなたは抱えるべきではありません。この件は、専門の歯科医と病院に任せなさい」

部屋にいた者は、私の反応を待って沈黙していた。しかし私は胸を突かれたようで、言葉を発することができなかった。ようやく息を整えて言った。「オーケー、分かりました。教えてくれてありがとうございました」。打ちのめされた私は静かに部屋を出た。何年間も自分の中で計画してきた夢が打ち砕かれた失望がどれほど深いものであったか、誰も理解できなかった。しかし彼らが正しいことを知った私は、それを受け入れる以外になかった。

重い気持ちでスティーブにメールを書いた。専門家との会話の詳細を説明し、あなたの善意に感謝するが、計画は実行できないと伝えた。驚いたことに、彼は、私への尊敬がさらに増したと書いてきた。なぜなら、彼の経験では、人は夢に取り憑《つ》かれた時、事実が変化しても往々にしてそれを受け入れられないものだが、私は違っていたからだという。そして、次回ニューヨークでまた会うのを楽しみにしていると書いていた。

数週間後、テルアビブ大学小児歯科部長で重度の障がい児の複雑な治療の専門家である私の従兄弟エヤル・ボツェルから電話があった。「カルマン、もう五時半で遅くて申し訳ないんだけど、今エルサレムのハダサ病院で国際歯科学会が終わったところなんだ。ちょっとの時間でいいから、僕のメンターでニューヨーク大学のバリー・グレイソン医師とシャルヴァを訪ねたいと思うんだけど、いいかな」。三〇分後、シャルヴァの子供たちがミニバンに乗って次々に帰宅する時間に到着した彼らに、私は七階建てのカラフルな「ナフションの家」を見せた。バリーは、そこで見聞きしたすべてにいたく感激している様子だった。

私たちは座ってしばらく語り合い、私は最近失望させられた件について話した。静かに聞いていたバリーが言った。「どんなに失望したかよく分かりますよ。でもあなたは正しい決断をしたと信じます。でも私は別のことを提案したい。それは口腔衛生プログラムです。障がいがあると、その子は往々にして歯を適切に磨けません。そしてその子や兄弟姉妹を学校に毎朝送り出す時や寝る前の忙しさで、親はついついつい歯磨きを後回しにしてしまいます。その結果、口腔衛生がおろそかになり、子供たちの歯茎の病気や虫歯のリスクが高くなってしまうのです。もしバクテリアが体中に回ったら、他の医学的問題を引き起こすこともあります。発達障がいに関連したさまざまな問題の他に、大変な歯の問題も抱えてしまうんです。それが何を意味するかと言いますと、子供が六歳か七歳になる頃までには、問題は単に歯科医を訪ねるだけでは解決せず、病院での歯科手術を必要とする複雑な病状になるということなのです。小さい頃から適切な口腔衛生の恩恵を受け、何か問題があればすぐ歯科医に診てもらっていれば、彼らの痛みと苦痛の大部分は避けられていたということなんですよ」

バリーは、まるで私の心の内を読んでいるかのように続けた。「あなたが考えていたのが口腔衛生プログラムでないことは知っていますが、でもその重要さを知っていただけたと思うので、検討してみるよう提案したいです」

そのとおり！　私は興奮して倒れそうだった。それは完璧だった。子供たちと家族に多大な恩恵をもたらし、実現可能であり、副作用も法的責任のリスクもなかった。そのことを啓蒙してくれたバリーに感謝してもし切れないほどだった。

エヤルとバリーが去った後、私は直ちにスティーブにメールを書き、この展開と新しいアイデアについて共有した。彼は、本当に良い考えだと同意し計画に参加すると返事してきた。

数カ月後スティーブは、歯科学の学会がありイスラエルにやって来た。そしてテンプル大学歯学部学長のアミード・イスマイル教授と大手保険会社CEOのアレン・フィンケルスタイン博士と一緒に、シャルヴァの建設現場を訪れた。三人共に並外れた才能と知識を有していた。

凍えそうな天候にもかかわらず、彼らは約二時間にもわたってコンクリート造りの一二階の建物を上ったり下ったりしながらすべての階をくまなく見学したことに、私は驚かされた。彼らは、シャルヴァの新センターの規模の大きさと計画されている数多くの設備に驚嘆した。その夜、私はテルアビブで開催された国際歯科学会に彼らと共に参加したが、その場でアミードは興奮した様子でシャルヴァについて語った。彼は翌日またエルサレムに来て今活動しているシャルヴァを見学し、私たちが世話をしている子供たちに会いたがった。そして、色鮮やかにデザインされ装飾されたそれぞれの階の詳細と、シャルヴァの全プログラムを見学した。

アミードの訪問のクライマックスはヨシとの面会だった。彼はヨシの好奇心に驚いた。彼はヨシの前で感情を抑えきれず、これは自分にとって人生を変えるような体験だと宣言した。「私がイラクのモスルで育った頃、こんなサービスはありませんでした。障がいのある子供は人生の悲しい現実としか見られなかったのです。私はシャルヴァで、愛と教育がそのような子供にどれほどの影響を及ぼすのかを見ました。私はヨシのために「エコノミスト」［イギリスの週刊紙］のオンライン購読をすぐに申し込みます。なぜなら彼の優れた頭脳は、幅広い分野の記事によって刺激されるからです。どんな話題に興味を持ったか、ヨシからの報告を待っていると彼に伝えてください」。ヨシは毎週それを読むのを楽しみ、彼が興味を抱いたことをアミードに伝えた。ヨシは飛行機の中で使えるWi-Fi《ワイファイ》［ケーブルなしでコンピューターやスーマトフォンなどをネットワーク接続する規格］に関する記事に特に興味を持った。だが多くの飛行機にWi-Fiが付くようになったものの、私がよく乗るテルアビブ・ニューヨーク便では使えないことを知り、私とメールをやり取りできないことにがっかりした。しかし実際は、誰からも邪魔されず集中できる一一時間を、むしろ私は楽しんでいたことを認めなければならない。

シャルヴァを訪問した日の夜、アミードはその深い思いを詩に綴っていた。

天国の門にある家

私は他のどこにもないような家を訪ねた
天使が楽しそうに群がり
助けが必要な子供たちを見守っていた
彼らは人間の行為を差別しない
それでも彼らは喜びを感じ
他の人々が忘れてしまった単純な行為を楽しむ

水槽の魚が彼らの感覚を躍動させる
泳ぐことは彼らの喜びを弾けさせる
音楽は笑いで彼らの魂を目覚めさせる
彼らの人生に向ける視点は清々しい
彼らはあなたの肌の色は見ない
あなたの宗教も信仰も関係ない
物質的なものは彼らには意味がない
彼らはあなたの心を見つめるだけ
それが人生で大事なすべて

天国の門にある家の教訓は単純明快
自由な魂こそが、天国の内側を見るよう私たちを導くべき
彼らがこそが、周りの天使たちの美しさを見るよう私たちの目を導くべき
天国の門にある家は、自由な魂を持った幸運な者だけが見ることができる

アミードと私の間にはあらゆることを通して絆が築かれ、類い稀な友情が育くまれていった。フィ

ラデルフィアにある歯学部の卒業式で講演をしてほしいと彼に頼まれた時、私は言い返した。「僕は学者じゃなくてユダヤ教のラビだよ」。しかしアミードの説得は続き、結局私は、荘厳な式場で何千もの人を前にして、聖書に登場するヨセフが着せられていた「長袖の晴れ着《ケトネット・パスィーム》」〔創世記三七章三節〕を想起させるような卒業ガウンと帽子を被り、舞台に立つことになったのだった。

　シャルヴァ内に口腔衛生センターが設置されることになり、スティーブはヘンリー・シェイン社から、二つの治療台と他の備品を寄付してくれた。アミードはそれをヘブライ語で「愛する」の意味がある「オヘヴ（OHEV）」と名付けた。それは「すべての人に口腔衛生を（Oral Health for EVeryone）」の頭文字だった。シャルヴァに通う子供たち一人ひとりがきれいな歯を持つようにとの願いを込めて名づけられたが、やがてそれはさらなる飛躍を遂げることになった。私たちは、子供たちとその家族、スタッフに口腔衛生の大切さを教えることを目的としたが、障がいがある子供の歯の健康は社会でも大きな関心を呼び、それをテーマとした会議も開かれるようになった。スティーブのヴィジョンと指導力により、口腔衛生アクセスプログラム（PAOH）という口腔衛生関係者の連盟が結成され、その反響は驚くべきものだった。権威ある諮問委員会が設立され、名誉なことに私はその委員に選ばれ、活発な新しい協力関係が生まれていった。

第47章　羊と預言者

新しいセンターの全容が姿を現してくると、私たちはその美しさを際立たせ、歓迎のムードを醸し出すアート作品について考え始めていた。思いついたアイデアの一つは、入り口の前に大きな彫刻を置くことだった。マルキに話してみると、「例えばどんな？」と尋ねた。「例えば、十戒の彫刻とか」私は自信満々に返事した。「十戒？」彼女の声には懐疑的な響きがあった。「だって素晴らしいアイデアだよ。誰も十戒の彫刻なんてこれまでやっていない」。彼女は少し考えて続けた。「どうしても一〇にこだわるなら、他を探さなくちゃ」「例えば？」「天地創造の際に神が発した一〇の言葉よ」。私はそれを聞いて驚いたが、すぐ彼女の提案の鋭さと深さに気づいた。

私の頭はフル回転した。もちろん創世記に一〇の言葉が出てくることは知っていたが、正確を期するために改めて復習する必要があった。私はその夜、さまざまなユダヤの伝統的な文献を遅くまで読みあさった。天地創造は六日で完結したわけではなく、創造の業は神の一〇の言葉によって日々新たにされ、神が人間と活発に対話することによって日々再生するのである。

『ミシュナー』のアヴォット五・一に、「神の一〇の言葉によって天地は創造された」と記されている。しかしそれ以上具体的には言及されていない。さらに探していくと、同じことが書かれた箇所がミドラッシュ※にあることを発見し、そこにはそれぞれの箇所が引用されていた。［数字は創世記の章・節］

●はじめに神は天と地を創造された（一・一）
●神は「光あれ」と言われた。すると光があった。（一・三）
●神は言われた、「水の間に大空があって、水と水を分けよ」（一・六）
●神は言われた、「天の下の水は一つ所に集まり、乾いた地が現れよ」（一・九）
●神は言われた、「地は青草と、種を生じる草と、種類に従って種のある実を結ぶ果樹を地の上にはえさせよ」（一・一一）
●神は言われた、「天の大空に光があって昼と夜とを分け、しるしのため、季節のため、日のため、年のためになり、天の大空にあって地を照らす光となれ」（一・一四）
●神は言われた、「水は生き物の群れで満ち、鳥は地の上、天の大空を飛べ」（一・二〇）
●神は言われた、「地は生き物を種類にしたがって出せ。家畜と、這うものと、地の獣とを種類に従って出せ」（一・二四）
●神は言われた、「我々の形に、我々にかたどって人を造ろう」（一・二六）
●主なる神は言われた、「人が独りでいるのは良くない。彼に合う助け手を造ろう」（二・一八）

私は喜びに舞い上がり、その後の数日マルキと一緒にさらに読み込んだ。彼女は一〇本の柱を思い描いていた。一つひとつは三メートルほどで、天に向かって手を挙げる親を象徴し、それぞれの先端にシャルヴァのロゴを埋め込む。真ん中にある小さな柱は子供だ。それらが一緒になり、すべての人々は世界を創造する美しく大切な一部であるというメッセージを伝える。

私は古い友人でエルサレムに住む著名なユダヤ人彫刻家サム・フィリップに電話し、誰にこれを制作してもらうべきか尋ねた。私たちは一つひとつの柱を別々のアーティストに依頼することも考えた。多くの名前が挙げられたが、なかなか話はまとまらず時間が過ぎていった。ある日サムはマルキと私を訪ねてきて、彼が作品を作る時によく使うネタニヤにある大きな鋳物工場の所有者ヨシ・ベン・デロルのことを話した。そのヨシが、イスラエルで最も有名な彫刻家でやはり自分の工場を使っているメナシェ・カディシュマンを紹介してくれるというのだ。

ヨシが面会の約束を取りつけてくれた。ヨシとサム、マルキと私、そして芸術に関心を持つ一〇代の娘サラは、テルアビブのメナシェのアパートの前で落ち合った。それは蒸し暑い午後だった。私たちは、Tシャツを着てベッドの上に座った八〇歳の大物芸術家に迎えられた。彼は温かく私たちを歓迎してくれた。

ヨシは私に、シャルヴァについて説明した後に依頼の話をするよう促した。メナシェはシャルヴァの活動に深く感動し、自分も障がいのある子供たちにいつも特別の愛を注ぎ、彼らの力になりたいと強く願ってきたと言った。私は彫刻の計画を説明し、神の一〇の言葉一つひとつを彼自身の芸術的表現で解釈してほしいと頼んだ。メナシェは深く考え込むように聞いていた。その後、芸術の分野に限らず人生の価値観といったことにまで話は及んだ。彼は明らかに思慮深く霊的な人物で、ユダヤの伝統に深く繋がっていた。彼はいくつかの質問をした後、大らかな笑顔で答えた。「このの感動的なプロジェクトに喜んで協力します。真ん中にある小さな柱には羊を描きたいと思います」

それを聞いた私たちは、思わず息を呑んだ。メナシェ・カディシュマンがこの挑戦を受け入れ、彼のシンボルでもある羊を描いてくれるというのだ。

次にメナシェはサラに対して、どのような芸術に関心を持っているのか尋ねた。まるで芸術家仲間であるかのように、どこで勉強しどんな芸術が好きかなど、サラと敬意に満ちた会話をしてくれたのには驚いた。彼はアシスタントを呼ぶと、自分が書いた小さな羊の絵のキャンバスを持って来るように言った。そしてその裏に「王妃サラへ。愛と健康と笑顔に恵まれた素晴らしい人生を送られますよう、アメン。愛を込めて、メナシェ・カディシュマン」と書き込んでくれた。心のこもった一連のやり取りは、サラと私たちにとって本当に深い意味を持ち、メナシェの人柄を示すものだった。

サムは制作に当たって仲介役を務めてくれた。必要に応じてメナシェに会い、仕事の進捗状況を私たちに知らせてくれた。そんなある日、私の事務所でマルキとサムが机の向こう側に座り、私は反対側のコンピューターの隣に座り、どのように神の一〇の言葉を表わすか議論した。マルキはサムに、メナシェのモチーフはいつも羊なので、聖書の預言者の言葉「聖なる羊の群れ《ツォン・コダシーム》」を何とか入れたいと言った。聖なる羊の群れというのは、イスラエル文学・文化において、ユダヤ人コミュニティや特に子供たちを比喩的に指す言葉となっていた。

「カルマン、この言葉を探して。そして預言書のどの個所にそれが出ているのか教えてちょうだい」とマルキは言った。「いいよ。でもサムがいる間に先ず全体像についての話し合いを済ませよう」と私が返事すると「いいえ。今探してちょうだい。『聖なる羊の群れ』という言葉がどこから来たのか知らなきゃならないの」と言う。それで私は、グーグルで検索し、それがエゼキエル書三六章三八節にあるのをすぐ見つけた。「オーケー、見つけたよ」「読んでみて」と彼女に言われ私は読み上げた。

「聖なる羊の群れのように、定めの時のエルサレムの羊の群れのように、廃墟の町々も再び人で満ちあふれる。その時、彼らは私が主であることを知る」

預言者エゼキエルは、廃墟となった町々にイスラエルの民が帰還することが約束されているのを、羊の群れに喩《たと》えて預言している。それから約二六〇〇年経った今、私たちは再建されたエルサレムに住んでいる。今や「人の群れ」で満ちあふれたエルサレムで、私たちは預言書に言及されている「羊の群れ」について議論しているのだ。強烈な瞬間だった。

語り合いながら、私はコンピューターのスクリーンを見ていた。すると突然、私の入力したヘブライ語の二単語が飛び出して見えた。私は、近づいて注意深く眺めた。マルキが「何をしているの」と聞いた。「ちょっと待って。確認したい」そして私は叫んだ。「なんてことだ。こんなこと信じられない。信じられないよ」「どうしたの」マルキが尋ねた。

私は考えをまとめようとした。「マルキ、君は『聖なる羊の群れ《ツォン・コダシーム》』という言葉を僕にすぐ探してほしいと言ったね。それで大きな謎がたった今解けたんだよ」。私はコンピューターのスクリーンをマルキとサムに向け、指さした。「ヘブライ語のこの二つの単語を見てごらん。何が見える?」。彼らはそれを見たが、ただ二つの言葉しか見えていないようだった。

私は文章の中の六つのヘブライ語の文字を赤くハイライトし、「さあ、もう一度見てごらん」と言った。「羊の群れ《ツォン》（צאן）の最後の文字と聖なる《コダシーム》（קדשים）の五つの文字を繋いで入れ替えてごらん。その六つの文字はメナシェの苗字であるカディシュマン（קדישמן）になっている。これが、メナシェの作品に必ず羊が出てくる理由であることは間違いない。彼はとても宗教的な人物だ。そして彼の羊は、ユダヤ人が最終的にエルサレムに帰り、再建されたその地に生命があふれるという預言を象徴してるんだよ」

サムは「カルマン、その洞察力は凄いね。でもメナシェはそれに気づいていないと思うな。それが彼が羊を描く理由ではないと思う。話を続けよう」と冷淡に言った。「そんなに急がせないで」と私は言った。「次はいつメナシェを訪ねるんだい?」「あと数日したらヨシ・ベン・デロルと一緒に訪ねるよ」「これから僕が赤でハイライトしたこの箇所を印刷するから、メナシェに見せてほしい。そしてそれが、彼が羊を描く理由か尋ねてほしい」「カルマン、そんなことをすべきか僕は分からない」「サム、君がメナシェに見せないなら僕が一緒に行って自分で聞くよ」「分かった」とサムは答えた。「少し微妙なテーマだと思うので、僕が尋ねるのが適切だと思う」

数日後、サムは私が印刷した紙をメナシェに見せた。メナシェはしばらく文字を見つめた後、顔を上げて静かに語った。「カルマンは私の秘密を明かしてしまったね」。サムは驚き、会話を続けようとしたが、メナシェは短く一言「このことはもう話さなくていい」と言うだけだった。

エルサレムに帰る途中でサムは電話をしてきて、私が想像したとおりだったと伝えた。私は感動で震える思いだった。今回メナシェの芸術の深い側面を新しく知ったことで、彼の創造物がシャルヴァへの入り口を飾ることに、さらなる名誉を感じたからだ。

メナシェの健康状態は、私たちが初めて会った時点であまり優れなかったが、その後も悪化していった。彼は、もし一つ願いが叶うならシャルヴァを訪れ、愛する聖なる子供たちに会いたいと私に告げたが、もうエルサレムへの一時間の移動は無理だった。彼の最高傑作は完成したが、悲しいことにメナシェは、新しいセンターの完成を待たずに八二歳で帰らぬ人となった。彼に大きな影響を受けた私たちは、新しいセンターの入り口に据えられる「神の一〇の言葉」が、新しい世代を啓発し啓蒙していくことを信じて疑わなかった。

第48章　開園に向けて

建物の全容は形を成してきたが、冷たい巨大なコンクリート建造物を、子供たちのために温かいホームに作り上げていくことがマルキの大きな挑戦になった。そして詳細を仕上げる作業は限りなく続いた。一つひとつの階は、機能も見た目もそれ自体が二〇〇〇平米の世界だった。床と設備を据え付けるといったごく基礎的な仕事でさえ私には大変に思えたが、それに関わる詳細な作業に至っては気が遠くなりそうだった。

しかしどういうわけか、マルキがそれに打ちのめされることはなかった。彼女は、ランディと同様マルキの依頼を忍耐強く聞いてくれる有能なインテリアデザイナーのベン・ビランと、一心に働き続けた。その後、彼女はもう一人の優れたインテリアデザイナーであるヤエル・リッチと働いたが、彼もこのプロジェクトに熱心で、マルキが細部を仕上げるのを手伝ってくれた。強烈な個性を持つ二人が共働してハードルを越えていく様子は滑稽な時もあったが、彼らは素晴らしいチームだった。

マルキは、いろいろな専門家から、色を使い過ぎていると何度も言われていた。しかし彼女は、自分が決めた色を塗るよう作業員に密かに指示し続けた。ビルの正面を塗る段になり、マルキが窓枠を桃色に塗りたいと宣言すると、全員が衝撃を受けた。「マルキ、それはやめてほしい。もっと上品な建物にしたいでしょう？」と誰かが言った。ランディも含めて多くの人が反対したため、マルキは諦めざるを得ないと感じた。私は彼女と一緒に入り口の外に立ち、作業員が足場に乗り、塗装を始めようとしているのを見ていた。彼女は静かに現場監督に尋ねた。「ヤコブ、窓枠を桃色に塗るのはもう遅い？」「そうしてほしいとおっしゃるなら、まだ間に合いますよ」と彼は答えた。一瞬考えたマルキは続けた。「それでは私が望むようにしてください」。塗装が完成した時、最初は驚いていた人も、その色が繊細で外観を美しくしていることに心から同意した。

メナシェ・カディシュマンとダヴィッド・ゲルシュタインの作品に加えて、マルキは建物中をカラフルな芸術作品で満たし、躍動する生命を与えた。彼女は、ヤエルと一緒に選んだテーマを、ロシア出身の才能あふれる芸術家アンナ・コーガンが手描きで光り輝く壁画にしていくのを、一年以上見守った。大きな食堂には柔らかくカラフルなメル・コリンの作品が飾られ、シナゴーグにはメキシコの芸術家フロア・エセスが何千ものガラスの破片で聖書の場面を描いた四つのモザイク画が飾られた。それらは一トン以上の重さがあり、遠くメキシコから輸送して取り付けるのは大きな挑戦だったが、その努力の甲斐はあった。各部屋のドアに取りつけられた美しいメズザも、フロアの手作りだった。

内装を完成させた中心人物は、才能あるロシア系帰還者の建築業者エドワード・ブロコフで、入れ物に過ぎない建造物を完成品に仕上げるのがまさに彼の専門だった。彼の仕事ぶりは際立っていた。

最初の日からマルキは彼を「プーチン」と呼び、彼はそう呼ばれるといつも笑っていた。彼は、このセンターの内装は彼がこれまで見た中で最高だと私に告げたが、信じられない思いだった。「君はこれまで、多くの大規模商業施設やロシアの富裕層の贅沢な邸宅の内装に携わってきた。金に糸目をつけないそんな仕事を通してもっと高級な内装を見てきたはずだよね」「カルマン、私が携わった高級プロジェクトの見た目は確かにとても美しかったけど、見えることのない裏の空間は往々にして装飾されないままでした。僕がこのプロジェクトに雇われた時、あなたの奥さんは、この建物の隅々に至るまで最高レベルで仕上げてほしいと言われました。私たちはまさにそれをやっているんですよ」

センターが機能するために必要なさまざまな技術システムが設置されたのは、この時期だった。あらゆる局面で設置される設備に関し、私たちは、インフラの性能を長期的に考慮しつつ決断しなければならなかった。こうした設備は一度設置したなら取り替えがきかない。そのため、資金が不足しているにもかかわらず、私たちは過剰ではない範囲で最高の品質のものを選んだ。一般には公開されないスペースと公開されているスペースがスムーズに繋がり、シャルヴァの子供たちと訪問者の動きが絶たれない建物にすることは、挑戦だった。

時間はどんどん過ぎ、開園の日は迫っていた。私たちは、障がい児のクラスと健常児の三クラスを併合した幼稚園を、予定どおりの二〇一六年九月一日に何としても開園するつもりだった。エルサレム市から幼稚園の認可を得るには、開園日の一年前に申請する必要があった。私たちは、工期に余裕がないことを知りつつもその申請をしていた。シャルヴァに通うことを選んでくれた子供たちを、行く場所もないまま数カ月も待たせるなど、想像できなかったからだ。入園の申し込みは二月に始まり、センターがまだ完成していないことを皆知っていたが、親たちは私たちに大きな信頼を寄せてくれ、クラスはあっという間にいっぱいになった。

建物の内装は予想よりはるかに多額の費用がかかり、私たちの資金は底をついていた。私はそのことが心配でたまらず、無力感でいっぱいだった。私は度々その不安をマルキに伝えたが、彼女の静かな返事はいつも、聖書の一節からの引用だった。「私の子よ、神が自らのために燔祭〔焼き尽くして捧げる生贄〕の小羊を備えてくださるであろう」。彼女の引用は明らかだった。創世記二二章で、神はアブラハムに息子イサクを燔祭に捧げるよう命じた。イサクは自分がその燔祭だとは知らず、「火とたきぎはありますが、燔祭の小羊はどこにありますか」と尋ねる。アブラハムは答える。「私の子よ、神が自らのために燔祭の小羊を備えてくださるであろう」
「どうして一見必要のない言葉『自らのために』が入っているの？」とマルキは言った。「『神が燔祭の小羊を備えてくださるであろう』でもいいじゃない。その理由はね、信仰を試されたのはアブラハムだけじゃなくて、神ご自身もとても乗り越えられそうもない問題にぶつかっていたからなの。神は、次の世代はアブラハムから生まれると約束していた。イサクは、アブラハムとサラが年老いてから奇跡的に生まれた。そして神は今、アブラハムにその未来を犠牲にしなさいと言っているのよ。じゃあその約束はどうなるの。神ご自身が今や子羊が必要になったのよ」

マルキは続けた。「あなたもまた、一見出口のないような困難な状況に置かれている。そしてあなたは神の特別な子供たちのために、それを解決することができない。アブラハムに子羊を与えた神は、時が来たらあなたにも、あなたの子羊を見せてくれるはずよ」

私は妻の楽観的な言葉で自分を慰めながら、ロサンゼルスでのシャルヴァ関連の会合に出席するため慌ただしく米国に向かった。ゴードン・ダイヤモンドの依頼で、私はカリフォルニア州パームデザートにある彼の別荘で日曜日を過ごすことになった。隣にあるビッグホーン・ゴルフコースで一八ホールをプレイし、その後、眺めの良いデッキとプールでリラックスした午後を過ごすというのだ。

カリフォルニアの穏やかな日、フェアウェイを歩きながら、私は突然グリーンの陰で何かが動いているのに気づいた。近づいた私は、興奮してゴードンにジェスチャーを送った。木々の陰でのんびりとしていたのは、見事な大角羊《おおつの》［ビッグホーン］で、その巨大な角で草を引っ張っているようだった。興奮して見ている私たちを一瞥すると、羊は岩の丘を優雅に登って消えていった。

「このクラブの名前は確かにその羊から取られていて、僕はここで二〇年間プレイしているけど、これまで大角羊を見たことは一度もなかった」ゴードンの声は驚きに満ちていた。「いったいどこから来たんだろう」。誰にも分からなかった。私はマルキの言葉と聖書の一節を思い出し、言葉を失った。

「この時アブラハムは目を上げて見た。すると見よ、角が茂みの中に捕われている一頭の雄羊が後ろにいた。アブラハムは行ってその雄羊を取り、それを彼の息子の代わりに燔祭として捧げた」（創世記二二章一三節）

次のホールでプレイを始めたゴードンは、私のほうに振り返って淡々と言った。「大事な話があるんだが、家に戻ってから話すことにするよ」

それが何であるか知りたい気持ちは抑え難かったが、私は彼の言うことに従うことにした。家に帰り、プールのそばでリラックスすると、ゴードンは飲み物を注ぎ、話し始めた。「ダーンはまだこのニュースを君には話していないようだね」「ええ」私は答えた。「そうか。明日ロサンゼルスでダーンに会うことになっているけど、実は彼女はシャルヴァの新しいセンターのために、再び大きな寄付をするんだよ」。彼はそう言うと、その額を教えてくれた。私は驚愕した。その額に驚いただけでなく、同時に雄羊を見たことが衝撃的だったのである。

「でもね」彼は続けた。「彼女が僕にも同じ額を寄付するよう頼んでいるんだけど、僕にはできないんで困っているんだ。僕の慈善基金は僕一人が運営しているんじゃないことは、君も知っているよね。僕の大切な子供たちも基金の協力者なんだ。そしてバンクーバーにも助けを必要としている人はたくさんいるんだよ」

私は彼の言おうとしていることはよく理解できたが、何時間か彼と話している間、あの雄羊のイメージが私の頭から離れなかった。日も暮れて、私は二時間運転してロサンゼルスに戻らなければならなかった。玄関口まで送ってくれたゴードンは、少し間を置いて言った。「寄付のことだけど、あと数日したらバンクーバーに帰るから、何とか考えてみるよ」

翌日、ゴードンが教えてくれていたとおり、ダーンは再びかなり高額の寄付をすると私に告げた。

そして週末にはゴードンが電話してきて、彼と彼の家族の基金がダーンと同額の寄付をすると教えてくれた。私は友人であり協力者であるこの稀有な二人の心遣いに感動し、この展開の前触れとなったあの大角羊のことを考えずにはいられなかった。

春が過ぎ夏がやって来ると、私たちは銃を頭に突きつけられたように感じていた。開園一カ月前の八月一日の時点で、残された仕事を終わらせるのはとうてい不可能に見えた。ヨハナンは全力で進めていて、予定どおり開園できると自信に満ちていた。マルキは途方に暮れた顔で彼に尋ねた。「ヨハナン、どうしてそんな自分勝手なの？　あなたが薬物でもやって幻想を抱いているのは確かだわ。私にもそれをちょうだい。あなたはすべてうまくいくという顔をしているけど、心の中では私と同じように、一カ月で準備を終えるなんて無理だと分かっているんでしょう？」ヨハナンは、深く息を吸うと答えた。「お母さん、今どんなふうに見えていようと、神の助けできっとできる。きっと間に合うと約束するよ」

奇跡的に、幼稚園に使われる上の三階は開園の三日前に完成した。講堂、体育館、セミオリンピックプールはもう少し時間を要したが、それらは開園に必須ではなかった。メナヘムは開園の数週間前、種々の認可を取得するために奔走していた。消防署が大挙してやって来て、すべてのシステムが規定に叶っているか確かめるために、建物の至る所を数日間かけて検査した。それは最後の最後まで神経がすり減らされるようなプロセスだったが、何とか無事終了した。

しかし驚くべきことが発覚した。以前のセンターで行なっていたのとまったく同じプログラムに労働福祉省から発行されていた許可証が、新しいセンターでは使えないというのだ。このような許可証を取得するのは長く複雑な過程を経なければならず、新しい許可証を得るのに数週間はかかる。私は、よく知っている社会問題担当副部長のギドン・シャロームにすぐさま電話をした。ギドンは、私たちが通常の過程を経て新しい許可証を申請するしかないと告げた。衝撃を受けた私は、「ギドン、それはないよ。クラスを予定どおり開くために僕たちは必死に働いてきたのに、そんな技術的な理由で入園予定の家族を待たせなければならないのかい」と抗議した。「技術的なことだって?」彼は言い返した。「これは我々が発効する許可証だ。君のスタッフはそれが必要だということを知っておくべきだったんだ。あと三日で新学年が始まるが、この件の責任者と何人かの委員会メンバーは海外で休暇中だ。今は何もできない。できるようになるまで待つしかないね」。私は絶体絶命に追い込まれ、言葉を失った。沈黙が流れた。すると驚いたことにギドンの口調が変わった。「カルマン、僕だって君の新しいセンターが予定どおり開園してほしいと思っている。ここは僕に任せて。後で電話するから」

申請過程の複雑さを思えば、私自身もすぐ許可証を入手するのは不可能であることを自覚していた。しかしギドンはそれを可能にするために奔走し、省内で山を動かすような努力をしてくれた。九月一日の朝、新学年がスタートする数時間前に必要とされた許可証が届き、私たちは祝福し合った。

そしてそれは何と素晴らしい幼稚園の開園だったろう。エルサレム市長ニル・バルカットと他の来賓が、顔を輝かせた子供たちと家族の入園を迎えた。そして新しいセンターで私たちの教育活動が初めて行なわれるのを見るのは、胸躍る思いだった。放課後プログラム、お泊りプログラム、お母さんと一緒プログラムは、新しい施設が完成するまで旧センターで続けられていた。それらは二カ月後の一一月、プログラム毎に引っ越しを済ませた。一八年間止まることなく活動を続けてきた私たちにとって、空っぽになり魂を失ったような旧センターを見るのは辛かったが、その魂が新しいセンターでより力強く生き続けることを確信していた。

まるで壁が心を落ち着かせるメッセージを語っているかのようだった。色彩豊かな壁と芸術的に装飾された各階は、それぞれの方法で喜びと尊厳を全館にもたらしていた。建物全体が外の世界から切り離されているようで、一旦中に入れば外の世界を忘れることができた。そして建物から出た時、人々はゆったりと現実の世界に戻るという感じだった。

その後の数カ月間、私たちは建物全体の完成を目指して働き続けた。そして二〇一七年四月、遠方から飛行機で駆けつけた多くの親しい友人たちの臨席を得て、グランドオープニング式典を執り行なうことができた。二日間にわたるそのイベントは感動に包まれたが、中でもクライマックスはシャルヴァ・バンドの素晴らしい演奏だった。

第49章　シャルヴァ・バンド

音楽療法はシャルヴァの設立当初から、個々の子供にとってもグループ単位でも欠かせないプログラムで、センター内で発表会などを行なってきた。

二〇〇六年、シャルヴァの私の部屋に、ドアをノックして一人の痩せた若者が入って来るなり、座って話をしてもいいかと尋ねた。私が答える前に、彼はもう座っていた。「シャローム※」彼は少し辛そうな笑顔で挨拶した。「私の名前はシャイ・ベン・シュシャンです。」「シャローム。私はカルマン・サミュエルズです。突然お会いできて嬉しいですが、どんなご用件ですか？」

「シャルヴァには音楽療法のプログラムがあると伺いました。私は音楽療法士で、ここで働かせていただきたいのです」「それはご親切に。でもすでに一人いるんです」「分かっています。でも私は、あなたの子供たちをもっと高いレベルまで導くことができます」彼は自信に満ちた声でそう言った。

「それで、君はどうやってそれをするつもりなんですか？」

「本物の演奏バンドを作り上げます」

穏やかな口ぶりながら野心的な彼の発言に、私の関心は掻き立てられた。

「分かりました。もっと君のことを話してくれませんか、シャイ」

彼は語り始めた。

「僕はハイファで生まれ育ち、才能ある音楽家として認められていました。いくつかの楽器を弾くことができましたが、打楽器に打ち込んできました。僕はイスラエルとヨーロッパで音楽の教育を受け、青少年イスラエル交響楽団の一員に選ばれた最も若い演奏家の一人でした。一八歳の時、イスラエル国防軍の音楽部隊に入隊してさらに三年間の教育を受けることになっていました。でも入隊が近づいてくると、友人はみなエリート戦闘部隊への入隊を目指していました。それで僕もそうすることにしたんです。必死になって訓練をこなし、驚いたことに、エリート部隊であるドゥヴデヴァン部隊に配属されました」

ここで私はシャイを遮った。私はドゥヴデヴァンが周到な訓練を受けた果敢な特殊部隊で、往々にして民間人になりすまし秘密作戦に携わることを知っていた。

「こんなこと聞いて悪いけど、君は、私が思い描くドゥヴデヴァンの戦闘員には見えないな」

シャイは再び辛そうな笑顔を作りながら「説明させてください」と言うと、彼と友人が上半身裸で写っている写真を取り出した。「これが二年前、軍隊にいた頃の僕です。体重は今より一六キロ重かったし、背も少し高かったです」。彼も友人の兵士も筋肉隆々の若者だった。彼は続けた。「僕は、イスラエルの中心部で自爆テロを計画していた四人のテロリストを捕まえるために、西岸地区のジェニンに送られた部隊の一員でした。すべてうまくいき、三人を逮捕した僕たちが四人目を見つけた時、一人の女が子供を連れて私たちの前に立ちはだかったのです。この状況を隊長に無線で伝えると、待機するよう指示がありました。次の瞬間、テロリストが投げた手榴弾が僕の上で炸裂しました。大混乱が起こり、その後三時間にわたって攻撃を受けて僕の顎は損傷し、身体中に爆破物の破片が無数に突き刺さりました。それでも僕は、テロリストが隠れている家に向けて撃ち続けました。援軍がようやく到着してテロリストを捕まえました。救急車に乗せられた僕は、敬愛するドゥヴデヴァンの隊長が罠で仕掛けられた壁の落下によって死んだことを知らされ、そこで僕は意識を失いました。意識が戻ったのは手術室に運ばれる時でした。生き延びられるか分かりませんでした。吹き飛ばされた顎を治療するため、そして身体中につき刺さった破片を取り除くため、さらに三回の手術を受けました。赤子のように、食べることも話すことも最初から学び直さなければなりませんでした。僕の人生は破壊されたのです」シャイはそこで話を止めたが、私はあまりの内容に体が縛りつけられたようで、言葉も出なかった。

「僕は、自分が無力で他の人々に頼らなければならないことがどんなことかを、知りました。どうやったら前向きに生きていけるのか、考える時間はたっぷりありました。そして音楽の世界に戻り、同じような挑戦に向き合っている人々と共有することを考え始めたのです。それはできそうもないことに見えました。でも僕は今日ここでこうしてあなたと会い、僕の夢を叶えるための機会をくださいとお願いしているんです」

私は深く感銘を受けた。「シャイ、君はイスラエルの英雄だよ。バンドを作るのにどの位の時間がかかりますか」「一年」彼は答えた。「よし、一年やってみよう。そして君とバンドがどこまでできるか見てみよう」私は立ち上がってテーブルの向かい側に行き、感極まって彼を抱きしめた。

シャイは子供たちに音楽を教え、素養があってシャルヴァ・バンドのメンバーとして訓練についてこられそうな子を選別し始めた。それは時間をかけて行なわれていった。一年後には、彼は最初のアンサンブルを構成し、地元の音楽祭に招かれて演奏することになった。ところが期待して待った音楽祭が中止になり、子供たちは打ちひしがれてしまった。そこで、それじゃあ自分たちで音楽祭をやろうということになった。

療法士や七〇人の子供たちと共に、私たちは数カ月間準備を重ねた。音楽祭があるというニュースが広まり、リハーサルの様子がウェブサイトに掲載され、メディアにも取り上げられた。内輪の学芸会としてスタートした計画は、大きなイベントになっていった。会場は大きなコンサートホールであるエルサレムシアターに移され、「フェスティシャルヴァ」はエルサレム市長によって開催が宣言された。そして忙しいスケジュールにもかかわらず、市長は最前席に座り演奏会を最後まで聴いてくれた。その晩のコンサートは大成功で、障がい者に対する固定観念を打ち砕くものだった。歌える子供たちは声高らかに歌い、踊れる子供たちは精一杯体を振って踊り、楽器を弾ける子供たちはリズム楽器を打ち鳴らした。どの子も喜びに満ちあふれ、会場を埋め尽くした親や兄弟姉妹たちは誇らしさでいっぱいだった。こうして方向性が決まった後は、例年行事として規模も大きくなり、シャルヴァの放課後教室に参加するすべての子供は、シャルヴァ・バンドが演奏する時には何かの役割を果たしていった。司会を務めるのは、イスラエルの子供向けテレビ番組で有名なシャロン・シャハル、アサフ・アシュタル、ダナ・フリーデル、オデッド・パズといった芸能人だった。

その後の年月でたゆみなく練習を積んだシャルヴァ・バンドは、プロの演奏家として認められるようになって世界各地を回り、コンサート映像はユーチューブにアップされ、グーグル社によって「変化をもたらす大使、シャルヴァ・バンド」と認定された。若い音楽家たちは、音楽によって自らの生計を立てることに大きな誇りを感じていた。

二人の才能ある女性ソリストは、いずれも若い頃に家族と一緒にイスラエルに帰還した。アナエル・カリファはフランスから、ディナ・サムテはインドからだった。二人とも盲目で、どちらも成長過程で社会的に大きな困難に直面した。

ヴォーカルとキーボードを担当するガイ・ママンは、片目が見えずもう一方も五%の視力しかないが、それでも臆することはなかった。彼は才能に恵まれ、作曲で学位を持っている。

ヤイール・ポンベルグとタル・キマはどちらもダウン症で生まれ、小さい頃からシャルヴァに通っていたが、彼らの打楽器の才能は音楽療法を通して見出だされた。

ヨセフ・オヴァディアはウィリアムズ症候群で、やはり小さい頃からシャルヴァに来ていた。彼は類い稀な音楽の才能に恵まれ、ドラムを担当している。

私の一番下の娘サラ・サミュエルズは音楽の才に恵まれ、作詞作曲をしている。高校卒業後の兵役をシャルヴァで務める間、彼女はギター演奏者になり、バンドメンバーの世話係も担当することになった。彼女はメンバー一人ひとりと深く親密な関係を築き、彼女の愛と深い友情は、彼らの結束と向上心に欠かせないものとなった。

バンドと過ごす時間は愛と笑いに包まれ、出会ったすべての人の心を溶かした。ニューヨークの親しい友人ハリー・クラコフスキーは、彼らの豊かな人間性に打たれ、初の海外ツアーの機会を与えてくれた。ハリーは、バンドのメンバーを自分のホテルで最高級にもてなし、ブロードウェーのショーやコンサートが終わった夜中にゴーカートに繰り出すなど、彼らに楽しい時間を提供してくれた。アナエルとディナは歓声を上げてゴーカートを運転した。ハリーとディナは長い杖でフェンシングを楽しんだ。ハリーはメキシコ、ロンドン、モスクワ、そしてイスラエルにと、バンドが行く所のどこにでも一緒に行ったが、メンバーからは親しみを込めて「ハリーおじさん」と呼ばれていた。

ビデオ撮影の専門家ダニロ・ブラチョは、シャルヴァ・バンドが初めてトロントで公演した時から、バンドと一緒にツアーに加わった。長く伸ばした黒い髪と入れ墨、ひどいスペイン語訛《なま》りは、シャルヴァ・バンドの中でもひときわ目立つ存在だった。都市から都市を公演して回る中、彼はバンド撮影の担当者であると同時に、メンバーにとってはかけがえない友人であり世話係だった。彼もバンドのメンバーから「お兄ちゃん《アフ・シェリー》」というニックネームを付けられ、その後はダニロではなくいつも「お兄ちゃん」と呼ばれた。

メキシコシティでのコンサートが終わった夜遅く、私たちは翌朝のフライトを前に、タコス・レストランに出かけた。メンバーはその時点でのさまざまな思いを語り、ダニロはそれを撮影した。そして最後に彼が話す番になった。彼は、メンバーの一人ひとりをどれだけ愛するようになったか、そして本当に彼らの兄になったような気がすると語った。「僕は君たちといるこの素晴らしい瞬間を一生覚えていたい。だから今朝、あることをしたんだ」彼は目に涙を浮かべて言うと、Tシャツの袖をまくり上げ、トーラーの写本書体で、「お兄ちゃん」を意味するヘブライ語の二単語「アフ・シェリー（私の兄）」と彫られた腕を見せた。全員が泣き出し、代わる代わる抱き合った。

シャルヴァ・バンドの成功を、イスラエルのテレビで最も有名な音楽コンテスト番組「ユーロビジョンへのスター」のプロデューサーは見逃さなかった。彼らはシャルヴァ・バンドをオーディションに招待した。オーディション合格の通知がすぐ届き、バンドメンバーはプロモーション用のビデオを撮影した後、演奏に向けて練習に励んだ。喜びいっぱいの八人のメンバーの一人ひとりが有名になろうとしていた。コンテストの優勝者はイスラエル代表としてユーロビジョンに出場できるため、経歴の長いプロも含む多くのイスラエル人音楽家が競い合う狭き門だった。ユーロビジョンには四二カ国が参加し、二億人がテレビで視聴するという世界最大の歌謡コンテストである。

最初のパーフォーマンスの前夜、バンドのメンバーは「カフェ・シャルヴァ」で食事をとり、リラックスしていた。私は彼らがすでに驚くべき成功を手にし、その非凡な才能で社会にインパクトを与えていることを伝えた。「これからさらに何かが起これば素晴らしいけど、結果はそれほど重要じゃない。リラックスして、この華々しい瞬間を楽しむんだよ」

二〇一八年一一月二四日、安息日《シャバット》の明けた土曜日の晩、シャルヴァ・バンドは番組のオープニング冒頭に出演し、ビートルズの「Here Comes the Sun」を歌って喝采《かっさい》を浴びた。一三年の準備を経て、彼らの輝くばかりのパーフォーマンスを見た私は、感動で胸がいっぱいになった。

審査員と観衆が九一点という驚くほど高い点数をつけ、バンドは楽々と次のラウンドに進むことになった。ヤイールは舞台から降りると、審査員に近づいて一人ひとりを抱きしめた。それを受けた審査員たちの感極まった様子は感動的だった。バンドの演奏動画はあっという間にネットで反響を呼び、再生回数は数百万にも上った。シャルヴァ・バンドは成長し、今や障がい者やインクルージョン［包《ほう》摂《せつ》、一体性といった意で、障がい者が健常者の中で共生すること］という分野で世界的な影響を持つに至った。彼らは、自分自身に変化をもたらした大使となり、障がい者を力づけ、シャルヴァの使命を立派に体現している。

前年のユーロビジョンで、イスラエル人歌手ネタ・バルジライが優勝していたため、今年のコンテストはイスラエルで開催されることを私たちは当初から知っていた。そして開催国の出場者はユーロビジョン本番の準決勝で争う必要はなく、土曜夜遅くの決勝戦に自動的に参加できることも知っていた。バンドの何人かは正統派ユダヤ教徒として安息日を守っていたが、決勝戦が始まる時間までには安息日は明けていて、準備するのに十分な時間があると私たちは認識していた。いずれにせよ、私たちも制作会社も、シャルヴァ・バンドが勝ち進んでいくとは思っていなかったから、この件については心配さえしていなかった。参加できたこと自体に意味があり、私たちにとっては十分だった。

だが驚くべき展開がやって来た。シャルヴァ・バンドは新しい歌を歌う度に観客を魅了し、最高点を与えられ、誰からも愛されるバンドになっていったのだ。バンドはインクルージョンという力強いメッセージを送り続けていたが、審査員たちは称賛の言葉を浴びせ、彼らの音楽的才能のみを基に判定していることを明確にした。バンドは次々と勝ち進み、「ユーロビジョンへのスター」の準決勝まで進んでしまい、ユーロビジョンに出場する最有力候補と目されるようになった。

そこにユーロビジョンを主催する欧州放送連合からニュースが届いた。

決勝戦は土曜日の夜遅くに行なわれる予定で、最終リハーサルは金曜日の夜となり、出場者全員が参加する義務があるという通達だった。イスラエル側の制作会社が欧州放送連合の代表にかけ合い、金曜日午後の日没前［安息日に入る直前］の時間帯にシャルヴァ・バンドがリハーサルできないか相談を持ちかけた［安息日中は楽器の演奏が禁じられているため］。多くの人がこれを支援し、イスラエル文化省は欧州放送連合宛てに懇願の手紙を書いた。「問題は、ユーロビジョンが誇り高く象徴しているところの機会の平等とインクルージョンの思想を貫くかどうかということです」

この件は大きなニュースとなり、各国の多くの新聞が数えきれないほどの記事を掲載し、テレビではゴールデンタイムのニュースや娯楽番組で一日に何度も報道された。彼らは、バンドのメンバーや彼らの親にまで経過を尋ねてきたが、私たちの答えは一つだった。「イスラエルの制作会社やテレビ局が、何とか解決策を見つけられるよう欧州放送連合と相談中です。回答は彼らから発表されます」。これがまた多くの記事と憶測に繋がっていった。

この間、シャルヴァ・バンドは「ユーロビジョンへのスター」の準決勝で演奏し、二組の強力な候補者を破り、決勝に出場できる四組の中に入った。信じられなかった。しかし欧州放送連合側が、金曜夜のリハーサルについて妥協しなかったらどうなるのか。もし仮にイスラエル代表になったとしても、その後に辞退することになるのであれば、代表をかけた予選である「ユーロビジョンへのスター」の決勝戦には出場できないとのことだった。第二位の人がその国の代表となるのは許されないというのだ。一方、直前になって辞退することもできなかった。「ユーロビジョンへのスター」の決勝戦出場者が三組になってしまうからである。

そして欧州放送連合から最終返事が届いた。シャルヴァ・バンドに特別な待遇を与えることはないというものだった。それで終わりだった。信心深いメンバーと世俗派メンバーが話し合い、全員一致の結論に達した。家族としてコンテストに参加した自分たちは、家族のままコンテストを去るというものだった。彼らは自ら手にした栄誉を放棄し、共に安息日を守ることにしたのだ。

そのニュースは野火のように広がり、再び多くの記事となったが、そのすべては大きな誇りと連帯に満ちた礼節ある前向きな内容だった。アナエルがあるメディアに語った。「名声をいただいてスポットライトを浴びていましたので、何に重きを置くかを見失って混乱するのではないかと思われたかもしれませんが、私たちは混乱しませんでした。自分たちの信じるところに従ったのです」

「ユーロビジョンへのスター」では準決勝で敗れた人物が呼び戻され、決勝戦出場者の四組目が確保された。シャルヴァ・バンドはテレビに出演し、司会のロテム・セラとアシ・エゼルによる感極まる別れのインタビューを受けた。その最中、欧州放送連合から新しいニュースが届いた。ユーロビジョンのルールは変えられないが、五月一六日に予定されているユーロビジョン決勝の二日前、つまり一四日木曜日に行なわれる準決勝に、ゲストとして招待するというのだ。

シャルヴァ・バンドは、大観衆の前で演奏するという光栄に浴することになったのだ。一同は驚き、悲しみはたちまち喜びに変わった。根っからの世俗派である司会者のアシは、天を指さして叫んだ。

「まいったな、そういう作戦か！　あんたは彼らを訓練したってわけだ」

「ユーロビジョンへのスター」の五人の審査員もシャルヴァ・バンドにお別れを言いたがっていた。彼らはメンバーの一人ひとりに深い愛着を感じるようになっていたのだ。招待されたテレビ番組で最後の曲を歌ったバンドは、再び感動的な励ましを受けた。

演奏が最後の部分にさしかかった時、ディナは全員に起立するよう呼びかけると、サラがギターで柔らかいメロディーを奏で、アナエルがハミングする中、点字で綴られた感謝の文章を読み上げた。誰も予想しなかったこの感動の瞬間に、審査員と観衆は涙を流した。

その後、〝他者〟を受け入れる過程を感動的に伝えた彼らの最初のシングル「扉は開かれる」は、イスラエルの大手銀行バンク・ハポアリムのキャンペーン・ソングに選ばれた。

バンドのメンバーはニューヨークでの公演、イスラエルのヘルツェルの丘で行なわれる独立記念日の開会式での演奏、そしてユーロビジョンにゲスト出演と、その後に予定されているいくつかのコンサートに向けて一生懸命練習を重ねた。スローガンは「大胆に夢見て」だった。

そしてついにその日がやってきた。二〇一九年五月一六日、シャルヴァ・バンドはユーロビジョンの舞台に立ち、映画「グレイテスト・ショーマン」の「A Million Dreams」を歌い、ヨーロッパをはじめ世界の観衆を魅了した。サラが静かにギターで伴奏する中、ディナは点字をたどりながらジョン・レノンの短く力強いメッセージを朗読した。

ジョン・レノンは言いました。
あなたが夢見るだけなら夢に過ぎない。
でもあなたが他の人々と一緒に夢見るなら、それは現実になる。
私たちは夢見ました。そして今、私たちは思い描いた最大の舞台に立っています。
人が何と言おうと、決して夢見ることを忘れないでください。

アナエルとディナの歌声は天使のようで、観客はタルが繰り返し部分を手話で伝えたことに感激した。

私はアナエルとディナが歌う歌詞を聴きながら、彼女たちが、バンドメンバーの全員と私が心の底から思っていることを歌にしていると感じた。無数の夢を胸に抱いてこそ、私たちは世の中を変える旅路に踏み出すことができる。どんなに人から笑われても、どんなに変わり者だと思われても、私たちは自分たちのために世界を形作ることができ、夢見る者だけがそれを実現することができる。

観衆は立ち上がって嵐のような拍手を送った。そして数分のうちに、ユーロビジョンのサイトへの書き込みは、シャルヴァ・バンドに関することであふれた。ネット世界はシャルヴァ・バンドで爆発し、世界中の何百万もの人がその演奏を視聴して、その創造的な内容に称賛を送った。数多くの人が、シャルヴァ・バンドこそユーロビジョンの真の優勝者だと宣言した。

シャルヴァ・バンドは常に、音楽を通じて社会を変えるというゴールを持っていた。そして彼らが作り出した驚くべき反響は、まさにそれだった。障がいやインクルージョンについて考えてもらうための刺激を、彼らは世界に与えたのだった。

第50章　インクルージョンと逆インクルージョン

インクルージョン〔障がい者が健常者の中で共生すること〕は、障がいのある人を対象としたプログラムの決まり文句になった。マルキや私にとってヨシの人生は、そうした概念があることも知らない頃から、インクルージョンそのものだった。私たち家族に悪い影響もあるだろうと善意から言ってくれる人もいたが、実のところヨシは逆の影響をもたらした。彼は私たち家族を団結させ、祝福をもたらしてくれた。私たちは、ヨシは愛されて望まれる特別な存在だという理解のもとに子供たちを育て、彼らはそのメッセージを吸収して育った。

ヨシが家族の一員であることへの誇りは、兄弟姉妹の中に植えつけられていたが、そのことは私たちの家族や同様な家族が、健全な生活を営む上で欠かせないことだった。父親と母親が、障がいのある子供に抱く誇りを理解する兄弟姉妹は、彼ら自身が健全な成人となり、健全な夫や妻となり、健全な親となる準備の機会を与えられているとも言える。しかし反対に、恥の感覚や戸惑いの姿勢があったなら、その感情的ダメージは兄弟姉妹だけでなく、その次世代にも及ぶことだろう。ヨシは、私たちの親しい友人イタとエフライム・シェインベルグ夫妻の家でよく面倒を見てもらったが、彼らはヨシをかわいがり、ヨシは彼らの小さな子供たちと遊んだ。もちろん私たちは大変助かった。私がヨシを迎えに行くと、彼らはいつも私を笑顔で出迎え、ヨシが彼らに与えた喜びに感謝した。イタは、ヨシの訪問が彼女の子供たちの健全な成長にどれだけ貢献しているかを語ってくれた。

ヨシが四歳の頃、高級なギフトショップで高価な花瓶を倒して壊してしまったことがあった。一人の客は大声を上げ、他の客の顔はこわばった。マルキは迷うことなく笑顔で宣言した。「誰がこの花瓶を弁償するんですか。私ですか、あなたですか」。沈黙が流れ、メッセージは伝わった。

子供たちが小さかった頃、安息日《シャバット》の食卓で、ヨシはどんな女の子と結婚するのだろうという話になったことがある。ある子は目が不自由な女の子、別の子は耳が不自由な女の子と言った。すると六歳のシュロモが突然泣き出して言った。「どうしてヨシは普通の女の子と結婚できないの」。シュロモの兄に対する思いは、いくつかの障がいがあってもヨシは普通の子だという私たちの思いから来ていたのだ。

何年もしてから、ヨシはそんなシュロモの優しさにお返しをした。オリート・テネンバウムは兵役でシャルヴァに奉仕してくれていたが、ヨシは彼女や他の女の子とコーヒーを飲みに出かけるのが好きだった。歩くのが困難になっていたヨシには付き添いが必要だった。それで時々シュロモがそこに加わった。ヨシは、オリートとシュロモの指に婚約指輪をつけるジェスチャーをしてからかい、自分のアドバイスに従うよう主張した。そして彼らはそのアドバイスに従うことになったのだが、結婚式で一番幸せそうだったのはヨシだった。

シャルヴァを開いて間もない頃のある午後、一一歳の息子シムハが息を切らして帰ってきた。学校からの帰り道、彼は一三歳の少年二人が、庭で遊んでいるシャルヴァの子供たちを見て笑っているのに出くわした。

「何を笑っているんだ。この子たちを笑う理由なんてないよ」彼は強い語調で言った。すると彼らは大笑いして「彼らはおかしいよ。お前が笑わないのは、自分の兄がその一人だからだろう」と言い返した。シムハがげんこつを振り回してその少年たちに向かっていくと、年上で体も大きいはずの彼らは逃げていったという。

偏見やインクルージョンの欠如は、このような少年に限ったことではなく、時には世話をする側の専門家にも見られた。エルサレム郊外のキリヤット・モシェにある借家に住んでいた頃のある安息日の夜、私たち家族はパンの祝福の前に手を清めるため、小さなキッチンに密集して立っていた。一〇代後半だったヨシが突然後ろにひっくり返り、安息日の間ずっと沸騰させている湯沸かしポットにぶつかった。ひっくり返ったポットから狭いキッチンの床に熱湯が降り注いだ。そばに立っていたヨシとヨハナンとマルキは、滑って熱湯の中に倒れた。

「車を出して！」マルキが叫んだ。私たちは病院の救急病棟に駆け込んだ。軽い火傷だったヨハナンはすぐ帰宅できたが、マルキは自分のやけどにもかかわらずヨシに付き添った。靴下をはいていた部分の肌がめくれたヨシはすぐ入院することになったが、火傷担当の医師は明らかにヨシを診ることを嫌がっていた。見れば重症だと分かるにもかかわらず、彼の最初の言葉は「入院する必要はない」というもので、何としてもヨシを追い返そうとした。その後二カ月間、ヨシは耐え難い痛みに苛《さいな》まれながら家で過ごし、火傷した足のために歩くこともできなかった。例の医者は、私が抗議の手紙を病院に送った後に担当から外された。

シャルヴァ・センターは、建物の中にあるすべての設備がインクルージョンを推進するよう設計されていたが、「インクルージョン」と「逆インクルージョン」〔健常者が障がい者の中で共生すること〕という原則がシャルヴァのあらゆるプログラムに反映されていた。シャルヴァには年間一五万人がさまざまな理由で訪問する。「カフェ・シャルヴァ」で食事したり、講堂で開かれる専門会議に出席したり、近隣の子供に解放された公園で遊んだり、他のあらゆる活動に参加する人々である。彼らがセンターに出入りする度に子供たちと触れ合うことの影響は大きい。

シャルヴァは、拡大する包括的プログラムによって多くの個人や家族そして地域を力づけ、障がいがある人へのケア支援や調査において、国際的な指導的施設となっていった。そして、障がい者ケアに関する基準に与えた影響ばかりでなく、シャルヴァでボランティアをした若者たちがその経験を通して得た教訓をその後の生き方にも反映させていることで、シャルヴァは一種の運動とも呼ばれるようになっていった。

実際、新世代の多くはシャルヴァで生まれた。シャルヴァでのボランティア活動や仕事を通して出会い、結婚した「シャルヴァ・カップル」は数多くいる。マルキはそれに大きな意味を見出だし、カップルのそれぞれの名前を掲示したレンガで作られた「ハートの壁」を設置した。その上部には「これらの若者は愛を与えるためにやって来て、愛を見つけた」と書かれている。

また、シャルヴァとそのヴィジョンをさらに広げて前進させようとする情熱的な指導力を持つ有能な新しい世代が育っていた。ヨハナンとアヴィはシャルヴァを導きながら、それぞれが独自の専門能力と指導力を発揮した。ヨハナンは、シャルヴァの使命に沿った経営戦略を打ち出すことに成功し、アヴィは巧みにシャルヴァの世界的な活動力と協力関係を確立させ、互いに手を携えてシャルヴァの現在と将来を確固たるものとした。

優れたセンターとして、シャルヴァは社会の変化を促す戦略的パートナーである。私たちは、とても超えられそうもない壁を見るより、目の前にあって超えるべき障壁だけを見る。世界各国から教育使節団が定期的に訪れ、新しい関係が育っていくにつれ、シャルヴァの反響はイスラエル国内にも国際社会にも広がっている。国際連合経済社会理事会（ECOSOC）の顧問団体に任命されたシャルヴァは、それによって、障がい者のインクルージョンと平等を推進する指導的施設として、国際社会への影響力をさらに広げる機会に恵まれた。

平等と生活の質を支援するというシャルヴァの基本的価値は、そのプログラムだけでなく、建物の高い基準にも反映されていた。その重要さは必ずしもすべての人に理解されたわけではなかった。センターがなぜそれほど美的外観と細部にこだわるのか、時にはいぶかる人もいた。それは恐らく多くの人が考えていたが、聞くのを躊躇していたのであろう。ニューヨークの裕福なコミュニティ出身の知り合いロンも、そんな一人だった。一二階建ての建物を見学した後、彼は私に向かって言った。「カルマン、これらはいったい誰のためなの？」

「ちょっと、考えてみようか」と私は答えた。「僕の記憶では、君のコミュニティにも僕たちと同じセミオリンピックプールがあったよね」「もちろん」と彼は言った。「そして確か、僕たちと同じような美しい講堂もあったね」「そうだね」「それから、僕たちと同じフルサイズの体育館がなかったかな」

「ああ、あるよ」彼は肯定した。

「どうして君のコミュニティにはそれらがあるの」私は尋ねた。「カルマン」彼は不思議そうな顔をして答えた。「それは生活の質《クオリティ・オブ・ライフ》と呼ばれるものだよ」

「ロン、若い母親が予期せず障がいのある子を産んだ時、彼女が新しい挑戦に立ち向かわなければならないだけでなく、その子の生活の質を保つ権利を放棄しなければならないなんて、誰が言えるんだい。この建物は、その母親にも子供にも家族にも同じように価値があり、質の高い生活を送る権利があることを、君をはじめ他の多くの人に思い出させるためなんだよ」

彼は私に感謝し、そんなふうに考えたことはそれまでなかったと素直に認めた。

第51章　夢見るヨセフ

　常に夢を抱いて生きてきたヨシは、夢の実現を助けてくれる素晴らしい友人たちに恵まれた。その友情はとても誠実で、互いを豊かにするものだった。そんな一人がシャイ・グロスで、彼は一九七六年にウガンダのエンテベでイスラエル人一〇〇人あまりがアラブ人テロリストの人質にされた際の一人だった。当時のウガンダの大統領イディ・アミンの協力のもと、イスラエル軍によって救出された際、シャイは最年少の六歳だった。あれから数十年の月日を経て、イスラエルの若き兵士ギルアッド・シャリートがハマスのテロリストの人質になった時、ヨシはそれを受け入れることができず、釈放を求める集会に定期的に参加していた。シャイはそうした集会を何度も開いていた。最終的にギルアッドは釈放され、ヨシはシャイと共にギルアッドに会うという夢を叶えることができた。その時一緒だったのは、イスラエルのもう一人の英雄で、エンテベ作戦で脊髄を撃たれ下半身不随となったイスラエル国防軍司令官スリン・ヘルシュコだった。シャイとヨシの間には深い友情が育まれ、シャイはヨシのさらなる夢の実現を助けようとした。イスラエル政府や国防軍や経済界の指導者たちとヨシが面会できるようお膳立てしてくれ、ヨシと一緒にイスラエル中を旅した。ヨシはその度に新しい体験をして、次の旅行を楽しみにしていた。その冒険の旅は、いつもシャイがヨシに同じ質問をして終わった。「次の夢は何？」

ヨシは、人一倍敏感な自分の嗅覚を活かして専門的な仕事に就くことを夢見ていた。私たちは最初、香水関連の仕事を考えていた。しかし、誰もが風邪にかかったりして鼻づまりの体験をしたら分かるように、私たちは、味覚というものが嗅覚に関係していることに気づいた。ヨシは訓練を受ければソムリエになれるのではないか！　ヨシもそのアイデアを気に入った。

私たちは、数年前にイスラエル・ソムリエコンテストで優勝した快活なフランス人青年ジェシー・ボデックを紹介してもらった。ジェシーは週に一度、牽引車に良質なワインを何種類か積み、バイクで一時間かけてテルアビブからエルサレムに来てくれた。その後の二年間、ヨシはジェシーと一緒にワインの研究に没頭したが、ワインがそれほど奥深いものであることに私は驚いた。彼は、多くのワインを試飲した後で大きなボールに吐き出すことを覚えた。しかし時には少量飲み込むことを楽しみ、授業が終わる頃には酔っぱらっていることもあった。ジェシーは手話ができなかったので通訳が必要だったが、ヨシの弟シムハが喜んでその役を買って出たので、彼もまたワインのエキスパートになった。すべての課程を修了して卒業証書を受け取ったヨシは、ジェシーと彼の良き友人イタマル・シェヴァフとエリシャ・ウェインゴットと一緒にフランスへ旅行し、有名なワイナリーやぶどう園を訪ねて回った。数年後にヨシは、彼自身の上質ワインのソムリエになったが、そのボトルには彼の名前と

ＩＬＹサイン［I Love You を示すアメリカの手話で、中指と薬指を折り曲げる］、そしてワインの説明が点字で表記された。

ヨシは旅客機に乗ってあちこちを旅したが、やがてプライベートジェットで海外に旅行したいという夢を持つようになった。私は思わず笑ったが、彼は本気だった。ヨシには、一五歳年上で成功したイスラエル人ビジネスマン、ハイム・タイブという親しい友人がいた。二人は、テルアビブ北部の高級住宅地クファル・シュマリヤフにあるハイムの美しい家で、ウィスキーをちびちび飲みつつ語り合ったり、葉巻をくゆらせたり、あるいは彼の高級車を乗り回したりして、良質の時間を共に楽しんでいた。ハイムは私にこう言った。「あなたの息子さんが、僕のプライベートジェットに乗ってみたいという夢を語ってくれたので、僕は叶えてあげようと思います」「ハイム」私は答えた。「ヨシのお願いは気にしなくていいよ。彼は時々とてつもない夢を語ることがあるので」。彼はとても真面目な顔になって私を見据えると、ゆっくりと言った。「カルマン、僕の大事な友人との関係を邪魔しないでください。二週間後には、その旅行を実施する計画なんですから」。それで私は引き下がったが、その言葉どおり、ハイムと夫人のイリスは、ヨシとその同伴者を彼らの豪華なジェット機でロンドンに連れて行き、最高にもてなし、街を案内したのだった。

多くの若者がそうであるように、ヨシは米国の大統領に会うことを夢見ていた。それは、私たちが叶えてやれるような夢ではなかった。しかし常にチャンスに目ざといヨシは、そんな機会があることに気づいた。私が二〇〇六年、友人でシャルヴァの熱心な支援者ローランド・アーナルが駐オランダ米国大使に任命されたことをヨシに教えると、彼はすぐさま、ローランドが大統領に会える機会を作れるはずだと言った。私自身も、なぜそれを考えつかなかったのかと思った。しかしその時点でローランドにそれを頼むのは気が引けたので、それはできないよとヨシを諭した。ヨシは粘り強かった。かなりの月日が過ぎて私もそれを語ることに躊躇を覚えなくなった頃、アムステルダムのアーナル夫人ダーンにメールでヨシの夢を知らせてみた。彼女はすぐに返事をくれた。そこには、ローランドに話したところ、その面会を叶えるために全力を尽くすとヨシに伝えてほしいと書かれていた。

二〇〇六年一一月初め、ヨシが三〇歳の誕生日を迎えた数日後、ホワイトハウスから大きな封筒が届いた。ドキドキしながら開けてみると、それは期待どおり、ジョージ・W・ブッシュ大統領からヨセフ・サミュエルズに宛てられた招待状だった。一二月中旬にホワイトハウスで開催されるハヌカ※・パーティに招待されたのだ。ヨシは喜びのあまり言葉を失ったようだった。私たちも同様だった。私は創世記四一章四六節の「ヨセフがエジプトの王ファラオの前に立った時、三〇歳であった」という箇所を思い出さずにはいられなかった。

アヴィとヨシと私はワシントンに向けて出発した。大統領への贈り物として、国際的なシンボルとなっているＩＬＹサインを、ヨシの手から型を取って銅で鋳造した。そこにはヘレン・ケラーの言葉が添えられていた。「世界で最も素晴らしく最も美しいものは、目で見たり手で触れたりすることはできません。それは、心で感じなければならないのです」

ホワイトハウスに着いた私たちを、ダーンとローランドが感激して出迎え、大統領と大統領夫人に面会する部屋まで導いてくれた。私たちが地球上で最も影響力のある人物に会うために通された部屋は、明るい照明で照らし出され、多くのカメラマンと警備員であふれていた。ジョージ・ワシントンの肖像画の前で車椅子に座ったヨシは、すぐ大統領に手を差し伸べた。「お目にかかれるのはとても光栄であり、大きな喜びです」。はっきりしたヘブライ語で述べた彼の言葉を、私が通訳した。「私はあなたのお父様を尊敬していますが、テロとの戦いに挑むあなたのことはもっと尊敬しています」。大統領は、心を込めたこの称賛に明らかに心を動かされた様子だった。ヨシは続けた。「ハマスとヒズボラ※に捕らわれているイスラエル兵士が釈放されるよう、ご尽力をお願いします」。そして彼らの名前を一人ひとり呼び上げた。

さらに「大統領、在任中にイランの問題を解決するのはあなたの責任です」と言うと、大統領はヨシの肩をポンと叩き、夫人に向かって「ローラ、この若者はよく理解しているし、何を言うべきかも心得ているよ」と言った。記念撮影をし、もう一つのドアへ促された。そこで待っていたローランドとダーンがヨシを抱きしめた。ダーンは、「とっても立派だったわよ」と言った。「今夜は多くの来賓が呼ばれていて、大統領とは写真を撮る三〇秒しかもらえないのに、ヨシは六分も言葉を交わした。大統領がそこまでヨシに気を遣って長い時間をくれたことに、本当に感激したわ」

ヨシの車椅子を押しながら広い祝賀会場に移り始めた時、ヨシがいかにも悔しそうな様子を示した。「どうしたの」と尋ねた私に彼は答えた。「大統領に北朝鮮の問題を話すのを忘れた！」

古い友人で大統領補佐官のジェイ・レフコウィッツが近づいてきて、何か問題があるのかと尋ねた。

私が説明すると、彼は微笑んで言った。「ヨシに伝えてほしい。僕は今、政権の北朝鮮人権問題特別担当特使を務めている。今話し合うより、彼の提言をまとめて僕にメールで送ってほしい。その中から僕も大事だと思うことを、大統領への毎日のブリーフィングで伝えることを約束するよ」。ヨシは納得し、その後私たちはローランドとダーンと一緒に素晴らしいハヌカ・パーティを楽しんだ。

翌日、長く議論されていた国連のイラン制裁が決定された。すぐに「やったね、ヨシのお陰だね」というメールを友人たちから受け取った私は、「一緒に記念写真を撮る目的だけで、彼が大統領に会いに行ったと思っていたんですか？」という返事を書いた。

イスラエルに帰ったヨシは、すぐさま点字器の前に座り、ジェイが大統領に見せる重要な提言の長いリストを作成したのだった。

ヨシは夢を見続け、その一つはとても大切な夢だったが、私たちは叶えてあげられずにいた。ヨシは世界の地理を学習し、いろいろな国が何で有名かを学んだ。そしてタイで象に乗ることを夢見るようになった。それから何年も経った後、ヨシは三六歳になっていたが、そんな機会は訪れそうになかった。

ニューヨークから帰り着き、ベングリオン空港から電話した私に、マルキが、数日後にヨシがタイに向けて出発すると告げた時は心底驚いた。私がイスラエルに帰る飛行機に乗っている最中、ヨシの親しい友人ダニエル・マンデルがマルキにメールを送ってきたのだという。彼は、兵役を終えたイスラエルの若者がよくするように、海外旅行中だった。「マルキ、今僕はタイにいて、あと三週間滞在します。象がいるんですよ。すぐヨシを送ってください」

ダニエルはせっかくのチャンスを逃すまいと、テルアビブに住むもう一人のヨシの友人アヴィ・カシュマンに電話をして、ヨシに同行してくれるよう頼んだ。彼の妻は最初の子供を妊娠していたが、アヴィは興奮した様子ですぐに同意し、「行くよ。これを実現させよう」と答えた。

自分自身では動くことができず車椅子に座ったヨシを、乗り継ぎを含めて一〇時間かかるフライトでバンコクまで連れて行くのは、一人の人間では到底できないことだった。しかしヨシの友人たちはそんな困難は気にもかけず、その先にある楽しみだけを考えていた。空港まで送って行った時、ヨシは嬉しさで興奮していたが、マルキと私は彼らの友情に胸がいっぱいになった。

ヨシは自分のブログを通して、起こったことを私たちに報告してくれた。


信じられる？　僕はタイに行くんだよ。両親と妹のサラが見送りに来てくれた。友人のアヴィが僕に付き添ってくれている。フライトは長く、食事は美味しかった。飛行機がバンコクに着陸した時、僕はとても興奮した。みんなとても親切に助けてくれた。着陸後、僕たちは別の飛行機に乗り換えて、友人のダニエルが待つサムイ島へと向かった。彼とまた会えるなんて夢のようだ。

ヨシが出発してから二日後、アメリカの下院議員四人がシャルヴァを訪ねてきた。これらの賓客にセンターを見学してもらう前、小さな応接間で互いに自己紹介をした。私は秘書に、この面会の最中、絶対に邪魔が入らないようにしてほしいと明確に伝えておいた。それで、ドアをノックする音が聞こえた時は何事かと思った。私はドアを開けて〝なぜ君が面会の邪魔をするのか〟と顔の表情で伝えた。それに気づいた秘書はヘブライ語で言い放った。「申し訳ありませんが、お願いですから、あなたのメールを見てください」。私は、客に失礼しますと言って携帯を開いたが、そこに現れた映像を見る心の準備はできていなかった。突然携帯に現れたのは、ヨシが二人の友人と象に乗り、満面の笑みを見せている写真だった。感極まった私は泣き出してしまい、平静を取り戻すのに数分かかった。

「失礼ですが、説明させてください」と謝った後で、私はヨシの経歴を話し、彼がタイ旅行に行っていることを説明した。象に乗ったヨシの写真を見て、彼らは深く感動した。

「大切な友人の皆様」私は心を込めて続けた。「ヨシには、人生を諦めるあらゆる理由がありました。彼は見ることができず、聞くこともできず、歩くことさえできないのです。でも彼は生きることへの情熱を決して失わず、新しい夢を見ること、そしてそれを実現させることを決してやめませんでした。私たちはヨシを見習わなければなりません。そして神の助けによって夢は実現できると信じ、夢を見続けなければならないんです」

彼らが去った後、まだ感激に包まれていた私は、宗教心の薄かったバンクーバーの子供時代、自分がラビになるなど夢にも思っていなかったことを思い出していた。ヨシが視力も聴力も失った時、彼がコミュニケーションできるようになるなど、夢にも思わなかった。そしてヨシの限りない努力で困難な壁を打ち破ってコミュニケーションする能力を身につけたことがシャルヴァに繋がるなど、およそ夢見ることすらなかった。決して夢見ることのなかった夢の数々は、これからも確実に実現し続けていくのだ。

謝辞

私はあなたに感謝する。私は恐るべく、奇《くす》しく造られたからである。
あなたの御業は奇しい。私の魂はよく知っている。

（詩編一三九編一四節）

私的にも公的にも私の人生に深い影響を与えて豊かなものにしてくれ、無数の夢を実現させてくれた最愛の家族、友人、同僚そして協力者への心からの謝意を、十分に表すことは到底できない。

コーレン出版社とその傘下にあるトビー・プレスのマシュー・ミラーと彼の優秀なスタッフが、本書誕生のために多大な労力を費やしてくれたことに感謝する。編集委員会会長のラビ・ルーベン・ツィグレルの英知と文学的才能、そしてプレッシャーのかかる状況下でも平静に対応してくれたことに御礼を申し上げる。編集チームのサラ・ヘナ・ダーン、デビー・イスマイロフ、イタ・オレスカー、そして装幀を担当したタニ・ベイヤー、グラフィックデザイナーのトミ・メージャーにも謝意を表したい。また私の特別な感謝を、マーケティング部長のヤフディ・シンガーフロイドに捧げる。

を捧げる。

私を支え続け、日々無限の霊感を私に与えてくれているシャルヴァ・ファミリーに、心からの感謝を捧げる。

ヨシと兄弟姉妹を育てるに当たって常に助けてくれ、シャルヴァという組織が存在する前から私たちにとっての心の平安《シャルヴァ》になってくれた最愛の義姉ソッシーと義兄ヤコブ・ロングには、どんな言葉をもってしても私の心からの感謝の意は表し切れない。皆に愛された彼女の早すぎる死は、決して癒されることのない悲しみをもたらした。私たちが彼女を忘れることは決してない。

「エルサレム・ポスト」紙の元編集長で現在は「エルサレム・リポート」編集長の私の良き友人スティーブ・リンディは自ら進んで編集の任を負ってくれ、私に出版社を紹介してくれた。感謝のエールを送る。

ウェンディ・エリマンの有意義な援助に御礼申し上げる。

シャルヴァの創成期、献身的に尽くしてくれたブルックリンのギッティ・シェファーに、深い感謝を捧げる。

出会ったあらゆる人の人生に影響を与える稀有な人物スティーブン・ダイヤモンドと、特別な友情を共有できたことは幸運であり、感謝に堪えない。彼とは、本書で取り上げたテーマについてよく話し合った。賢くてカミソリのように鋭く、ユーモアがあって常に単刀直入だった。彼の逝去は埋めることのできない喪失である。スティーヴィー・D、私たちはあなたがいなくて寂しい。

そして長い年月にわたって、シャルヴァの扉を叩いて入ってきてくれた数万にも及ぶ子供たちと家族たち。彼らは学び、発達し、成長し、花開き、さらに実りある人生を送るための強さと能力を自分の内に見出だしていった。君たちはいつも僕の心の中にいる。

本書著者とはメールで連絡を取ることができます
DreamsNeverDreamed@gmail.com

シャルヴァのウェブサイト（英語／ヘブライ語）
https://www.shalva.org/

邦訳版・著者特別インタビュー

（聞き手・翻訳者　徳留絹枝）

記憶の共有

――先ず最初に、インスピレーションに満ちた美しい回想録の翻訳に携われたことにお礼を申し上げます。本書では数多くの感動的なエピソードが語られていますね。それらを振り返って、この本を書くことはどんな経験でしたか。思い出すのが辛いことも多かったと思うのですが。

サミュエルズ　ヨシが障がいを負った数年後、私たち夫婦は小さな子供たちを連れてエルサレムからニューヨークに引っ越しました。私は生活を支えるために、コンピューター関連の職場で終日働かなければなりませんでした。でも愛する妻マルキの心身の苦労を軽くするために、どんなことでもしようと決心していました。

毎朝、子供たちの世話をし、ブルックリンから職場のあるマンハッタンまで一時間かけて地下鉄で通いました。仕事が終わって六時に帰宅してからは子供たちと過ごし、寝かしつけるまで手伝いました。その後は深夜まで、コンピューターに関する専門知識を深めるために勉強をしなければなりませんでした。

マルキが背負っていたプレッシャーと責任は本当に大きく、私自身の思いや心配事を吐露してしまうと彼女の重荷を増やすことになります。それで、そうした思いや感情を深夜日記に綴るようになりました。ある意味でそれが私のセラピーだったのです。

シャルヴァが育っていく過程で、私はそれらの記憶を友人や寄付をしてくれた人々と共有するようになりました。そして彼らがそれにとても興味を示し、深い意義を見出だしてくれることに気づきました。

私は最終的に、シャルヴァの物語を本という形でまとめて発表しようと決心しました。辛かった体験を一つ一つ振り返り文章にしていくことは大きな挑戦で、心身共に消耗する作業でしたが、完成できたことを嬉しく思っています。

家族の思い

――本書を読むと、シャルヴァの本当の牽引力は奥様のマルキさんだったことに気づきます。本の執筆に彼女も加わったのですか。

サミュエルズ　マルキはいつも表に出ず、目立たないでいることを望んできました。本を書きたいという私の願いは、彼女にとっては有り難くないことだったのです。彼女のことも書かなければならないことは明白でしたから。

しかし本を書くことが私にとってどれだけ大切かを認めてくれ、許してくれました。微妙なトピックについて書く時は相談したこともありましたが、彼女は本書をまだ読んでいませんし、恐らくこれからも読むことはないでしょう。

――それを知ったら多くの読者は驚くと思いますが、よく考えてみると、驚くべきことではないのかもしれません。彼女はシャルヴァが達成した数多くの成功に貢献してきましたが、それらは決して彼女自身のためではありませんでしたからね。

ヨシさんはどうでしたか。彼自身とシャルヴァについての本を書くことを、どう感じていたのでしょう。

サミュエルズ　ヨシにとってこの本はとても大事でした。いつになったら書き終えるのか、そしていつ出版されるのかと、頻繁に私に聞いていました。「僕はこんなふうに生まれたんじゃない。健康で正常に生まれて見ることも聞くこともできたけど、欠陥ワクチンで傷つけられたんだ」ということを、世界に知ってほしかったからです。

それに加えて、彼がコミュニケーションできるようになったことが、困難の中にある他の多くの人々を助けるシャルヴァの設立に繋がったことを人々に理解してもらうことも、彼にとって重要でした。つまり、自分に与えられた辛い挑戦が無駄ではなかったと感じているのです。

——ヨシさんがそんな風に感じていることを知って嬉しいです。本書の中で、「歳月が流れる中で、私は、息子が健康被害を受け、その結果家族全員で取り組まなければならなかった挑戦を受け入れた」（三〇九頁）と書かれていますね。私はそれを読んだ時、ヨシさん自身は、自分が傷つけられたことに対する感情にどのように対処してきたのかと思いました。どんなにか辛かったことでしょう。でもお母さんのマルキさんと同じように、ヨシさんも他の人の助けになることに意義を見出だしたのですね。なんと美しい行為でしょう。

出版の反響

——二〇一九年秋に私がシャルヴァを訪問させていただいた時、この本のヘブライ語版が出版されたばかりで、サイン入りの一冊をくださいましたね。でもその内容を読むのに私は英語版が出るまで待たなければなりませんでした。どちらも出版されてから、どのような方からどんな反応がありましたか。

サミュエルズ　英語版は二〇二〇年五月、コロナ禍の真っ最中に出版されました。どちらの版にも、著者への連絡先としてメールアドレスを記してあります（日本語版は四一六頁）。そして私はこの本の出版以来、毎日のように読者からのコメントを受け取って来ました。

ルーベン・リブリン・イスラエル大統領は、出版前の原稿に目を通して親切なメッセージを送ってくださいました。「感動的で勇気づけられる物語だ……。イスラエルの最も美しい顔を表している」と書かれていて、それはヘブライ語版の表紙の折り返し部分に記されています。

政治家や著名人の他にも、あらゆる立場の方々がメールを送ってくれました。そしてそれらは往々にして感情的で、「たった今あなたの本を読み終えましたが、あなたに書かずにはいられない思いでこうして書いています」といったメッセージが多いです。この本は読んだ人々の心に深く響いたようです。

普遍的メッセージ

——いくつかの書評でも指摘されていて、私自身も思ったのですが、なぜあなたとマルキさんが他の家族を助けようとしたのか、その理由について、あなたは本の中で、お二人の宗教的信念から説明しようとはなさいませんでしたね。

サミュエルズ　英語版のタイトルは「Dreams Never Dreamed」〔「夢にも思わなかった夢」の意、ヘブライ語版も同様〕ですが、出版社は、その表現が受け身だとして「Dream On（夢を見る）」など、もっと能動的なタイトルに変えるよう提案しました。しかし、この本で私が伝えるべきは訓戒めいたことではなく、私たちに起きた物語とその背景を知っていただき、それを共有してもらうことだと思っていて、読者がそこから何らかの意義を見出だしてくれればそれでいいと説明し、このタイトルに決まりました。

そのために、私の宗教的な信念について正面から取り上げることはしませんでした。この本に書かれた物語を読めば、そうした信念が大きな役割を果たしていたことは明白だと思いますが、読者自身でそれに気づいてくれるようにと思ったのです。

——その意図は成功していると思います。そして同時に、読者は本書の中に普遍的なメッセージも読み取ったはずです。

サミュエルズ　もちろん私は、この本が、読んでくださるすべての人にとって意味あるものとなることを願いました。それでユダヤ教の伝統に関するいくつかのエピソードについては書きましたが、あくまで文化的なレベルに留めました。たとえば私がインドや日本や中国に関する本を読む時も、それを期待するだろうと思ったからです。そのような本があまりにも深く文化や宗教の細かいところまで入り込んでいたなら、私はきっと興味を失い、最後まで読まなくなってしまうでしょう。

人間レベルの交流

——本書はイスラエルの歴史を描いたものではありませんが、シャルヴァの物語が、イスラエル社会全体に影響を与えた悲劇的な事件と結びついている箇所もありますね。たとえば、イスラエル軍兵士ナフション・ワクスマンがハマスに誘拐され殺害された事件（第27章）や、エルサレムのピザ店自爆テロ事件（第38章）などです。それらの悲劇を描いた章を日本の読者が読む時、何を学んでほしいと願われますか。

サミュエルズ　悲劇的な事件について書いたのは、それらが私とシャルヴァの物語で重要な位置を占めていたからです。こうした事件について、私が政治的な発言をする意図はありません。でも私は、イスラエルがスイスのような平和な国ではないこと、私たちの存在が何も心配しなくていい安全な環境にあるのではないこと、私たちを破滅させることを目指し、時にはそれに成功する殺人テロリストがいてそれに対応しなければならないことを、読者に理解してほしいと思います。

――最近の展開として、アラブ世界の人々がイスラエル社会についてもっと知ることができるようになりました。シャルヴァのような、宗教も人種も経済力も関係なくすべての人々に門戸を開いている施設は、アラブの人々にも良いメッセージとなると思いますが、いかがですか。

サミュエルズ　シャルヴァは、長年の事業で培ってきた知識と経験を常に世界中の専門家や施設と共有してきました。二〇二〇年夏のアブラハム合意［アラブ首長国連邦、バーレーンとイスラエル間における平和条約および国交正常化に関する合意］の後、シャルヴァはアラブ首長国連邦とバーレーンにある同様な施設と話し合いを始めました。そしてお互いを支援し合うプログラムを検討中です。このプロセスは、国家間で結ばれた合意に真の人間レベルでの交流を与えるものです。

――とても励まされる展開ですね。障がいを持つ子供たちのために国と国が協力し合う時、本当の連帯感が生まれるように思います。

日本の読者へ

――日本の読者には、本書を読んでどんなことを考えてほしいですか。特に自分たちの社会の障がい者への姿勢について。

サミュエルズ　読者には、障がいという問題に関して深く認識していただく機会になればと思います。そして、その繊細さを感じ取ってほしいと願います。障がい者自身に関わる問題だけでなく、その人を愛する家族や世話をする人々が抱える問題も含めてです。

私たちは皆、何らかの障がいと折り合いをつけながら生きていますが、その中には不幸にして重度の障がいを背負っている人もいます。私たちは、自分たちの子供が、それぞれ互いに違っていても、生産的で愛に溢れた生き方ができるよう願い、祈っています。私の希望は、本書を読んでくださる方がその姿勢と思いを汲み取ってくださり、同じ夢を持って、それを叶えるために社会と心ある人々からの支援を必要としている家族にも、手を差し伸べてくれることです。

――有難うございました。本書を翻訳するという光栄に浴した者として、私も同じことを願います。最後に、ヨシさんが日本に行ってみたいと言っていたのを何かの記事で読んだのですが、実現の可能性はありますか。

サミュエルズ　ヨシはいつも日本を訪問することを夢見てきました。彼は、夢を実現することに関してはこれまでかなり成功していますので、コロナが収束し、日本訪問の夢の実現を検討できる日が早く来ることを期待しましょう。

（二〇二一年一月）

カルマン・サミュエルズ氏と共に

用語解説

アシュケナジー　主にヨーロッパ出身のユダヤ人を指す。ヨーロッパの中部や東部でコミュニティを築き、独自の宗教的・文化的な伝統を発展させ、イディッシュという言語も生み出した。

安息日〈シャバット〉　週の七日目（土曜日）のことで、金曜日の日没から土曜日の日没までを指す。神が天地創造の業を七日目に休まれた（創世記二章二節）ので、ユダヤの戒律ではこの日に労働をしてはならない。電気器具を使うこと、車を運転すること、料理をすることなども労働として禁止される。

イェシヴァ　ユダヤ教徒が聖書やタルムードなどを集中して学ぶ学校。

割礼式　ユダヤ人男児の生後八日目に性器の包皮を切り取る儀式。

カディシュ　亡くなった人を弔うためのアラム語の祈り。ユダヤ教の祈祷書に記されており、シナゴーグで唱えられる。

カバラ　ユダヤ教の神秘思想。

カフィーヤ　アラブ男性の民族衣装で頭に巻く布。

カポ　ナチスの強制収容所で、他の囚人を監視することを強要された囚人。

仮庵祭《かりいお》〈スコット〉　ユダヤ教の三大祭りの一つ。イスラエルの民がエジプトを出て荒野をさまよう間、粗末な天幕（仮庵）に住んだことを記憶するための祭り。各家庭や施設に仮庵を建て、一週間祝われる。

カルリバッハ、シュロモ（一九二五～九四年）　ユダヤ教ラビで作曲家・歌手。アメリカを拠点に世界各地でコンサートを行ない、ユダヤ人に多大な影響を与えた。

慣例法規〈ハラハー〉　ヘブライ語で「行く道」の意。ユダヤ法、ユダヤ教の慣例法規を指す。

帰還者　世界各国からイスラエルに移住したユダヤ人の呼称。

キッパ　宗教的なユダヤ人男性が、頭上の神の存在を記憶し畏敬の思いを込めて被る小さな帽子。

キブツ　社会主義の理想に基づいて財産を共有し、衣食住をはじめ生活全般を共同体で行なう農村のこと。

ゲットー　中世から近代にかけて、ヨーロッパ諸都市でユダヤ人が強制的に住まわされた居住区域の呼称。

コーシェル　ユダヤ教の食事規定に則って食べてもよいとされている食品のこと。また、肉と乳製品を同時に食べないなど細かな規定がある。

ゴリアテ　古代イスラエルに敵対していたペリシテ軍の巨人兵。少年ダビデによって倒された（サムエル記上一七章）。

十戒　聖書の出エジプト記二〇章や申命記五章に記されている一〇の戒めのこと。

シナゴーグ　ユダヤ教の会堂。毎日三回（朝、午後、夕方）の他、安息日や祭日に集まって礼拝を捧げる場所。

シャローム　ヘブライ語で「平安」の意。「こんにちは」や「さようなら」に相当する挨拶の言葉。

贖罪日《しょくざい》〈ヨム・キプール〉　一日中断食して内省し、神の前に悔い改めをするユダヤ教で最も神聖な日。

神殿の丘　かつてユダヤ教徒の神殿があった場所。エルサレム旧市街の南東に位置する区域で、現在はイスラム教の「岩のモスク」が建てられている。

過越祭〈ペサハ〉　ユダヤ教の三大祭りの一つ。イスラエルの民がエジプトを脱出した故事を記念し、一週間パン種（イースト）の入ったものを食さない。

スファラディ　ヘブライ語で「スペイン人」の意。イベリア半島やトルコ、中東などの地域に居住していたユダヤ人を指す。

先唱者〈ハザン〉　シナゴーグの礼拝で、美しいメロディーをつけて祈りをリードする人。

ダビデ王　聖書の「サムエル記」に登場する古代イスラエルの王。多くの詩編を残した。

タリート　男性ユダヤ教徒が朝の祈りの時にまとう、白地に青のラインが入ったショール。

タルムード　ユダヤ教の教典の一つ。三世紀から六世紀の間にバビロニアとパレスチナで編纂された。ミシュナーがベースになっている。

ツィツィート　神の戒めを忘れないためにタリートの四隅につけられた房。現代ではシャツに取り付けたものもある。

テフィリン　男性ユダヤ教徒が朝の祈りの時に頭と腕に巻き付ける黒い小箱のこと。出エジプト記や申命記の聖句が書かれた羊皮紙が入っている。

トーラー　聖書の創世記から申命記までのモーセ五書を指す。日本語で「律法」と訳されることもあるが、ヘブライ語の原意は「(神の) 教え、指図」の意。

トーラーの祝典〈スィムハット・トーラー〉　トーラーを一年かけて読み終える日。皆で祝った後、再び創世記の最初から読み始める。

七週祭〈シャブオット〉　ユダヤ教の三大祭りの一つ。過越祭の七週間後に小麦の初穂を祝う祭り。この日にシナイ山でトーラーが授与されたとされ、熱心なユダヤ教徒は終日トーラーの学びをする。

西の壁　エルサレムの旧市街にある第二神殿の唯一の跡で、ユダヤ教の聖所。その向こうに神殿の丘がある。

ハシディズム　一八世紀のウクライナで興ったユダヤ教敬虔主義。硬化した形式主義に反対し、神にある喜びや直接的な宗教体験を重んじた超正統派の一派。形容詞はハシディック。

ハヌカ　紀元前二世紀、ギリシア支配に対してマカベア一族が企てた反乱により、神殿が浄められたことを記念するユダヤ教の祭日。

ハバッド　ユダヤ教正統派の一派で、ヘブライ語の「英知」「理解」「知識」の頭文字を繋いだ言葉。

ハマス　アラビア語で「イスラム抵抗運動」の頭字語。イスラエル殲《せん》滅を掲げるイスラム原理主義組織。イスラエルをはじめ欧米がテロ組織に指定している。

バル・ミツバ　一三歳になった少年が、ユダヤ教の戒律を守る責任を負う成人になったことを祝う儀式。

ヒズボラ　アラビア語で「神の党」の意。レバノンを拠点に活動するイスラム武装組織。イランとシリアから支援を受け、多くの国がテロ組織に指定している。

ファラフェル　潰したひよこ豆に香辛料を混ぜ合わせ、丸めて揚げた中東料理。

服喪期間〈シヴアー〉　ヘブライ語で「七」の意。亡くなった故人の一親等にあたる親族が喪に服す一週間のこと。

フムス　ゆでたひよこ豆にニンニク、練り胡麻などを加えてすりつぶしたペースト状の中東料理。

プリム祭　聖書の「エステル記」にまつわる祭り。ペルシアの高官ハマンが企てた虐殺からユダヤ人が救われたことを祝う。

ポグロム　ユダヤ人に対して行なわれた集団的迫害行為（殺戮、略奪、破壊、差別）を指す。ロシア語で「破滅、破壊」の意。

マイモニデス（一一三五～一二〇四年）　ヘブライ語名はモシェ・ベン・マイモン。スペインのラビで哲学者。

ミシュナー　紀元三世紀初頭までの口伝の教えを集成した六巻からなるユダヤ教の教典。

ミドラッシュ　ユダヤ賢者による聖書注解書。法規に関するミドラッシュ・ハラハーと物語に関するミドラッシュ・アガダーに分類される。

ミニヤン　シナゴーグでの礼拝のために必要な最低人数一〇人のこと。一三歳以上のユダヤ人男性に限られる。

六日戦争　第三次中東戦争。一九六七年六月にエジプト、シリア、ヨルダンをはじめとする中東のアラブ諸国とイスラエルとの間で勃発した戦争。わずか六日間でイスラエルが圧倒的勝利を収め、シナイ半島、西岸地区、ゴラン高原などを占拠した。

メズザ　玄関や部屋の入口の柱に取り付ける細長い箱。聖書の申命記の聖句が書かれた羊皮紙を入れる。

ユダヤ新年　ユダヤ暦（太陰暦）の新年。西暦の九月～一〇月にあたる。

ラケル　聖書の創世記に登場するヤコブの妻で、ヨセフとベニヤミンの母。ベニヤミンを産んだ際に亡くなり、ベツレヘムの近くに葬られた。

ラビ　ユダヤ教の律法に精通した教師。

離婚証明書〈ゲット〉　夫から妻に与えるユダヤ教の離縁状。ラビの前で渡すことによって離婚が成立する。

レッベ　神秘的な力を持つと信じられている敬虔派のラビの呼称。

訳者あとがき

この度カルマン・サミュエルズ師の回想録『Dreams Never Dreamed』を翻訳する機会に恵まれ、それを日本唯一のイスラエル・ユダヤ専門出版社ミルトスから刊行していただくことは、大きな喜びです。

二〇一九年九月、エルサレムの障がい児支援施設シャルヴァに設立者のサミュエルズ師をお訪ねした時、「ちょうど出版されたところなんですよ」とおっしゃり、本書のヘブライ語版をくださいました。英語版も翌年春に出版されると伺い、私は「必ず読みます」と約束しました。

二〇二〇年五月に英語版が出た時、世界はコロナ感染に見舞われていました。私が住む米国でも人々は外出を控え、ムードも沈みがちな日々でしたが、私はこの本を一気に読みました。そして読み終えた後の感動に浸るうち、日本の人々にもぜひ読んでほしいという願いが芽生えたのです。

というのも、長く取り組んだ別の活動を数年前に切り上げ、およそ二〇年ぶりにユダヤ人に関わるニュースを詳しく追うようになった私は、ユダヤ人、特にイスラエルに関する良いエピソードがあまり日本に伝わっていないと感じていたからです。ハイテク国家イスラエルへの関心が高まり、その分野のニュースや著書は増えたものの、その他は相変わらずパレスチナとの関係をイスラエルに批判的な視点から伝えるものが多いように思えました。

一九九七年に出版した拙著『忘れない勇気』は、ホロコースト生還者・歴史家・活動家などへのインタビュー集でしたが、それを書いたのも、日本でホロコースト否定やユダヤ陰謀説が発表されている状況に、何かしたいという思いからでした。その後この種の本や記事は、少なくとも主流のメディアに出ることはあまりなくなりましたが、イスラエル社会に関する日本の報道には依然として明るい話題が少なく、そのことが気になっていたのです。

それで、友人のサイモン・ウィーゼンタール・センター副館長アブラハム・クーパー師と共に何度かイスラエルを訪問し、いくつかのポジティブなテーマについて記事を発表しました。東日本大震災時の津波で破壊された宮城県南三陸町に来てくれたイスラエル国防軍医療支援部隊のオフェル・メリン医師へのインタビュー記事や、若い頃日本で学んだ空手を通して異なる人々の間に対話と尊敬をプロモートする団体 Budo for Peace の設立者ダニー・ハキム氏の紹介記事などです。

サミュエルズ師訪問もクーパー師がアレンジしてくれたもので、インタビューを基にシャルヴァを紹介する記事を書きました。そしてその後、見ることも聞くこともできない息子のヨシさんを育てながらシャルヴァ設立という大きな夢を実現させたサミュエルズ師とマルキ夫人の物語を読み、これこそ日本の人々にイスラエル社会のポジティブな一面を伝えられる本だと確信したのです。

日本語に訳させてほしいという私の依頼を、サミュエルズ師は喜んで承諾し、分かりにくいところがあったらいつでも聞いてほしいと言ってくださいました。さらにユダヤ教に関する内容は、ミルトス社の谷内意咲氏が点検指導してくださることになり、安心して翻訳を進めることができました。お二人には心からの感謝を捧げます。

またこの本の翻訳は、私個人にとっても特別な意味がありました。一二年前、夫に癌が見つかり、日本での治療を選んだ私たちは、三〇年あまり住んだ米国から帰国しました。鹿児島の故郷に帰った夫はその後五年間、心やさしい親族や旧友に囲まれ穏やかに暮らすことができましたが、私自身はその間、義兄夫婦と甥夫婦が運営する障がい児・障がい者施設で働かせてもらったのです。義父が五〇年も前に設立した施設ですが、いつも笑いがあふれ、自然に溶け込んだ健全な暮らしには、教育者だった義父の思想が貫かれていました。明治生まれの彼は、インクルージョンという言葉は知らなかったかもしれませんが、きっとシャルヴァの思想に共鳴しただろうと思います。

シャルヴァは今年の三月に設立三一周年を迎え、それを祝う式典がオンラインで行なわれました。感動的だったのは、前年にイスラエルとアラブ首長国連邦との間にアブラハム合意が結ばれたことを受け、シャルヴァ・バンドがアラブ首長国連邦の著名な歌手と「明日に架ける橋」を一緒に歌ったことです。アラブ首長国連邦の駐米大使も、初のメッセージを送りました。

シャルヴァの三一周年記念式典に参加できることを光栄に思います。アラブ首長国連邦は、障がいがある人々の生活を向上させるというシャルヴァの揺るぎない献身を共有します。「明日に架ける橋」を演奏した素晴らしいコラボレーションは、前向きな社会的変化を促し、よりインクルーシブな社会を育むため、国籍、宗教、文化を問わず、私たち全員が協力し合うべきことを示しています。

サミュエルズ師も語っています。

三一周年記念式典のテーマを「未来に架ける橋」としたのは、シャルヴァがよりインクルーシブな社会を実現し、障がい者と彼らを取り巻くコミュニティの橋渡しをしていることを反映したもので、特にアブラハム合意の一環としてアラブ世界と新たに築きつつある関係に焦点を当てたものです。

障がいのある人々を社会の一員として受け入れるという普遍的な思想に基づく国際交流は、人間レベルでの信頼関係の構築に大きく貢献していくことでしょう。

二五年前に出会ったクーパー師は、「人々が異なるグループに抱いている既成概念を取り除く最善の方法は、彼らの中に友人を持つことだよ」と私に言いました。その後の長い年月で、彼との友情を通し、私にはさらに多くのユダヤ人の友人ができました。この本がそのような友情の成果となっていれば、嬉しいことです。

最後に、この本を読んでくださった方々には、機会があればぜひイスラエルを訪問し、シャルヴァを見学してほしいと思います。マルキ夫人が子供たちのために心を込めてデザインした美しいセンターで行なわれる活動に、あふれるような愛を感じることでしょう。

二〇二一年五月

徳留絹枝

米国カリフォルニア州

● 著者紹介　カルマン・サミュエルズ（Kalman Samuels）

1951年バンクーバー生まれ。障がい者への包括的ケアを提供するイスラエル団体「シャルヴァ」の設立者・代表。ユダヤ教ラビ。シャルヴァは障がい者ケアの分野で世界的に指導的立場となり、国連経済社会理事会の公式コンサルタントを務める。バルイラン大学名誉哲学博士。エルサレム在住。

● 訳者紹介　徳留絹枝（とくどめ　きぬえ）

イリノイ大学政治学部、シカゴ大学国際関係論修士卒。著書に『忘れない勇気』、『旧アメリカ兵捕虜との和解――もうひとつの日米戦史』、訳書に『記憶―ホロコーストの真実を求めて』（ラウル・ヒルバーグ著）など。「ユダヤ人と日本」サイト管理者。

本書の収益の一部はシャルヴァに寄付されます。

Dreams Never Dreamed:
A Mother's Promise That Transformed Her Son's Breakthrough into a Beacon of Hope

● 装幀　茂木美佐夫

障がい児と家族に自由を　イスラエルの支援施設シャルヴァの夢

2021年6月10日　初版発行

著　者　カルマン・サミュエルズ
訳　者　徳　留　絹　枝
発行者　谷　内　意　咲
発行所　株式会社　ミ　ル　ト　ス

〒103-0014 東京都中央区日本橋蛎殻町
1-13-4 第1テイケイビル 4F
TEL 03-3288-2200　FAX 03-3288-2225
振　替　口　座　00140-0-134058
http://myrtos.co.jp　pub@myrtos.co.jp

印刷・製本 中央精版印刷株式会社　Printed in Japan　ISBN 978-4-89586-166-3
定価はカバーに表示してあります。

シャルヴァ・ナショナル・センター

カルマン 17 歳、
高校卒業時

写本家のカルマン、羽ペンとインクでトーラーを写本中

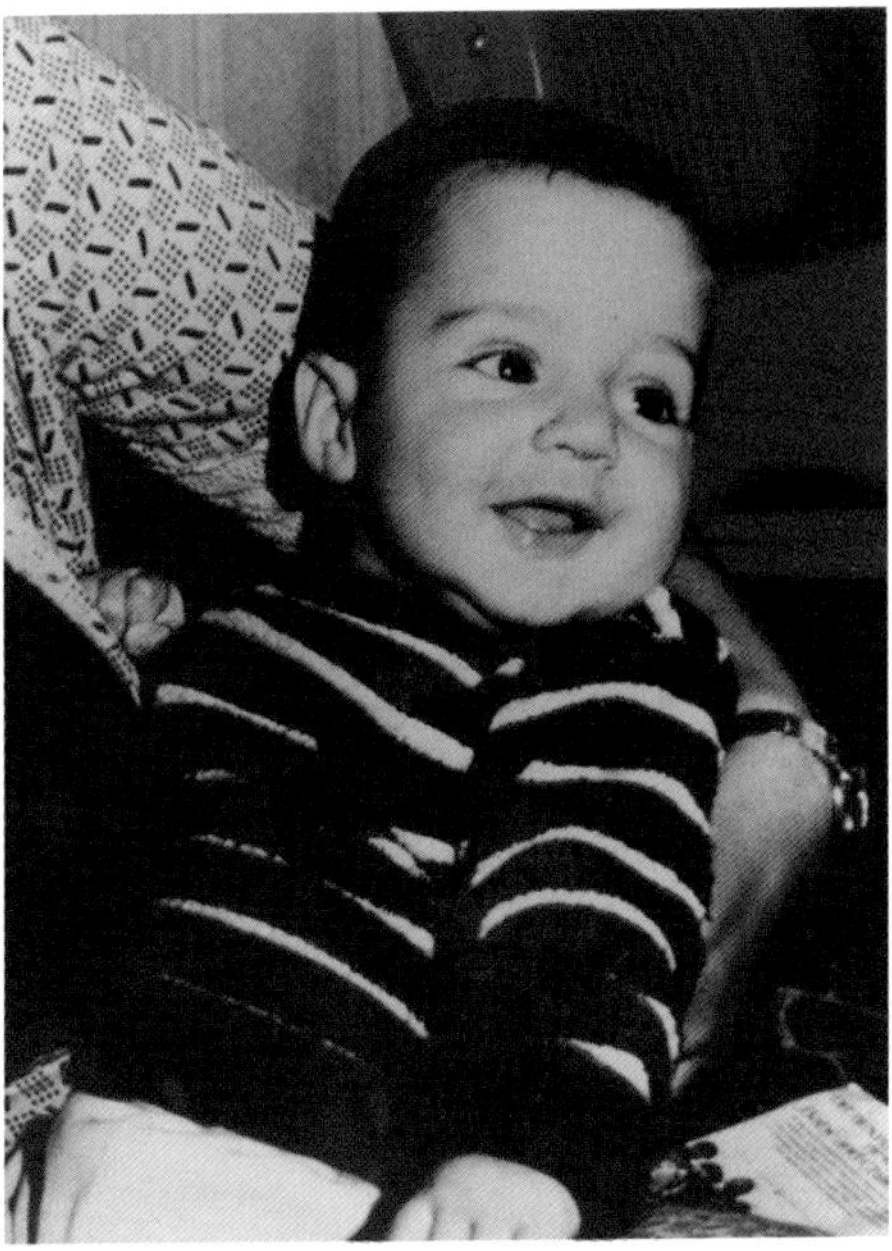

ヨシ生後 7 カ月、
ワクチン接種前

（左から）ヨハナン、祖父ノーマン・サミュエルズ、ヨシ、カルマン、シムハ、アヴィ

点字機を使って書くヨシ

誕生パーティーで踊るヨシ

ニューヨークの家で

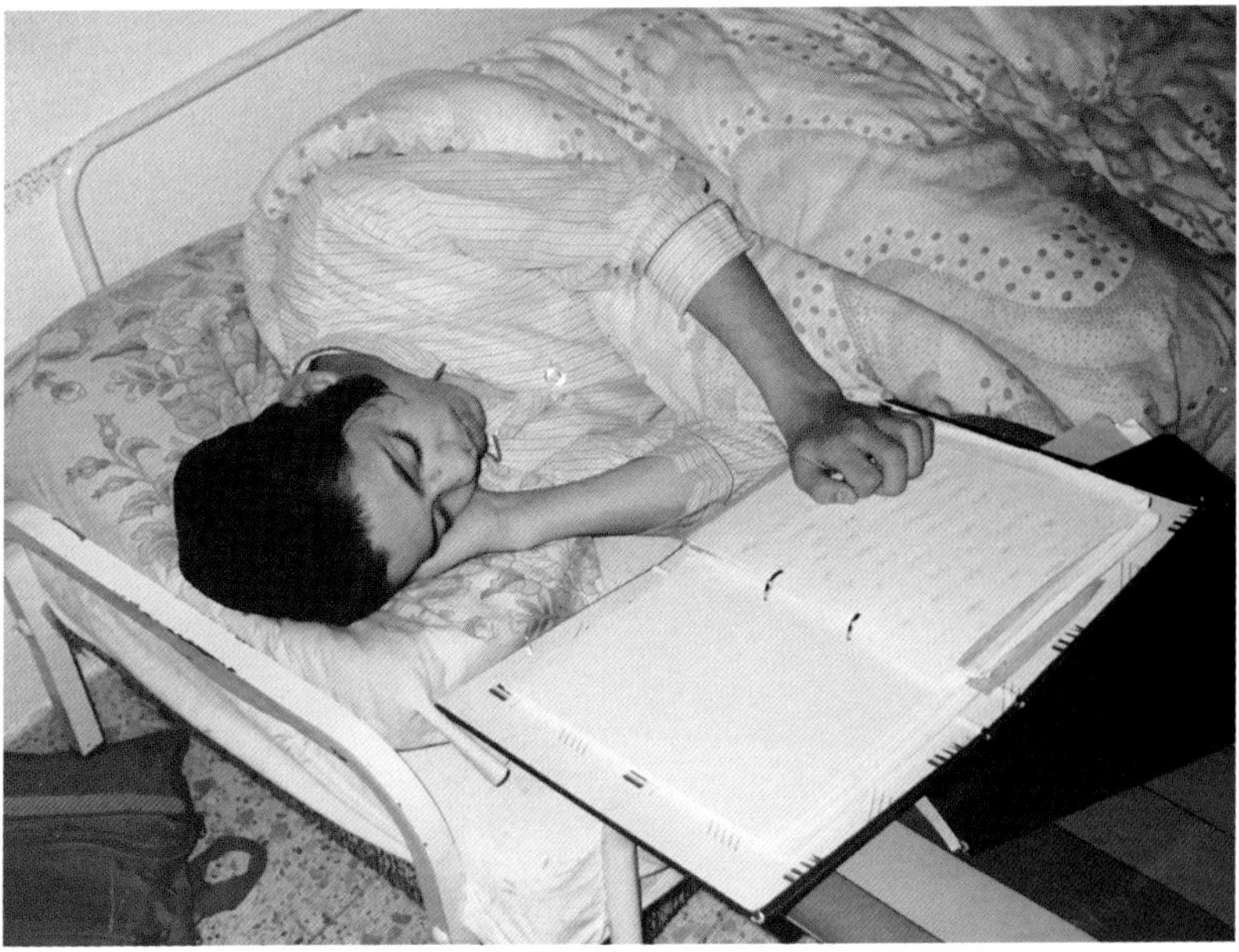

点字を読みながら寝てしまったヨシ

ヨシにニュースを読んで聞かせるショシャナ

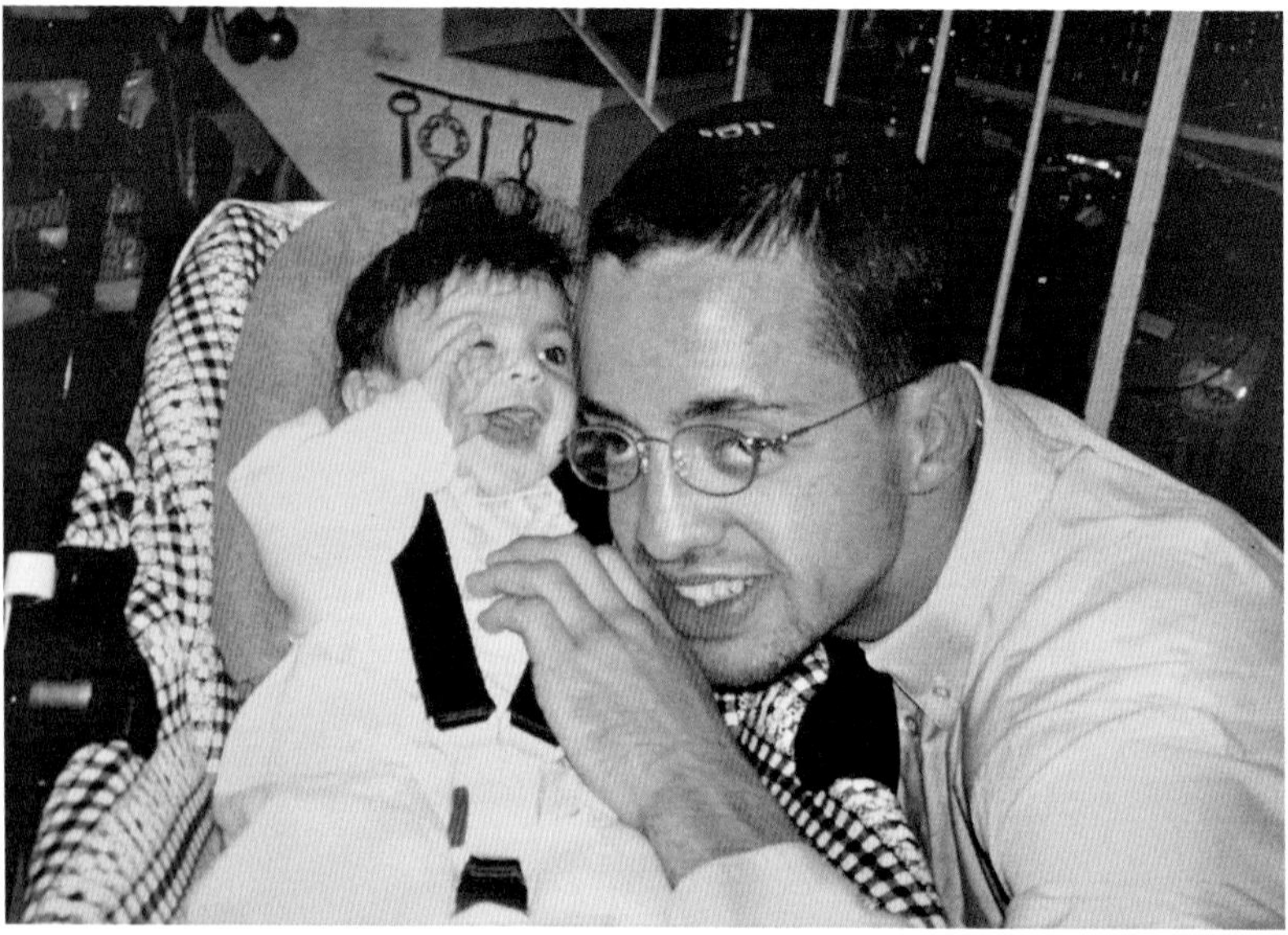

22 歳年下の妹サラと内緒話をするヨシ

お気に入りの馬ショシュに乗るヨシ

友人のダニエル・マンデルとアヴィ・カシュマンとタイで象に乗るヨシ（第 51 章）

スウェーデンにて、ボルボ社のテストコースで高速試乗するヨシ（第 32 章）

シャルヴァ——ナフションの家

ビッグホーン・ゴルフコースでプレイするゴードン・ダイヤモンドとカルマン

「あなたは先頭を走る馬で、シャルヴァの子供たちがあなたの後ろにいる」（第 22 章）

「アブラハムは目を上げた。すると見よ！　一頭の雄羊がいた」（第 48 章）

フランスのアルザス・ロレーヌ地方のぶどう園で（第 51 章）

シャルヴァの入り口にあるメナシェ・カディシュマンの彫刻（第 47 章）

風景と音を感じながら友人のアヴィアド・ゴリアンと手話で語り合うヨシ

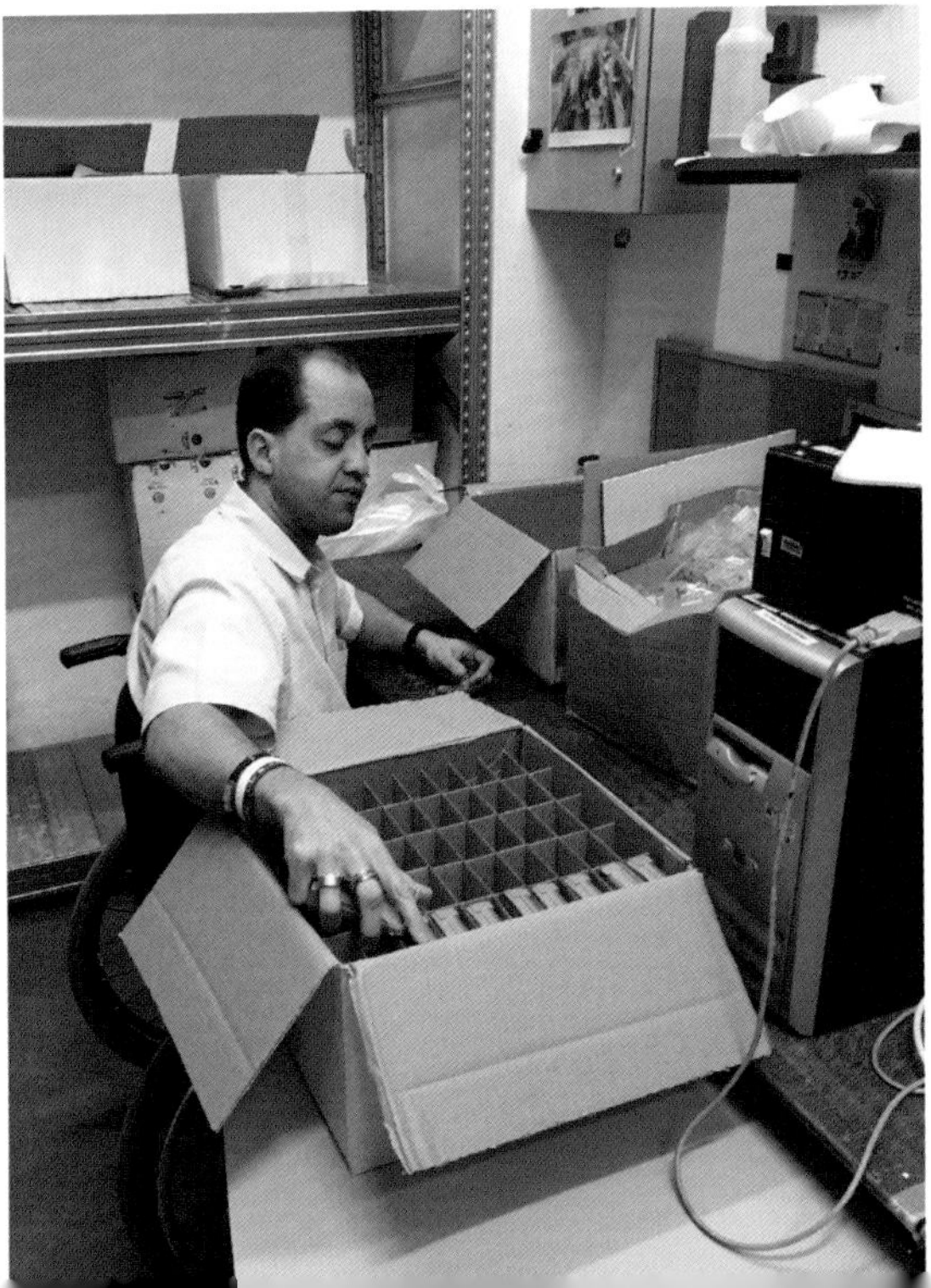

イスラエル有料高速道路
本部で働くヨシ（第 33 章）

ローランドとダーン・アーナル夫妻とヨシ、ホワイトハウスにて（第51章）

（左から）ローラ大統領夫人、アヴィ、ヨシ、カルマン、ジョージ・ブッシュ大統領

ゴードン・ブラウン元英国首相（右）と会話するヨシとアヴィ

イスラエル国会議長当事のルーベン・リブリン大統領と共に

イスラエル首相ビンヤミン・ネタニヤフ（右）との面会

カルマンと息子たち（左から）シュロモ、ヨハナン、カルマン、ヨシ、シムハ、アヴィ

「ユーロビジョンへのスター」に出場したシャルヴァ・バンド（左から）シャイ・ベン・シュシャン、ヤイール・ポンベルグ、ディナ・サムテ、アナエル・カリファ、サラ・サミュエルズ、ヨセフ・オヴァディア、タル・キマ、ガイ・ママン（第 49 章）

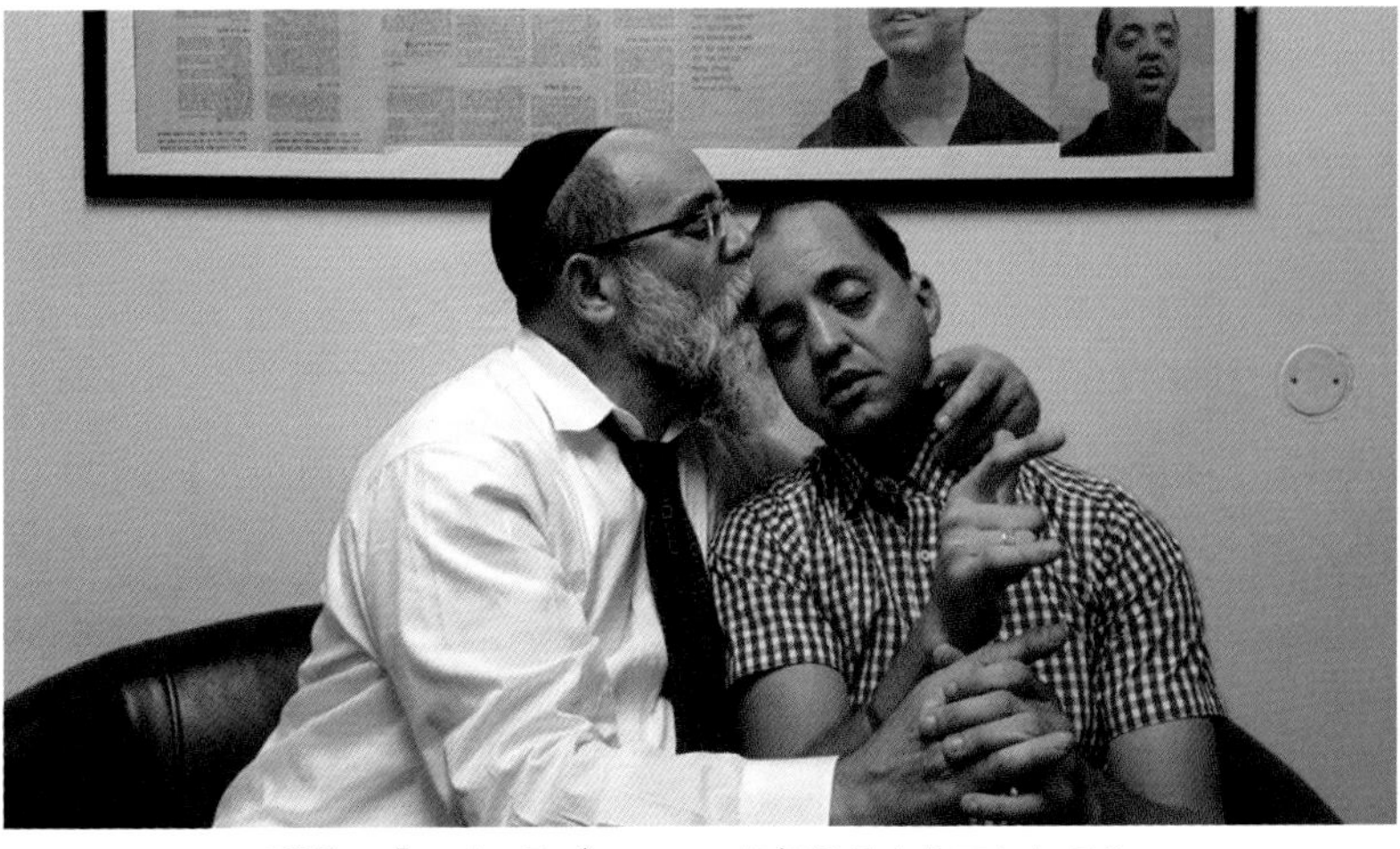

手話で「アイ・ラブ・ユー」を伝えるカルマンとヨシ

Shalva שלוה
"I Love You"